U0720135

世界历史的教训

民族国家信仰及其祸福

[美] 卡尔顿·海斯 著　　秦传安 译

中华书局

图书在版编目（CIP）数据

世界历史的教训：民族国家信仰及其祸福/（美）卡尔顿·海斯著；秦传安译. —北京：中华书局，2022.7（2023.2 重印）
ISBN 978-7-101-13677-7

Ⅰ.世…　Ⅱ.①海…②秦…　Ⅲ.民族主义-研究-世界　Ⅳ.D091.5

中国版本图书馆 CIP 数据核字（2019）第 001915 号

书　　名　世界历史的教训：民族国家信仰及其祸福
著　　者　〔美〕卡尔顿·海斯
译　　者　秦传安
责任编辑　徐卫东
责任印制　管　斌
出版发行　中华书局
　　　　　（北京市丰台区太平桥西里 38 号　100073）
　　　　　http://www.zhbc.com.cn
　　　　　E-mail:zhbc@zhbc.com.cn
印　　刷　三河市中晟雅豪印务有限公司
版　　次　2022 年 7 月第 1 版
　　　　　2023 年 2 月第 2 次印刷
规　　格　开本/880×1230 毫米　1/32
　　　　　印张 10⅞　插页 2　字数 210 千字
印　　数　6001-10000 册
国际书号　ISBN 978-7-101-13677-7
定　　价　65.00 元

目　录

　　在今天的公共生活中，最重要的情感因素乃是民族主义。它是当下这个时代强烈而普遍的标志。如今，有人鼓吹并践行一种双重学说：（1）每个民族群体应当构成一个统一的独立主权国家；（2）每个民族国家都应当期望并要求本国公民，不仅奉献不加质疑的服从和至高无上的忠诚，不仅要有排他性的爱国主义，而且还要毫不动摇地坚信：本民族比其他所有民族都更加优秀卓越，并对它的特性和它的命运感到无上的自豪。这就是民族主义，它是一种现代现象。

　　民族主义兴起于欧洲这个面积最小、而在现代却最有影响力的大陆。它的兴盛之路是在中世纪末通过欧洲各民族当中民族意识的活跃而铺就的。浪漫主义、法国大革命和工业革命共同使得普遍的民族主义进程成为可能——而且，也许使之不可避免。

1

民族情感并不是什么新东西，爱国主义情感也不是什么新东西，但民族主义却是新东西。只是自18世纪以后，才有人做出有意识、有目的的努力，试图根据民族的分界线重画世界政治地图，在所有人的心灵和头脑里灌输对各自民族群体和各自民族国家的最高忠诚。民族主义的传播是我们这个时代的一项伟大成就。它先是让空想家们浑身发热，然后在上层阶级那里发展得更加强大，最后控制了平民大众。

每个民族国家都有一套"神学"，一整套多少被系统化了的官方学说——它是从"国父"们的箴言和民族经文的训诫推导出来的，反映了"民族精神"，构成了民族行为的指南。人们通常并不愿意为了经济利益而献出自己的生命。最高的牺牲常常是为了理想和为了回应"宗教感"而奉献的。说到现代民族主义的宗教特征，最确凿的证据或许是其形形色色的信徒们所怀揣的热忱——在最近一百年里，他们凭此一腔热血，在战场上慷慨捐躯。就在此时此刻，法国北部遍布了数十万个小小的白色十字架，每个十字架上镌刻着小小的黑色铭文："为祖国而死。"最近四年的世界大战中死去的人，远远多于中世纪基督徒的十字军东征四百年里死去的人。

在晚近时期，民族主义已经取代其他宗教，成了那种使战争变得更具群众性的理想主义色彩的强有力的来源和对象。任何试图解释现代战争强度的努力，都必须考量这一取代。现代民族主义通过人们试图实现民族自决理想的普遍努力，开始了它与国际战争的联系。

六 民族主义与军国主义 / 185

对民族主义者来说，军国主义的吸引力十分强大。在海陆军的制服中，在阅兵的壮观场面中，在对爆炸的炸弹和呼啸的子弹的想象中，有着民族主义的自豪感。世界上每一个民族群体令人肃然起敬的英雄传说都是战争传说；过去的大多数英雄人物都是军事英雄；民族的伟大程度主要由他们的战斗力来衡量。在国际争端中，民族主义者通常局限于断言他们自己国家的事业是正义的，并要求本国政府在捍卫自己的事业上更加好战一些——更多地展示武力。

七 民族主义与不宽容 / 231

在当今这个时代，在每一个民族国家，都有大量这样的人：因为他们学会了阅读，却没有学会思考，从而成为任何宣传的潜在受骗者，尤其是打着"爱国主义"和民族主义名号的宣传。从不思考的平民大众只被告知了关于他们自己国家的美好事物，很大程度上对其他国家和民族的美好事物懵然无知，他们很可能自豪和自夸——还有不宽容——就像他们的无知一样。

3

我们乐意承认，我们对民族主义信仰和工作的阐述，到目前为止几乎完全只涉及它恶的一面。公正而公平的做法是，在我们结束这项研究之前，我们应当问自己：民族主义是不是有——或者说是不是能获得——善的一面？即使迄今为止所讨论的民族主义是一种祸，是不是可以对它进行改革，使之成为一种福？

编者前言

海斯教授（Carlton Hayes，1882—1964），美国新史学派代表学者之一，"新史学派"一代宗师鲁滨逊（James Harvey Robinson，1863—1936）嫡传弟子，也是中国历史学家蒋廷黻先生的博士论文指导老师。1929 年起任哥伦比亚大学历史系教授，1945 年当选为美国历史学协会主席。他的著作在民国年间翻译为中文者为数众多，与在美国一样，大多作为大学和中学的历史课本使用。

十八、十九世纪以来，帝国崩溃，民族国家兴起。在这股狂潮中，既有新兴国家的独立之可喜，也有争战残杀乃至引起世界大战这样的空前浩劫之可悲。海斯教授鉴于民族国家主义的盛行，乃著 *Essays on Nationalism*（中文版早期译名"族国主义论丛"），分析族国主义的由来、种种表现及其可能的后果，以警醒世人，保持开放多元的国际观，努力创造一个和平的世界。

海斯教授当时的学生、日后中国近代史研究开创者之一蒋廷黻先生对是书爱不释手，说：

《族国主义论丛》的确令作者花了很大的心血，作者似乎将他所有的见解都注入书中。我一直没有放过那本书，一读再读。它令我感到困惑、茫然，但也感到够刺激。我决定一俟回到中国，尽速将那本书译成中文。

蒋廷黻先生回国后，便组织翻译该书，是为《族国主义论丛》。在译者序中，他详细谈到本书的价值，在于：

第一，作者是一位历史学家，以历史学家的精神，而不是以宣传家的精神，写成是书。

第二，作者虽有历史学家的冷静，但对时事极其关注，"对于世界的大问题是想有所供献的"，血是红的，心是热的。

第三，"异时异国的事实易知，异时异国的精神难明。"作者凭借其历史素养将世界史上近两三百年来的政治精神及人群的心理情绪剖析描绘出来了。这一点价值尤大，蒋廷黻先生说："人既是个有灵的动物，读史者忽略了此方面绝不能得史的真义。"

1930年，《族国主义论丛》由上海新月书店出版，据胡适先生的记载，"译本相当畅销"。海斯教授在1928年特地为中文版写了一篇序言，对中国读者表示真诚的祝福和劝告：

我想中国人无论男女，没有不希望他们的国家在国际上占一个相当的及光荣的位置。对于此种合理的希

2

望，我个人与西方多数人士，都极愿意祝你们完全成功。……中国的事务此后将与其他各国的事务互相衔接：如犬牙交错，一天比一天密切。中国人民应当设法，使此日趋密切的国际关系有利于全世界。至于独利的思想，自大自尊的倾向，都应当一概屏弃不取，据我所见，如此做去，方是中国同世界兴盛和平正路。……中国最好能够放弃摹仿西方狂热族国主义之罪恶的权利，而勇往直前的采取一个国际眼光的人生观，中国终究只有受益，决不致受害的。

当此中华民族伟大复兴之际，我国跃为世界第二大经济体之时，对我国上下国民来说，海斯教授的忠告仍不失为一个并非迟到的善意提醒。在国际联系与交往越来越密切、全球化时代降临的今天，重温世界史上的经验与教训，并非朝后看，而是眼光向前，促进国家的和平与发展，最终使得中国在国际上占据一个"相当的及光荣的位置"。因此，时隔九十多年，我们推出海斯教授名著 Essays on Nationalism 之中文新版，根据作品内容定名为"世界历史的教训：民族国家信仰及其祸福"，同时希望今天的读者能从海斯教授的思考中获得教益。

一　何为民族主义？

1

在今天的公共生活中，最重要的情感因素乃是民族主义。它是当下这个时代强烈而普遍的标志。

看看法国民众对德国的感情，或德国民众对法国的感情；看看意大利人对于建立一个更新、更大的意大利的满腔热忱；看看波兰人对一个收复后的统一波兰的强烈热情；看看土耳其人对建立一个自治自享的土耳其的坚定决心。不妨观察一下人类历史上最近这场规模最大的战争的结果：一方面，沙皇、哈布斯堡皇室和苏丹们的非民族帝国土崩瓦解，另一方面，捷克斯洛伐克、爱沙尼亚、芬兰、希腊、拉脱维亚、立陶宛、罗马尼亚和南斯拉夫纷纷建立主权独立、民族统一的国家。不妨注意一下英国人对大英帝国的爱国热情，以及爱尔兰人、东印度人和埃及人同样强烈的对这种爱国热情的民族主义反应。不妨感受一下美国的情势：对国家孤立主义政策的追求，提高关税，增加外国移民的限制，那些很有画面感的戴面罩、穿睡衣的公民（译者注：这里指的是美国一度十分活跃的三 K 党。）的积极活跃，以及美国主义和美国化的风行一时。

不妨研究一下外交阴谋、军备竞赛和经济对抗的情感背景，不仅在一般意义上作为假想战争的抽象原因，而且特别是作为最近这场世界大战的确切诱因，以及作为当代国际关系紧张的明确原动力，其最贴切的例证，大概是美日关系的紧张。所有这些事情，以及很多其他事情，其背景都是民族主义。现如今，出现在国内政治、社会行动和国际事务的地平线上的每一片乌云，莫不带有民族主义的衬底。尽管可能需要经过一番颇费脑筋的思考，才能确定这个衬底究竟是银还是铜，但这个事实是一目了然的。

2

试图研究民族主义这一令人印象深刻的重要现象的学者，面临着一些特殊的困难。尤其是在最近，有大量所谓"通俗"作品论述这一现象的方方面面；最近有几部学术专著，论述民族主义在几个特定民族当中的历史，但在任何语言中，没有一部作品深刻而系统地论述整个主题——爱国主义、民族群体和民族主义的性质和历史。当然，承担这样一项研究是一个艰巨的任务：你得通晓卷帙浩繁的历史，既有行动的历史，也有观念的历史；再者，由于爱国主义更多地是一个感情的问题，而非思想的问题，你必须不仅精通哲学和历史，而且还要在社会心理学上接受过训练；最后，你得首先穿越人类学的宽阔田野和曲折小径，然后才能抵达当代民族主义的真正核心。无怪乎政论家们错误百出，教授们裹足不前。缺乏科学的研究和学术性的分析，这一现象看上去模糊不清、捉摸不定、神秘莫测。民族主义究竟是什么，它是好是坏，是昙花一现，还是亘古长存，人们的意见莫衷一是。

学者之所以不愿意充分研究民族主义，不仅仅是由于原始材料的复杂和科学论述的匮乏，而且还因为整个主题承载着深厚而强大的情感。民族主义触及当前五花八门的流行偏见——个人的、民族的、宗教的和种族的偏见；要想揭示民族主义思想和行动的主要动力，你必须特别小心地提防自己的情感偏袒，同时勇敢地面对众多同胞的怀疑和反对——他们自己名目繁多的偏见都被珍藏在集体的族群偏见中。几乎不可避免的是，那些没有思想的人——他们占人类的绝大多数——将会指控有思想的民族主义批评者是"国际主义者"或"激进主义者"，是"无政府主义者"或"布尔什维克主义者"；至少，他们会说他"不爱国"。一个心智健全的人，谁愿意被人称作不爱国呢？一些人对当代爱国主义所遭受的非难义愤填膺、面红耳赤，而那些被指控对爱国主义妄加责难的人则背脊透凉、悚然而栗——说到民族主义感情的力量和威力，最雄辩的颂扬莫过于此。在对民族主义现象进行学术研究的过程中，最难以克服的障碍，亦在于此。

还有一个程度较轻、却很棘手的困难，必须在我们的研究之初加以处理。我指的是"民族（nation）"、"民族群体（nationality）"、"民族主义（nationalism）"和"爱国主义（patriotism）"这些单词在用法和含义上的差异，有时甚至是冲突的。然而，要想理解并最终判断这些单词所表达的现象，我们就必须对它们的意义及它们互相之间的关联寻求某种程度上的共同理解。我们必须努力赋予它们颇为恰当的定义，不管这样的定义可能多么具有试探性，或者多么主观。我们必须说相同的语言，在相同的意义上使用相同的术语。

"民族"这个单词颇多歧义，令人着急。它是一个老词，随着千百年的时间流逝而积满了苔藓。它源于拉丁文"natio"，意思是出身或种族，指的是一个部落或社群，建立在真实的或幻想的血脉共同体的基础之上，大概还拥有语言的统一性。后来，在中世纪的某些大学里，它被用来指称学生的选区，目的是为了按出生地投票(1)。埃德蒙·斯宾塞在《仙后》（*Faery Queen*）中谈到了一个"鸟的民族"；本·琼森把医生称作"一个微妙的民族"；塞缪尔·巴特勒把律师称为"一个太聪明的民族，不可能让他们这个行当容易招致争论"。自17世纪以降，"民族"这个词被法学家和政论家用来描述一个主权政治国家的全体居民，而不考虑任何种族的或语言的统一性，这种用法至今依然得到普遍的认可。因此，不仅相对同种的丹麦人和葡萄牙人被称作民族，而且，哈布斯堡帝国使用多种语言的人民在最近这场战争结束之前也一直集体地被称作奥地利民族或奥地利－匈牙利民族，说双语的比利时人和说三种语言的瑞士人依然被称作民族。在美国，它获得了一种特殊的用法，因为在这里，这个单词经常被应用于受联邦政府管辖的全体人民。

由于"民族"这个单词的滥用，部分程度上作为补偿，19世纪初杜撰出了"民族群体"这个单词，并迅速被吸收进了大多数欧洲语言中。从此之后，在"民族"这个单词继续指称一个主权政治国家的公民的同时，"民族群体"这个词更准确地被用来指称一群说同样语言、遵守同样习俗的人。法学家们竭尽全力糟蹋"民族群体"这个新词，就像他们曾经败坏老词"民族"一样；他们利用"民族群体"这个词来表示公民身份。例如，他们谈到不列颠民族群体的一个人，尽管他们指的可能是乔治五世国王的任何臣民，而在非法律的意义上，一个这样的臣民可能属于南非的布尔民族群体，或者属于北美的法裔加拿大民族群体。

然而，大抵说来，"民族群体"的歧义性远少于"民族"，它最普遍地、也可能最恰当地被用来指称这样一个人类群体：他们说着相同的语言或关系接近的方言，他们珍视共同的历史传统，他们组成了或认为他们组成了一个截然不同的文化社会。在这个意义上，一个民族群体可以没有政治统一而存在，也就是说，没有它自己的一个组织化的主权国家；反之亦然，一个政治国家可以包含几个民族群体，尽管在现代有一个明显的趋势：每一个有自我意识的民族群体都渴望政治上的统一和独立。一个在政治上不独立和统一的民族群体被隐喻性地称作"受压迫的"、"臣服的"，甚或是"受奴役的"民族群体。通过获得政治统一和主权独立，一个民族群体也就成了一个"民族"；或者，为了避免"民族"这个棘手的单词，可以说它建立了一个"民族国家（national state）"。一个民族国家始终是建立在民族群体的基础之上，但一个民族群体可以没有民族国家而存在。一个国家本质上是政治性的；一个民族群体则主要是文化性的，只是附带是政治性的。

　　"民族主义"这个词出现在欧洲的词汇表中，与"民族群体"的出现大约同时或稍晚，并获得了几个略有差异的意义。首先，它代表一个实际的历史进程，亦即把民族群体建立为政治单位，从部落和帝国中构建民族国家的现代制度。其次，这个术语表示这一实际历史进程中所蕴含的理论、原则或理想。在这个意义上，它既表示一种民族群体意识的强化，也表示一种民族国家的政治哲学。第三，在诸如"爱尔兰民族主义"或"中国民族主义"这样的短语中，它可以指某个特定政党的活动，结合了一个历史进程和一种政治理论；当人们使用"民族主义的（nationalist）"这个形容词时，例如，在谈到历史上的爱尔兰民族主义党时，这个意义就更清楚了。"民族主义"的第四个、也是最后一个用法，是表示民族群体成员当中的一种精神状态，他们多半已经拥有了一个民族国家；在这种精神状态中，对民族国家的理想或事实的忠诚高于其他一切忠诚，对民族群体的自豪，对其内在的卓越及"使命"的信仰，都是这种心态必不可少的组成部分。尽管此后我们将对作为一个历史进程的民族主义给予一定的考量，但我们主要是关注刚刚提到的那种作为精神状态的民族主义。因为这是 20 世纪最为引人注目的民族主义。正是这种民族主义，在政治、社会和文化的领域，在我们的国内政治和外交关系上，赋予思想以鲜明的色彩，并制约着行动的条件。

3

民族主义是两种非常古老的现象——民族群体和爱国主义——的一种现代性的情感融合和夸大。就历史学家和人类学家所知道的范围而言，始终存在这样的人类实体，可以恰当地称之为民族群体。从古代时期起，就一直存在故国或乡土之爱，这就是爱国主义。但民族主义是一种现代的、几乎是最近才出现的现象。这一点本身是如此令人印象深刻，对于我们的研究来说是如此根本，以至于值得并需要稍微详细地加以解释。

我们不妨首先从考量民族群体的基础开始。我们已经把民族群体定义为"这样一个人类群体：他们说着相同的语言或关系接近的方言，他们珍视共同的历史传统，他们组成了或认为他们组成了一个截然不同的文化社会"。但是，这样一种群体，其历史学基础和人类学基础是什么呢？是什么东西决定了一个一般意义上的民族群体，并把一个民族群体与另一个民族群体区分开来呢？

有人认为是人的天性。在某种意义上，这完全是真的，因为人天性是群居的，而且始终在群体中生活、劳作和战斗，民族群体肯定是人的群体。但民族群体并不是人在其中战斗、劳作和生活的惟一群体；在民族的界限之外，人的群居性反复表现在宗教群体或经济群体中。法国公民表现出一个与众不同的利益共同体，这固然是人类天性的表达，但其他利益共同体，比如法国和波兰的天主教徒，荷兰和苏格兰的新教徒，罗马尼亚和加利西亚的犹太人，俄罗斯和意大利的共产主义者，或者美国和德国的银行家，也莫不同样是人类天性的表达。

有人主张，是地理造就了民族群体。不列颠和日本是与大陆分离的岛屿，美国涵盖了远离欧亚大陆的一片大陆的很大一部分，这一事实无疑与英国、日本和美国的民族群体的形成有一定的关系。但仅凭地理解释不了不列颠诸岛为什么被分成了至少四个民族群体，也解释不了菲律宾人为什么不是日本人，或者，美国民族群体与墨西哥民族群体之间的分界线为什么是格兰德河，而不是密西西比河。如果我们考虑到大约四个民族群体——葡萄牙人、西班牙人、加泰罗尼亚人和巴斯克人——共存于那个被称作伊比利亚半岛的地理单位，波兰人和马扎尔人占据着大平原的某些部分——而且只占据这些部分，希腊民族群体居住于岩石嶙峋的海岸和小岛，挪威人的地理在很多重要的方面类似于瑞典人，南斯拉夫人类似于保加利亚人，甚至还有德国人类似于法国人，我们必定会得出结论：民族群体之间自然边界的观念是一个神话。

还有一个观念，同样是神话，常常被那些无知而草率的人提出来，这就是：种族决定民族群体。尽管科学家们对于人的种族究竟是什么莫衷一是，但他们完全同意：每个现代民族群体都包含着种族混合。从种族上讲，现代德国人、法国人、英国人、爱尔兰人、俄罗斯人、意大利人——几乎所有欧洲人，还有犹太人——同样都由不同种族的混血后代所组成：长头圆脑，白皙黝黑，高矮胖瘦，不一而足。就其组成成分的相对强弱而言，欧洲的种族混合可能因地而不同，但种族变化的程度并没有在各国的边界突然改变。即使是日本人和中国人，尽管由于某些身体特征而和欧洲人迥然有别，却也提供了种族混合的清晰证据；印度各民族是名副其实的种族类型的大杂烩，他们最近才发展出了共同民族群体的自觉意识。种族的纯洁，就算存在，如今也只存在于未开化的部落中。民族群体实际上突破和超越了种族，但必须承认，考虑到种族宣传，一种想象的对血缘关系的信仰，亦即对种族的信仰，在构建和凝聚民族群体上是一股十分有效的力量。

接下来有所谓的"民族魂"，每个民族群体都有一种群体精神，带有独特而恒久的品质和禀赋。在这个意义上，群体精神是一个形而上学的概念；难怪最近有很多作者，包括那些否认或怀疑个体灵魂存在的人，抱持这样一种简单的信仰，把永恒而丰满的灵魂赋予各民族群体。一个显而易见的事实是，在社会习俗上，民族群体之间迥然有别：英国人的饮茶习惯大概比其他任何欧洲民族都更加稀松平常，更加根深蒂固；德国人特别喜爱某些牌子的啤酒；意大利人喜欢用大蒜让他们的文化更辛辣；毫无疑问，还有另外一些更大的民族差异。此外，一些有能力的心理学家充分证实了这样一个事实：人的行为在群体中是一种方式，而当他独自一人时又是另一种方式；受制于群体压力时是一种方式，而当这种压力消除时又是一种不同的方式。换言之，有一种群体精神，它是个体精神的组成部分，但在实质上又截然不同。在这个意义上，我们可以承认"民族精神"的存在，它是一股心理的力量，推动一个民族群体的成员，迈向某种思想和行动的共同体；不过，把这种民族精神称作"灵魂"则是文学上的夸张。事实上，一个民族的群体思维明显是变化无常的。在研究中我们发现，被归于一个特定民族的大多数特征都属于几个不同的民族群体，一个特定民族在某个给定时期的典型特征在另外的时期就未必是它的典型特征了。伯里克利时代的希腊人散发的大蒜味，和19世纪的意大利人并无不同。跟恺撒打仗的日耳曼人尚没有把伟大的音乐和深奥的哲学与比尔森牌啤酒联系起来。签署《大宪章》的国王和迫使他签字的英国贵族们并不喝茶。

关于民族性格，人们说过和写过太多的废话。可资征引的例证数不胜数，我们不妨从查尔斯·罗登·巴克斯顿先生的一篇随笔中引用一段，这篇文章在别的方面倒是颇有见地："正如英国贡献了政治自由的意识，法国贡献了知识的诚实和清晰，德国贡献了勤奋和纪律，意大利贡献了审美天资，而芬兰则贡献了先进的民主，波兰贡献了音乐和艺术，波希米亚贡献了宗教独立，塞尔维亚人贡献了温暖的诗歌性情，希腊人贡献了精细微妙和对过去的激情，保加利亚人贡献了刻苦坚忍和沉默寡言的能量，亚美尼亚人贡献了他们对教育和进步的热情。"(2)这里面的谬论为数众多，令人瞠目。它暗示了——荒谬地暗示了——所有英国人都有政治自由的意识，而且只有英国人才被赋予了这样的天资，所有法国人在知识上都很诚实，且头脑清晰，所有德国人都勤劳刻苦，所有意大利人都是艺术家或艺术批评家，所有芬兰人都是极端民主主义者，所有波兰人都是音乐家，所有捷克人都是宗教独立自主者，如此等等，不一而足。在某些实例中，比如捷克人，上面提到的特征是不是可以归于民族群体中任何数量可观的部分，这是值得怀疑的。可以肯定，在每一个实例中，被赋予一个民族群体的特征也可以同样恰当地归于其他民族群体，无论是古代的，还是现代的。就知识上的诚实和清晰而言，现代法国并不比古代意大利更显著。意大利拥有的审美天资并不比西班牙、法国、南部德国或日本更伟大；在民主的康庄大道上，芬兰并不比新西兰、瑞士或俄勒冈前进得更远；诗歌感觉的温度计上所记录的塞尔维亚的温度并不高于英格兰、爱尔兰、德国和阿拉伯；希腊人的精细微妙比亚美尼亚人还要稍逊一筹，至于对过去的激情，犹太人和中国人肯定可以和希腊人平起平坐；传统上，"刻苦坚忍和沉默寡言的能量"更多地被归于苏格兰人，而不是保加利亚人；在任何一个思考过美国人、日本人、德国人或澳大利亚人的民族特性的人看来，暗示"对教育和进步的热情"是亚美尼亚人的特性似乎十分荒唐。

不妨引用此文后面几句更明智的话，这样对巴克斯顿先生更公平些。他说："事实上，不同民族互相之间区别开来，不是凭借脱离完全相似背景的单一标志。正是独特品质、历史事件、自然环境的总体结合，造就了它们现在的样子——各种不同的、互相冲突的个人与团体的混合，却依然带有一些统一的特征，甚至使得它们的区分各有特色。"这段话在很大程度上我个人完全同意，但要防止对一个民族群体"统一特征"究竟是什么得出轻率鲁莽的想象和毫不费力的概括，我会提出警告，同时再次强调：常常在相对较短的时间里，民族特性经历着根本性的改变。伏尔泰在18世纪上半叶撰

文 [3]，把英国人和法国人进行了对比：他认为英国人变化无常，喜欢革命，他们砍掉了一位国王的头，流放了另一位国王，经常瞎搞政府和宗教，永远躁动不宁；他把法国人形容为保守的，太过深情地留恋过去，留恋布满苔藓的君权神授的君主制和正统的基督教，无动于衷，死气沉沉。最近去世的博德利先生在 19 世纪末撰文 [4]，再次比较了英国人和法国人：在他看来，英国人是一个保守的、反对革命的和坚实可靠的民族，在他们当中，自由缓慢地拓展，着重于"缓慢"；而法国人则变化无常，喜欢革命，他们砍掉了一位国王的头，流放了另外几位国王，间歇性地试验不同的宪法，狂热地否定宗教正统。博德利和伏尔泰都不缺乏敏锐的批评眼光，而他们的评价却大相径庭，其解释必须到英、法两个民族的"群体精神"在两百年内的改变中去找。

关于各民族拥有特殊而恒久的"灵魂"这一概念，我们不妨总结一下反对的意见。伊斯雷尔·赞格威尔先生风趣地评论道："保加利亚人古时候有一个单词 *pravit*，意思是'说'。它如今的意思是'做'。他们还有一个单词 *dumat*，意思是'想'。如今它的意思是'说'。类似的改变发生在每个民族的灵魂中，就像哈姆雷特们变成了奥赛罗们一样。蒙古人从农民变为战士，然后又变了回来。马扎尔人曾是东方的牧羊人，后来却作为弓箭骑手跃马向西。日耳曼人曾经温和恭顺，喜爱音乐；席勒剧作《强盗》（*The Robbers*）的一位本地编辑说，'就连日耳曼人'也能产生伟大的激情和品格……签署《大宪章》的民族每天大声嚷嚷着要求更多的官僚机构。马志尼的继承人要求军事法庭审判口无遮拦的议员。世界上最古老的君主制国家刚刚转变成一个共和国，而被武士道所束缚的日本则得到了一笔国债。"[5]

我们不能不得出结论：民族群体的基础并不在于人类族群间与生俱来的精神差异或心灵差异；就这个问题而言，也不在于种族遗传或自然环境。民族群体是人类文化和文明的一项属性，动物学和植物学的因素对它不适用。动物和植物的形态与行为可以从环境和遗传的角度来解释，因为动物和植物没有文明。这并不是说遗传和环境根本不适用于人，而是说，它们只是间接而遥远地适用于人类文明。"这个基本事实常常被忽视了，尤其是在现代，因为生物科学已经成功实现了知识和理解的增长，有一个很大的诱惑是毫无保留地借用生物科学的方法，不经重大修改便把它应用于［社会科学的］材料：人。这一程序使情况变得简单，却产生了不尽如人意的虚幻结果。很长一段时间里，人有灵魂而动物没有灵魂的观念在很大程度上影响了人的思想，以至于人们很少从生物学因果关系的角度，从遗传和环境的角度，来思考人类。接下来，不到两个世纪之前，当反作用开始出现时，人们便更加普遍地承认，人是一种动物，钟摆摆向了另外一个极端，发展出了这样的趋势：在人的身上只看到动物——没有文化的存在，要么无视人的文化，要么认为，只有把文化分解为他们从生物学中所熟悉的因素，才可以对它加以解释。正确和明智的路线就在这两者之间。人的生物学方面必须从生物学因果关系的角度加以解释，他的文化方面则首先要从文化因果关系的角度来解释。"(6)

民族群体肯定是文化的一个方面，民族群体和民族特性的因果关系，必须到社会科学、本质上也是人的科学的因素中去找，而不是到植物学和动物学的因素中去找。俄罗斯人、希腊人、德国人、日本人或其他任何民族群体与众不同的特征和品质并不纯粹是种族的封地或地理上的事件；它们是社会环境和文化传统的创造物。

4

在民族群体的文化特征当中，语言是——而且一直是——最显著的特征。人类学家告诉我们，在原始人那里，部落区分与语言差异是一致的，出现两个部落所说的语言恰好一样的情况十分罕见，以至于可以仅仅把它看作是一种暂时的情况(7)。正如历史学家可以检验的那样，在文明程度更高的民族那里，趋势是一样的。古代希伯来民族有一种截然不同的语言，埃及人、迦太基人、希腊人、拉丁人、美国人、日本人等等，莫不如此。一些最现代的民族群体的形成在历史上依赖于特定语言的发展。在盎格鲁－撒克逊语与诺曼底法语融合起来产生英语之前，根本不存在我们所知道的英国民族这么回事。在日耳曼法兰克语与已经拉丁化的高卢语相混合，极大地修改了拉丁语，以至于产生出了一种新的被称作法语的不同语言之前，根本不存在法兰西民族这么回事。民族和部落的兴衰沉浮，始终与它们各自语言的兴衰沉浮密切平行，这两个过程至今依然在齐头并进。

把语言作为民族群体的一个决定性标志，一直遭到某些作者的批评。他们通常引用下面这样的事实来支持他们的主张：瑞士有三种官方语言，比利时有两种，魁北克省的加拿大人说法语，而法国的巴斯克人和布列塔尼人不说法语，美国人说英语，而英国的部分地区说威尔士语和盖尔语[8]。这些引用还可以增加，但它们同样文不对题；因为，批评者的困难源自他们把民族群体与政治实体混为一谈，源自他们没能认识到民族群体的流动性和动态性。

没有哪个民族群体是固定的和静态的。正如在中世纪，诺曼底法语长期存在于英格兰国王的宫廷，有助于把英国王室的命运与法国的命运结合在一起，并妨碍了一个截然不同的英格兰民族群体的发展；在现代，美国使用英语往往也会把美国人的思想和行动与英国联系在一起，同时妨碍了一个截然不同的美利坚民族群体的发展。语言并不是民族群体的惟一标志，如果我们暂时忘掉这个世界被分为主权政治国家的话，我们就能更清楚地看出，那些说英语的人，不管他们可能在哪里，都构成了一个民族群体，截然不同于法国人、德国人或中国人的民族群体。在一个特定的民族群体之内，方言的差异最终变得如此显著，以至于结合其他的分离因素，它们可能会把所谓纯粹的"亚族群"提升为真正的、截然不同的民族群体。只有时间会告诉我们，美利坚民族是不是真正地不同于英格兰民族，说法语的加拿大人是不是不同于法兰西民族。古老的说斯拉夫语的普鲁士民族群体很久之前就失去了它的语言，被同化到了德国民族群体中；迄今为止，威尔士人、盖尔人、巴斯克人和布列塔尼人的语言依然幸存，它们各自代表的民族群体并没有完全被英国人或法国人所同化。

另一方面，尽管有一些人为的努力，试图在所有瑞士人和所有比利时人当中促进一种类似于民族群体的社会团结，但现实情况依然是：瑞士公民在社会意识上，以及在某些文化成分上，依据他们说的是法语、意大利语还是德语，而有所不同；类似地，比利时的佛兰芒人不同于比利时的瓦龙人。在第一次世界大战期间，瑞士人的同情沿着语言界线而分裂，这一点十分明显；最近，比利时被瓦龙人和佛兰芒人民族群体之间的纷争所撕裂⁽⁹⁾。奥匈帝国最近土崩瓦解，分裂为组成它的数个民族群体——从这个例子中汲取的教训，未来某个时候可能适用于比利时和瑞士，甚至适用于大英帝国，这或许并不全然是异想天开。正如奥匈帝国被最近这场世界大战瓦解为组成它的民族成分，在另一场世界大战中，大英帝国及其他非民族国家，比如瑞士和比利时，也有可能分裂为几个独立的、互相排斥的民族国家。

不难理解，在形成和支撑一个民族群体上，语言为什么是一个重要的、大概也是主要的因素。语言的一致性往往会促进志同道合，并提供一套包容性的观念和词语，而志同道合之人，往往会发展出群体意识，体验到一种共同利益感，构成一个部落或民族群体。这样一个群体的成员，自然会把那些说着一门陌生外语的人视为"异类"或不同于他们自己的人，因此也是劣等人，没有资格属于他们自己的群体。历史上有犹太人与非犹太人之间、希腊人与野蛮人之间的对比，在所有语言和所有民族当中都有与此类似的东西。

语言也是一种媒介，借以表达对共同分享过的辉煌业绩和艰难困苦的记忆，因此获得了凝聚一个民族群体的价值。它是过去与现在之间的桥梁。用奥西恩的话说："它是过往岁月的声音，把往昔的一切功过徐徐展现在我的面前。"⁽¹⁰⁾这话把我们带到了民族群体的第二个区别性的属性——对共同历史传统的珍视。

历史本质上是人的历史。人被赋予了时间感和记忆的天赋，这是其他动物所没有的。人不仅自然而然地记住了自己及其直系亲属一生中所发生的某些引人注目的事件，而且，作为群居性的动物，他们还保存并渲染了他们所属语言群体的生活中过往危机的记忆。他们尤其容易歌颂族群中的英雄人物和集体的勇猛善战。实际上，人类天生就有着英雄崇拜和抱团战斗的倾向；在心理学上，这些倾向无疑和他们的群居习性有着密切的关联，并结合他们的时间感和记忆的天赋，塑造了民族群体赖以最为引人注目地兴盛起来的传统。

在民族群体最粗糙的形式中，亦即原始人的部落中，有一个多少带有官方性质的长老、祭司、贤人或巫医团体，构成了部落经验和部落传说公认的守护人；年轻人开始学习过去的"奥秘"，通常要举行复杂的仪式。有成文历史的民族与此类似。挪威人的英雄传奇，印度人的《吠陀》，希伯来人的《摩西五书》和《历代记》，荷马的史诗，维吉尔的六步格诗，阿伽门农之前勇士们的一切丰功伟绩，不外乎是英雄和战斗，全都珍藏在今人的记忆里，在今人的讲述中被修饰润色，有助于激发语言群体的团体意识，使它们成为真正的民族群体。

随着历史传说的搜集，同时出现了把群体人格化的趋势，把民族群体看作是一个历史名人。有时候，这种人格化会借助一面旗帜，或象征一个民族的生命或灵魂的其他符号来表示。更常见的是头脑中的一幅图景，得自于听来的传说或读到的故事；在这幅图景中，科学事实有意或无意地服从于艺术和浪漫的目的。所有这样的人格化都在情感上作用于个体，把群体的精神、原则和理想加以美化后的图景呈现在他们面前，借此促使他们更深沉地忠诚于他们共同的民族群体[11]。

不仅如此，而且，在一个民族群体浪漫化的历史和理想化的人格化中，一个人总是幻想着发现什么永恒的东西——这就是群体的生命，它没有开端，在当下的任何群体成员出现很久之前便已存在；出于同样的原因，它也没有终结，在当前的群体成员全都与祖先同归于尘土许久之后还会存在。人对不朽的强烈渴望，从居于民族群体中心的历史传统中得到了帮助和慰藉。

民族群体第三个区别性的标志（排在语言和历史传统之后），是群体成员的这样一个信仰：他们组成了一个截然不同的文化社会。一个群体由于语言的差异而被切断了与其他人之间直接而普遍的交流，并发展出了看待其过去的独特态度，这样一个群体自然会感觉到它是一个与其他群体截然不同的单位：不是惟一的，却是不同的。当你研究民族群体的历史时，你会吃惊地发现，这种感觉，这一信仰，在很大程度上被一些可以观察到的事实证明。每一个民族群体都有它自己的文化模式，一个与众不同的制度、习俗和艺术的复合体；原始部落同样如此，甚至更加引人注目。某些类型的家庭关系和社会组织，某些艺术表达的方式，某些宗教信条和宗教仪式，某些工作和游戏的习惯，某些服装和住所的形式，在各大陆的原始民族中都找到过，但是，没有任何两个说着不同语言的部落表现出这些习惯、仪式、形式和类型的相同组合。组成的成分可能一模一样，但是，在每一个实例中，*tout ensemble*（法语：整体）截然不同。

　　当然，我们既有可能过于看重、也有可能过于看轻部落与民族群体之间的文化差异。在现代，先进的旅行和交流手段肯定推动了全世界文化的一致；而且毫无疑问，在所有时代，把不同民族区别开来的东西远不如各民族共有的东西那么重要，那么有价值。然而，有一点倒是真的：每个民族群体依旧固执地把自己看作是一种独特文明的圣殿。或许，任何群体自认为是什么和它实际上是什么同样有意义。对于一个民族群体来说确实如此。

　　在文化差异的各个成分当中，宗教是最显著的，至少过去是这样。正是在宗教中，并围绕着宗教，原始部落成员和大多数古代民族的社会习俗交织在一起，以至于在他们那里，宗教首先是部落事务或民族事务。它为群体生活提供了精神内容，并赋予民族群体以庄重威严。在希伯来人的历史实例中，很难把他们的宗教与他们的民族性分离开来，而要确定亚美尼亚人、科普特人和日本人到底是民族造就了宗教，还是由于宗教而产生了民族，也同样困难。然而，不能认为宗教本身是民族群体的一个恒久不变的属性，因为，一些"世界性宗教"的兴起和传播，比如古希腊罗马异教、佛教、基督教和伊斯兰教，在很大程度上取代了部落和民族的宗教，并且，通过创造出与民族边界重叠——至今还在重叠——的文化区域，这些宗教被证明有害于、而不是有利于民族群体的原则。此外，大多数现代民族都在不再坚持宗教信仰或宗教实践一致性的同时，设法实现了繁荣兴旺。

　　政治制度，就像宗教制度一样，可能是塑造一个民族群体的重要因素。在原始人当中，部落之间不仅在语言和宗教上彼此不同，而且在统治形式上也迥然有别。随着文明的发展，对部落首领的忠诚融入了对他所颁布的法律的忠诚，这一忠诚反过来又融入了对国家的政治制度的忠诚。经常，一个王朝成了部落首领与政治国家这个抽象观念之间的联系纽带；君权神授和神圣世袭的观念中所包含的威望和所有超自然力量被扩大到国家及其政府。以这种方式，政治国家的观念在一些历史上著名的民族当中赢得了高度的忠诚[12]；在很多实例中，通过和平发展和暴力征服，一个国家的扩张有助于把各个不同的部落统一在对一个共同政治实体的普遍忠诚中，给所有人灌输一种团结感，促进统一语言的使用，并因此把几个小部落变成一个大的民族群体。无论如何，希伯来人、埃及人、拉丁人以及其他很多古代民族的经验正是这样。政治强有力地帮助了从部落到民族的转变。这样的情形在中世纪也经常出现；在法国人、英国人和西班牙人发展成民族群体之前，首先是法国、英国和西班牙的君主们各自政治影响力的扩张。

　　然而，正如宗教一样，政治独立也不是民族群体的必要条件。在人类历史漫长的过程中，有很多民族群体被一个

"世界帝国"所吞噬，比如埃及人、亚述人、亚历山大大帝的人民、罗马人、土耳其人、俄罗斯人、奥地利人、不列颠人，并因此被剥夺了有它们自己特色的政治制度，但没有失去它们作为民族群体的身份。另外有很多民族群体，比如腓尼基人、希腊人、日耳曼人和波兰人，显然继续是民族群体，尽管几百年来它们被分成多个国家，既没有一致的政治制度，也没有共同的政治忠诚。

5

现在，我们已经相当详细地——尽管尚没有达到这个主题所要求的那么详细——研究了民族群体的基础和属性；我们已经确信它不依赖于一个永恒不灭的"灵魂"，也就是说，不依赖于恒久而固有的精神差异，也不依赖于种族（尽管对血脉共同体的信念会强化它），或地理（除非以一种非常普遍的方式），或人的天性（除非说人类所有形式的群居最终依赖于人的天性）。在一定程度上，我们已经证明了我们的假说：民族群体建立在文化的基础之上，一个民族群体是任何一个这样的人类群体——他们说着共同的语言，珍爱共同的历史传统，他们构成了或者认为他们构成了一个截然不同的文化社会；在这个社会中，除了其他一些因素之外，宗教和政治扮演着重要的、却未必是连续性的角色。

按照这样的定义，民族群体从历史学和人类学所能处理的最早时期便已经存在。人类学家描述过的大多数部落，我们在历史中遭遇到的大多数民族，都是民族群体。但这并不是说，一个特定的民族群体始终存在，或将会存在。民族群体总是盈亏起落，兴衰沉浮。相对于这个星球上人类生活的巨大跨度而言，当代欧洲大多数民族群体可以说才刚刚诞生；而今天，就在我们的眼皮底下，美洲印第安人的很多民族群体正在消亡。

此外，正如我们所定义的那样，一个民族群体可能包含几个亚族群。例如，英格兰人、苏格兰人和威尔士人，考虑到他们都使用英语，都珍视反对非英国人的联合行动的传统，构成了或认为他们构成了一个不同于法国人或德国人的共同文化社会，他们可以说是一个民族群体；但是，考虑到苏格兰人和威尔士人除了官方英语之外还拥有他们自己的语言或方言，考虑到他们保留了特有的历史传统，和他们的英格兰邻居并不一致，他们又是不同于英格兰人的民族群体。因此，下面这个主张可能是恰当的：英格兰人、苏格兰人和威尔士人都是英国民族的亚族群。再者，加泰罗尼亚人和普罗旺斯人曾经组成了一个民族群体，有着明显不同的语言和文学，有着明显不同的历史传统，并相信他们拥有明显不同的文化，但是，在法国统治普罗旺斯、西班牙控制加泰罗尼亚的那几百年里，他们在很大程度上被对方及统治民族的语言和传统所渗透，以至于加泰罗尼亚人沦为西班牙民族群体之内的亚

24

族群，而普罗旺斯人尽管在一些次要方面依然不同于法国人，但在一些重要方面都是"很好的法国人"。

另一方面，历史传统的不同，以及对文化差异（真实的或想象的）的强调，尤其是当它们被政治分离所强化的时候，可能在分量上要超过语言的同一性，并因此创造出一个亚族群，几乎成为——即便不是完全成为——一个绝对独立的民族群体。最早去巴西的葡萄牙人，最早定居墨西哥和秘鲁的西班牙人，以及最早殖民弗吉尼亚和马萨诸塞的英国人，肯定都属于葡萄牙人、西班牙人或英国人的民族群体。他们的子孙后代使用同样的民族语言，但适应了新的不同环境，加上与母国的经济冲突，以及强有力的政治隔离，往往会在他们的后代当中创造和提升特殊的历史传统；这一传统是如此强大，以至于产生了巴西人、墨西哥人、秘鲁人和美国人的民族群体。在某种意义上，这些人如今都是独立的民族群体；而在另外的意义上，他们依然是亚族群。

不能认为，在历史上的民族当中，民族群体的意识和"驱动力"始终同样强烈。"世界性宗教"和"世界帝国"叠加于民族群体之上的能力，以及民族群体分裂为亚族群和分解为城市社会或封建社会的速度，预示着在很多时代，民族群体对个人忠诚的要求是微不足道的。事实上，人的群居性呈现出了很多不同于族群的形式，人的忠诚感也是如此。这种忠诚源自人的群居性，并不局限于民族的对象；这一点显示在五花八门的忠诚中。有时候忠诚的对象是人，比如是部落首领、声称权力神授的君主或封建领主，或者是一座城堡、一个宗族、一个行会、一个工会或一家俱乐部的成员。有时候忠诚的对象是地方，比如小树林或小河，茅屋村舍或大理石宫殿，出生的房子或祖先的坟墓，牧草青青的山坡，丰饶肥沃的平原，或喧嚣忙乱的城市。有时候忠诚的对象是观念，比如说一种宗教，一套政治哲学，一项科学方案，一个社会改革计划，或者一套经济体系。一直以来，个人同时把自己的忠诚奉献给观念、地方和人，十分自然，丝毫没有厚此薄彼。他的忠诚也是这样一视同仁地奉献给民族群体的里里外外。如今，他把自己的忠诚主要奉献给了他的民族群体和他的民族国家，但在整个成文历史上的很大一部分时间里，他对民族群体的忠诚都不及对其他对象的忠诚。

至于爱国主义，我们如今把它和民族群体联系起来，而在历史上，它与人的其他忠诚关系更密切。从字面上理解，爱国主义指的是一个人对 *terra patria*（拉丁文：祖先的土地）或出生地的热爱。这样说来，它对于早期游牧部落或民族群体的成员来说就没多大意义，正如 J.H. 罗宾逊教授所言，他们"几乎不可能与他们出生其下的那棵树或那块石头有什么甜美而持久的关联"[13]。爱国主义成了古代定居文明生活的一个显著特征，但即便在那个时期，也很少有爱国主义延伸到说着相同语言的人所定居的整个国家；它很少是民族的爱

26

国主义。通常存在的爱国主义都是地方性的，例如，希腊人并没有不加区别地把它应用于所有说希腊语的地方，而是把它应用于这片土地的某个部分，比如雅典、斯巴达、科林斯或士麦那；腓尼基人并没有把它笼统地应用于腓尼基，而是具体地应用于提尔、西顿或迦太基；罗马人也没有首先把它应用于拉丁语的范围，而是应用于罗马城。

这种爱国主义十分自然。亘古以来，每一个在祖先的生息之地出生并长大成人的人，几乎肯定会对那个地方感觉到一种情感上的依恋。一个中世纪的农夫，很容易对那个诞生并养育他的庄园流露出爱国之情。而一个现代法国农民，也很容易对 *pays*（法语：家乡）的泥土和风景体验到一种爱国主义的情感。对一个土生土长的美国人来说，热爱马萨诸塞、路易斯安那或加利福尼亚的某个熟悉的小村庄，比一视同仁地珍爱整个美国更加自然。

爱国主义的应用很早就从一个人的故土家园扩大到他所属于的政治国家，从近在眼前的地方，扩大到了军事或政治领袖个人，进而扩大到了国家这个观念。但在古代及中世纪的民族当中，政治和军事首领的影响力经常与特定的民族群体相一致，因此爱国主义常常从地方情感转变为帝国的自豪感，而没有经过中间的民族阶段。或许，这样说更准确：在自然的地方爱国主义之上，叠加着一种更不自然的帝国爱国主义。有时候，在某些古代民族的历史上，特别是埃及人和希伯来人，有某种类似于民族爱国主义的东西；而且毫无疑问，对于过去很多帝国的建立和维持，军事征服者和统治者可以依赖有自觉意识的民族群体的特殊支持和促进，而这个民族群体则构成了一个帝国的核心。但是，这样一个自觉的征服民族的成员，对这个扩大了的帝国所体验到的爱国主义情感，不可能和他们对自己本乡本土的热爱完全一样；而被征服的民族，尽管他们可能会把帝国视为一种必要，甚至是一种福祉，因此值得付出一种不自然的爱国主义，但他们肯定不愿意对征服者自己的本乡本土寄托任何特别的喜爱之情。

比起地方爱国主义，帝国爱国主义必定更不自然，更多地依赖于从社会上得来的知识和有意识的努力。"要认识到这一点，我们必须反复提醒自己，不要忘了人类类型中所有因素的数量限制。我们看待人类社会往往就像看待等边三角形一样。我们不妨想象一个等边三角形，其边长为一英寸或一百英里，不管哪种情况，它作为一个等边三角形的品质都是一样的。但是，如果我们想象一个由沙粒组成的沙堆，每一粒沙的直径大约是百分之一英寸，我们必须记住，沙堆尺寸的改变可能改变沙粒之间的关系，并因此改变沙堆的特征。一个由二十粒沙组成的沙堆，其行为将会不同于一个由两千万粒沙组成的沙堆。比方说，它将会有一个不同的'堆角'。"[14]

古代的政治哲学家，尤其是希腊最伟大的思想家，都认识到了这一原则，并从中得出结论：理想的国家（真正的爱国主义应当是这样一个国家的属性）不可能有辽阔的疆土或庞大的人口；柏拉图在《法律篇》（*The Laws*）中把自由公民的最大数量定为五千零四十。因此，在他们看来，一个庞大的帝国就是一个畸形怪物，就连一个庞大的民族群体的政治联盟看来也是不可欲的和不切实际的。不管希腊哲学家们可能有什么影响，一个显而易见的事实是：在古代和中世纪，严格意义上的民族国家十分罕见，因此民族爱国主义是异乎寻常的。

现代则有所不同。如今，有人鼓吹并践行一种双重学说：（1）每个民族群体应当构成一个统一的独立主权国家；（2）每个民族国家都应当期望并要求本国公民，不仅奉献不加质疑的服从和至高无上的忠诚，不仅要有排他性的爱国主义，而且还要毫不动摇地坚信：本民族比其他所有民族都更加优秀卓越，并对它的特性和它的命运感到无上的自豪。这就是民族主义，它是一种现代现象。

6

正如我们已经看到的那样，有一个后天培养的标志，即便不是天性的标志——因为自有史以来，人类便在某种程度上拥有民族群体的自觉意识，拥有这样一种感觉：一个群体在语言、历史和文化上的特性使得其成员彼此相近，而与其他所有群体迥然有别。但直到现代，全体民族才被系统地灌输这样的信条：每个人都对自己的民族群体负有始终如一的义务；民族群体是政治组织的理想单位，也是文化差异的实际体现；归根结底，人的所有其他忠诚都必须从属于对民族国家的忠诚，亦即对民族爱国主义的忠诚。再说一遍，这些信条正是现代民族主义的精髓。

古人对我们所了解的那种民族主义一无所知。古埃及人被团结在共同忠诚的纽带中，他们忠诚于神圣的尼罗河，忠诚于来自太阳的法老。但是，底比斯和孟斐斯的普通居民尽管可能完全意识到了共同的民族群体，却几乎从不觉得他们的民族群体的权利高于法老和祭司们的权利；他们的国家并不完全是一个民族国家，民族主义也没有受到历代法老的鼓励，他们恒久不变的象形文字，被镌刻在几千年前的陵墓和神庙上，至今依然在提醒我们：他们的目标是一片日不落的辽阔领土。腓尼基人和希腊人是同样的人，因为他们在很多方面彰显了忠诚感，尤其是在崇拜某些神祇、献身于特定城邦上，但他们都不是现代民族：他们从未构成民族国家，他们的战争主要是城市间的，而不是民族间的。罗马人有强烈的爱国主义情怀，但他们的爱国主义所表达的忠诚并非针对所有说拉丁语的人，而是忠诚于七山之城，连同它传说中的神祇和英雄。随着罗马城扩大为一个环绕地中海的庞大帝国，包含了埃及人和凯尔特人、帕提亚人和摩尔人、条顿人和希腊人，罗马人的地方爱国主义也就变成了对世界帝国主义的自豪，而没有经历民族主义的中间阶段；与此同时，在臣服的行省当中，罗马法律和罗马军团所确保的"罗马太平盛世"（*Pax Romana*）成了普遍忠诚的对象——然而，这一忠诚始终是地方忠诚的补充，而不是它们的替代物。

虽说有当代犹太复国主义的狂热表现，但犹太人并非这一古代规则的例外。重读希伯来经文就会看出，这个"被拣选的民族"并不认为自己仅仅因为说希伯来语并生活在巴勒斯坦而格外蒙福，受到区别对待，并构成一个民族国家。事实上，巴勒斯坦并不是他们最初的家园；他们不得不征服它，而且是在埃及已是古国的年代。在他们那里，即使是一个统一民族国家的外表，也只是存在了极其短暂的一段时间。犹太人之所以是一个"被拣选的民族"，是因为他们相信耶和华和他启示的法律。外国人只要借用路得对拿俄米说的话宣布"你的神就是我的神"，便承认他拥有完整的成员身份，而不会拿一些关于种族血统或语言技能的问题来为难他，也不问申请人所在国的移民配额是不是已满。历史上，在古代和整个中世纪，甚至直至现代，犹太人一直更多地是一种宗教的信徒，而不是一个被灌输了民族主义的民族群体。

从教皇大贵格利到马丁·路德与马基雅维利，中间隔着一千年，由于缺乏更好的术语，我们称之为中世纪；这期间，欧洲的任何地方都很少有民族主义的迹象。在这段漫长的时期里，欧洲人的忠诚对象有很多——天主教会，主教或修道院院长，教区牧师，世俗领主，部落首领，公爵、伯爵或男爵，商人或手艺人的行会，庄园或城镇，现实主义或唯名论，圣方济各或圣多明我，教皇或皇帝，武装抵抗伊斯兰教的基督教世界。在整个这一时期，民族群体肯定延续了下来，而且毫无疑问，到中世纪末，已经有了一种新生的民族差异的强烈意识；这是一系列因素的结果：十字军东征，本土文学的兴起，以及西欧各国君主野心勃勃的努力。但是，如果说有一个民众忠诚的对象高于其他所有对象的话，那也不是民族，而是基督教世界。如果一个母语是法语的人遇到了一个母语是英语的基督教徒，两个人都充分意识到了彼此间的差异，但他们同样意识到了彼此间的相似性。应当记住，圣女贞德如今作为法兰西民族主义的圣徒而受到人们的欢呼致敬，而她当年出现在百年战争的战场上，不是为了响应民族主义媒体的呼吁，不是为了回应爱国征兵局的压力，也不是为了完全与法国历史教科书所展示的民族英雄榜样相一致，而仅仅是为了回应她从上帝的圣徒那里听到的"声音"。此外，应当记住，圣女贞德是为了法兰西王位的一位竞争者而和另一位竞争者战斗，而后者尽管同时是英格兰国王和威尔士亲王，却统治着大半个法国，得到了很多说法语的人的支持。还应当记住，圣女贞德不是被英国人、而是被法国人判处死刑，不是因为她是一个外国人——在某种意义上她是伊迪斯·卡维尔的先驱，而是因为她是一个固执的异端分子和一个超前的女性主义者；她的穿着打扮像个男人，因此是"被魔鬼附体"了。

民族群体一直存在。爱国主义存在了很长一段时期，要么诉诸一个地方，要么扩大到一个帝国。但是，爱国主义与民族群体的融合，以及民族爱国主义对其他所有人类忠诚的优势地位——这就是民族主义——都是现代的，非常现代。它是如何产生的，我们现在试着来理解。

【注释】

（1）例如，在巴黎大学，"民族"指的是法兰西、诺曼底、辟卡迪和英格兰；但在圣安德鲁斯大学，它们指的是法夫、洛锡安、安格斯和不列颠；在维也纳大学，它们指的是奥地利、萨克森、波希米亚和匈牙利。参见黑斯廷斯·拉什道尔:《中世纪的欧洲大学》（*The Universities of Europe in the Middle Ages*, 1895）。

（2）"民族群体"，载《迈向持久的和解》（*Towards a Lasting Settlement*），C.R. 巴克斯顿编辑（1916），第51页。

（3）伏尔泰:《哲学通信》（*Letters Concerning the English Nation*，伦敦，1733），特别是通信 v-ix。

（4）J.E.C. 博德利:《法国》（*France*），修订版（1899）。一个略有不同的观点出现在同一位作者的《法国战线的罗曼史》

（*Romance of the Battle-Line in France*，1919）中。很显然，法国的民族"灵魂"在20年的时间里经历了另一次深刻的改变。参见丹内神父《法国再次成为自己》（*France Herself Again*，1914）。

（5）《民族群体的原则》（*The Principle of Nationalities*，1917），第43页。

（6）A.L. 克鲁伯：《人类学》（*Anthropology*，1923），第186～187页。参见克拉克·威斯勒：《人与文化》（*Man and Culture*，1923），第297页："动物学家们所谈论的进化，乃是建立在遗传的基础之上，因此是一个种质的问题。另一方面，我们所定义的文化不是遗传来的，因此不可能有相同性质的进化。"还可参看 A.A. 戈登卫塞：《早期文明》（*Early Civilisation*，1922），第399页；R.H. 罗伊：《原始社会》（*Primitive Society*，1920），第3页；以及 F. 博厄斯：《原始人的思维》（*Mind of Primitive Man*，1911），第29页。更早的时期，约翰·斯图亚特·穆勒宣称："逃避考量社会和道德对人类思维的影响的所有庸俗模式当中，最庸俗的是把行为和品格的多样性归因于遗传的自然差异。"（《政治经济学原理》[*Principles of Political Economy*，1849，第一卷，第390页]）而且，他的观点得到了巴克尔立即而热诚的赞同（《英格兰文明史》[*History of Civilisation in England*]，第一卷，第31页）。遗憾的是，穆勒和巴克尔的智慧，以及一些最著名的当代人类学家的权威，被很多"通俗"文人给忽略或轻视了。

（7）特别可参看克拉克·威斯勒，同前引书，第48页，以及 A. 范亨讷普：《民族群体的比较研究》（*Traité Comparatif des Nationalités*），第一卷（1922），第四章。

（8）例如，J.H. 罗斯：《现代史中的民族主义》（*Nationality in Modern History*, 1916），第 140~143 页；伊斯雷尔·赞格威尔：《民族群体的原则》（*The Principle of Nationalities*, 1917），第 40~41 页。

（9）参见路易·杜木尔：《两个瑞士》（*Les deux Swisses*, 1917）和朱尔斯·德西雷：《瓦龙人与佛兰芒人，语言之争》（*Wallons et Flamands, la Querelle Linguistique*, 1923）。

（10）"奥伊娜·莫鲁尔"，载《特莫拉》（*Temora*, 1763），第 211 页。

（11）参见 G.E. 帕特里奇：《民族的心理学》（*Psychology of Nations*, 1919），第 85 页。

（12）参见 G.E. 帕特里奇：同前引书，第 84~85 页。参见 A.E. 齐默恩：《民族与政府》（*Nationality and Government*, 1919），第二章，以及伯特兰·罗素：《人类为何而战》（*Why Men Fight*, 1917），第二章。

（13）"什么是民族精神"，载《世纪杂志》（*The Century Magazine*），第九十三卷（1916 年 11 月），第 59 页。

（14）格雷厄姆·沃拉斯：《我们的社会遗产》（*Our Social Heritage*, 1921），第 77~78 页。

二 民族主义的兴起

1

民族主义兴起于欧洲这个面积最小、而在现代却最有影响力的大陆。它的兴盛之路是在中世纪末通过欧洲各民族当中民族意识的活跃而铺就的。十字军东征尤其重要。总的来说，数量空前的欧洲人周游天下，学会了克服他们早期的地方主义。他们获得了更有把握的知识，不仅了解了大量说他们自己的语言或同源方言的人，而且还了解了大量用外国语言交谈的人；他们发展出了对自己民族群体更大的自豪感和对其他民族群体更明显的敌意。

特别是几次重要的十字军东征，在这些战争中，法国人是最主要的参与者，刺激了法国人的民族感情；所谓第四次十字军东征，尤其助长了拉丁基督教徒和希腊基督教徒之间充满妒忌的竞争和民族敌意。阿尔比派教徒的十字军东征提升了法国人的民族群体的地位，并在同等程度上降低了普罗旺斯人的民族群体的地位。从基督教徒与穆斯林在伊比利亚半岛的冲突中，浮现出了卡斯蒂利亚人、葡萄牙人和加泰罗尼亚人强烈的民族意识。正是条顿骑士们对异教斯拉夫人的圣战，结合汉萨同盟的商业活动和神圣罗马帝国统治者们的政治努力，刺激了日耳曼人的 *Drang nach Osten*（德语：向东进军），并最终激发了捷克人和波兰人的民族情感。世俗国王与罗马教皇之间旷日持久的冲突以及英国人与法国人之间的百年战争所导致的那些圣战，也产生了同样的效果。

民族意识在中世纪的活跃并没有直接导致民族主义的产生。我们所知道的那种民族主义，在中世纪的基督教世界并不比在中国、印度和土耳其这些中世纪亚洲帝国或墨西哥和秘鲁这样的中世纪美洲帝国更加明显。依然有太多的因素妨碍民族感情的最终表达：普遍缺乏安全而简便的旅行和交流的手段；几乎普遍存在文学语言与本土方言之间的分离；跨民族的"世界性"宗教有着几乎普遍的影响；几乎普遍不存在严格意义上的民族国家。

2

民族意识已经在中世纪的欧洲各民族中得以活跃，在现代的开端得到了极大的提升。如今，为民族主义准备的道路铺得更宽更远；因为，在 15、16 和 17 世纪，强化了民族群体之间某些关键性的差别。我们可以简便地把这些差别分为几组：（1）语言的和文学的；（2）政治的；（3）商业的和经济的；（4）教会的、宗教的和文化的。

希腊文，尤其是拉丁文，长期以来是欧洲各民族占支配地位的文学语言。它们盛行于罗马帝国之内，很早就分别成为东正教会和天主教会的官方语言，而且基督教神父和修道士们的大多数著述都是用拉丁文或希腊文撰写的。当然，与跨民族的书面语言一起，延续或产生了口头的民族语言——所谓的本地语（vernaculars）——其中的某些语言，比如巴斯克语、科普特语、亚美尼亚语、盖尔语和布列塔尼语，早于拉丁文和希腊文，并幸存了下来；而另外一些语言，比如法语、意大利语、卡斯蒂利亚语、葡萄牙语、加泰罗尼亚语和罗马尼亚语，则是从拉丁语方言中逐步发展出来的；还有一些语言，比如日耳曼语、斯拉夫语和芬兰马扎尔语，则源自"野蛮的"部落语言；最后是日耳曼语与法语的奇怪混合物，我们称之为英语。但是，这些本地语的文学作品起初在数量上微不足道，在内容上更多是宗教性的，而不是民族性的；就连必不可少的字母表和字母的形态也是从希腊文和拉丁文借用和改编过来的。

　　在西欧和中欧——天主教和基督教的文化区域——所有受过教育的人在整个中世纪都通晓拉丁文和本地语。他们因此不仅属于不同的民族群体，而且属于一个跨民族的社会。他们拥有共同的文学传统，拥有口头和书面交流的单一媒介，以及超越民族差异的相互理解。例如，伊拉斯谟依照出身是荷兰人，但他精通拉丁文，这使他成为一个跨民族的人物：

他生活在受过教育的法国人、英国人、意大利人、日耳曼人和比利时人当中，他可以用拉丁文跟他们通信和交谈；他一度用拉丁文在法兰西学院授课；他写拉丁文信件给教皇，给英格兰、法国和西班牙的国王，给他在威尼斯的著名出版商，以及欧洲各地他的众多批评者。

然而，在伊拉斯谟那个时代之前，受过教育的人就已经开始用本地语言著述，而且并不完全是宗教主题；不久之后，文学杰作既有用学者的古代语言写成的，也有用老百姓的本地语言写成的。在 14 世纪，但丁用意大利语写作，而乔叟用英语写作。打那以后，一种接一种的本地语成为精彩纷呈、各具特色的文学表达的工具。15 世纪的两件大事帮助了这个过程。一件是人文主义者试图净化拉丁文，汰除它在中世纪趋向更为简单的发展，恢复古代的古典拉丁文，连同其复杂的句子结构和繁难的文法；这一努力极大地败坏了拉丁文作为一门鲜活文学语言的名声，使它的使用局限于教室、教会仪式和科学论文。另一件事是印刷术的发明，它有助于用铅版印刷平常的口头语言，固定文学用法的各个标准，使得民族文学在人民大众当中的传播成为可能。

本地语言学在 15 和 16 世纪的兴起往往会强调民族性；这是因为，即便是一个受过良好教育的人，也别指望他通晓欧洲的所有语言，绝大多数欧洲人只熟悉他们自己的民族语言。英语写作者自然开始强调英国特有的东西，法语写作者对法国，意大利语写作者对意大利，都会做同样的事情。逐渐地，民族特征被富于想象地描绘，民族抱负发出深刻动人的声音。16世纪，马基雅维利对意大利人发出了雄辩的民族诉求，卡蒙斯公开颂扬葡萄牙人的民族功绩，路德向日耳曼人发表激发爱国情感的书信，塞万提斯奇思妙想地捉弄了西班牙人的特性，莎士比亚书写了对英格兰的赞美：

> 这一个君王们的御座，这一个统于一尊的岛屿，
> 这一片庄严的大地，这一个战神的别邸，
> 这一个新的伊甸——地上的天堂；
> 这一个造化女神为了防御毒害和战祸的侵入
> 而为她自己造下的堡垒；
> 这一个英雄豪杰的诞生之地，这一个小小的世界，
> 这一个镶嵌在银色的海水之中的宝石[1]。

　　从莎士比亚到当今的民族文学，所强调的都是一个语言群体特有的东西，而不是基督教世界或全人类的典型特征。"这一个小小的世界"反复回响在戏剧、史诗、颂歌、散文和小说中。就其很多形式而言，民族文学灿烂地照亮了人类的民族性，却遮蔽和模糊了他们的共同遗产。

　　至少在西欧，民族群体的文学分化伴随着政治分化，也就是说伴随着主权民族国家的建立。这样一群国家的创立很

大程度上是英格兰、法国、西班牙、葡萄牙和斯堪的纳维亚半岛一连串精明能干而又野心勃勃的君主的功绩。英格兰的都铎王朝，法国的瓦罗亚王朝和波旁王朝，西班牙的哈布斯堡王朝，葡萄牙的阿维斯王朝，瑞典的瓦萨王朝，其君主通常意志坚定，精力充沛。在中世纪末和现代之初，他们都忙着扩大个人权力，建立独裁统治。一方面，他们试图缩小天主教会的权力，后者保存了古代罗马帝国很多共同的传统；另一方面，他们极力压制自己的封建诸侯——公爵、伯爵和男爵——后者把年代更晚近的地方主义人格化了。他们的这些努力得到战争方法之改变的帮助——涉及火器的使用：这使他们能够把有效率的军队投入到战场上，对付国内和国外的敌人。罗马民法的复兴，马基雅维利的政治格言，以及这些君主的很多臣民带有私心的合作，同样帮了他们的大忙。整个运动的结果，就是一些相当庞大、相当类似、绝对独立的国家在西欧的建立和巩固——英格兰、法国、西班牙、葡萄牙、瑞典和丹麦。在东欧，俄罗斯以同样的方式作为一个民族国家脱颖而出。

这些国家都是民族国家——这更多地归于机缘凑巧，而不是出于主持其事的独裁君主的设计。正是战争的运气，迫使15世纪的英格兰君主放弃他们在法国的领地，把他们的活力全部奉献给了不列颠。正是联姻，使得西班牙统一在斐迪南和伊莎贝拉的治下。16、17和18世纪的国王们由于家庭原因而发动了多次战争，要么是为了把一个特定王室的成员推上其他国家的王座，要么是为了他们的妻儿获得更丰厚的遗产。此外，这些国王都不是谨小慎微之辈，根本不会把他们的野心局限于说他们自己的语言、属于他们自己的民族的那些人。他们经常征服"外国人"居住的领土，把老百姓像牛羊一样换来换去。然而，在所有这样的王室冲突和家族交易中，每一个君主国的核心都继续是一个说着共同语言、有着共同传统、被灌输了共同的爱国主义的民族群体。在对个人和家庭利益的追求中，独裁君主可以依靠其大多数臣民的爱国主义，而这种爱国主义多少有些无条件地支持他。那个时代的很多军人，被对国王和国家的忠诚所激励，效命前线，捐躯沙场，而战争的目的，不过是为了决定王位的继承，或者把某个省份纳入独裁君主的版图。

君主制在提升民族意识、激发民族感情上扮演了一个主导角色。君主是民族统一和独立的象征，而且国家的主权也归于君主。实际上，"君主"和"主权"是可以互换的两个术语。正是君主，铸造货币，征收税赋，维持军队，宣战与媾和。正是国民，出于爱国而默许君主的这些行动。正是围绕君主制，民族传统得以形成。正是在君主个人的资助下，大量的民族文学得以生产出来。有一点倒是真的：在17世纪，英国否定或压缩了其君主的主权权利，但宪政的精心设计并没有减弱英国人的民族爱国主义。它只是转变了爱国主义的对象。独裁君主制在英国已经完成了它的民族主义功能。对国王的忠诚转变为对国王所颁布法律的忠诚，如今由此转变为对民族国家的忠诚。

一个有趣的事实是，欧洲在中世纪末、现代之初的经济和商业大扩张，与民族国家的兴起密切相关。正是葡萄牙、西班牙、荷兰、法国和英国的统治者或公民，资助了探险和发现的新奇航行，殖民了遥远的地方，通过海外的贸易和开发获取了最大的利益。而且，在民族群体经济分化和民族意识提升上的效果，十分显著。

早先，欧洲人的经济事业，理论上服从于跨民族天主教会的道德神学和教会法，实际上被（市政的或行会的）地方权威所管理和控制。经济生活的单位不是国家，而是城市——威尼斯、热那亚、布鲁日、安特卫普、吕贝克，等等。但随着这次商业和殖民的大扩张，无论是地方主义还是普世主义，无论是城镇还是教会，都从属于民族商业主义的理论和实践。每一个民族国家的政府都试图让它变成一个自足的经济实体；在这个实体中，整个民族的财富和权力将得到保障，并且为了这个目的而制定了很多法律，颁布了很多法令。外国的进口品被禁止，或者被课以保护性的关税。国内产品在各方面受到鼓励，尤其是借助于贸易补贴。殖民地被卷入母国的垄断性商业体系。国家海军建立起来，被用于民族贸易的保护和强力扩张。民族重商主义，尽管是从民族理想主义的角度来表达的，还是自然会导致国际战争。正如 17 世纪一位牧师十分有趣地供认的那样："在最近这些年降临世界角落的所有奋斗和纷争中，我发现，尽管其借口是美好的和高尚的，但其最终目的和真实意图是黄金、权势和俗世的荣耀。"(2)

在欧洲那个时期的扩张中，对黄金的寻求，以及与之相伴随的民族商业主义，肯定对民族群体的伟大和荣耀做出了贡献。当欧洲平淡无奇的王朝战争结合了公海上和海外神奇国度里更加丰富多彩的战争时，民族爱国主义便回应了一种新的强烈刺激。那些通过操纵民族商业主义而发家致富的人，十分恰当地领导了这场民族赞颂和感恩的大合唱，但他们有一群真正的民族主义追随者。对每一个民族国家的平民大众来说，一大批新的民族英雄出现了——吃苦耐劳的水手和英勇无畏的发现者，征服者和随军牧师，走私者、海盗和大胆的海上冒险家。即便是个人所获得的巨大经济利益，也被描述为整个民族的资产；下面的做法似乎只能是恰当的和正确的：一个欧洲人任何遥远的经济事业都应当受到同胞们的欢呼喝彩，并得到本国政府的保护。

很多欧洲民族群体教会的分化与经济、政治和文学的分化同步。组织化的基督教世界已经沿着东西之间语言差异的分界线而分裂成两半。在东欧，从很早的年代起，基督教会便落入了世俗统治者的管理和控制之下，连同信仰和仪式的变化，以及礼拜仪式语言的差异。因此出现了亚美尼亚人的、科普特人的、希腊人的和俄罗斯人的教会，每个教会都使用它自己的民族语言，要么正如俄罗斯的情况那样，在胜利和成功中对一个民族国家的统一和特色做出贡献，要么就像亚美尼亚人和科普特人的教会所证明的那样，在战败和臣服中巩固并保存一个民族群体。另一方面，在西欧和中欧，天主教会几百年来一直是跨民族的，而不是民族的；它的礼拜仪式和官方文学一律使用拉丁文，它的教义在每个地方都是一样的，它的组织集中于一个至高无上的宗教制度：罗马教皇的职位，它一直保持着明显不同于、在某种意义上也高于世俗国家和民族抱负。教皇和天主教主教们一直承认民族群体的原则，并对之作出较小的让步，但总的来说，他们严厉地顶住了任何带有民族主义味道的东西。他们和他们的教会构建了一种跨民族的——即便不是世界性的——文化和文明。

中世纪晚期，几次异教运动威胁到了这一文明的跨民族品格；这些运动受到了不断苏醒的民族意识的影响，带有民族的特征，比如普罗旺斯人当中的阿尔比派异端，英格兰的罗拉德派，波希米亚的胡斯派，它们差不多全都被16世纪宗教和教会的大动荡给摧毁了。民族群体的提升部分程度上是新教革命的原因；反过来，新教革命和天主教改革也是民族爱国主义发展的里程碑。除非你阅读了路德对日耳曼人、加尔文对法国人、诺克斯对苏格兰人发出的民族诉求，否则就不可能充分理解宗教改革家们为什么获得了那样庞大而广泛的大众追随者。除非你研究了教皇给予民族君主——尤其是西班牙、葡萄牙和法国的君主——以更多的偏袒，并以他的名义发出民族主义的诉求，否则就不可能认识到这种交换如何设法保住了对数量庞大的基督教徒的控制。

　　民族主义的成果令人印象深刻。新教革命通过瓦解天主教会，并让基督教共同体服从于各种不同形式和实质的民族，从而在很大程度上消解了知识和道德的黏合剂——长期以来，正是这样的黏合剂把欧洲各民族凝聚在一起，同时给予每个民族中已经潜在的这样一个观念以宗教的认可：本民族且只有本民族拥有纯洁的信仰和神圣的使命。16和17世纪所谓的宗教战争，尽管其起源和结果绝不完全是宗教的——事实上，它们主要是经济战争和王朝战争——但都是民众性的，因为，这些战争都是以宗教的名义打起来的，而且据说是为了民族的宗教理想而战；它们肯定激发了更强烈的爱国主义感情。对改革主义信仰的忠诚把尼德兰北部地区统一在对抗西班牙天主教国王的反叛中；这些地区对他发动的长期战争不仅使它得以独立，而且在居民当中激发了坚定的荷兰爱国主义。与此同时，对天主教的忠诚导致尼德兰南部地区与它们的北方邻居分离开来，停止了它们自己对西班牙君主的反叛，并发展出了截然不同的比利时爱国主义。斯堪的纳维亚人对路德教的普遍接受激发了丹麦和瑞典这两个民族君主国，使得瑞典人成了欧洲大陆的新教圣战分子。对长老派的忠诚唤起了苏格兰人的民族热情。在英格兰，新教从一开始就采取了民族主义的形式：民族君主建立了圣公会，民族爱国主义维护了它。出于各种不同的理由——政治的、经济的和宗教的——当西班牙国王腓力二世在 1588 年把他的无敌舰队派去征伐英格兰时，英国人全心全意地聚集起来，支持"英明女王"；无敌舰队的覆灭被欢呼为一次光荣的胜利，既是英国新教的胜利，同样也是英格兰民族的胜利；打那以后，这场胜利本身在爱国主义诗篇和宗教传说中得到颂扬。

在新教国家，天主教徒长期以来被怀疑是不爱国的，因为他们并不重视大多数同胞的宗教习俗和传统。这无疑是天主教徒为什么在新教徒手上遭受迫害的原因之一，而天主教徒对新教徒的迫害也可以归为类似的原因。天主教在西班牙和法国是民族爱国主义的象征，正如新教在英格兰和苏格兰一样。正当英格兰人成为新教徒的同时，爱尔兰人保留了天主教信仰，这有助于延续并强调两个民族群体的差异，而英语的传播和盖尔语的衰落原本有希望架设它们之间的桥梁。英格兰君主越是严厉地试图通过把新教强加给爱尔兰人，从而使他们英国化，爱尔兰人就越是固执地坚持把天主教作为一个不同民族群体继续存在的象征符号。

3

从中世纪起，欧洲各民族便有了已经苏醒和正在苏醒的民族意识。16 和 17 世纪，在欧洲的很多地区，宗教、政治和文学都民族化了。到 17 世纪，西欧的瑞典、丹麦、荷兰、法国、西班牙、葡萄牙和英格兰这些国家都是真正的民族国家了。其中每个国家都组成了一个明确的地理区域，居住在这一区域的人口都通过语言的差异而和他们的邻居区分开来；各国都有一个独立的政治组织，追求独立的经济政策；而且，各国公民都珍视他们特有的习俗和传统。民族主义进程——把地方的、封建的和帝制的国家转变为民族国家——已经开始。

但民族主义进程究竟是会前进，还是会倒退，依然是不确定的。地方主义，而不是民族主义，依然体现在德国和意大利的政治制度中；跨民族的帝国主义在奥地利、俄罗斯和土耳其实际上取代了民族主义。天主教会并不完全认可西欧的新秩序，耶稣会士们正在为进入中欧而英勇战斗。即便在西欧，由于缺乏国民教育、普遍的军事训练和廉价而有影响力的媒体，阻止了已经激发出来的民族意识修成正果，民族爱国主义继续主要与对君主主权的忠诚联系在一起。

然而，17 和 18 世纪知识领域的某些发展加强和巩固了西欧的民族主义进程，尤其是在法国和英国。其中一个发展是从哲学上探讨了民众对英国独裁政府的颠覆，探讨了为法国政府提供更多民众基础的手段。另一个发展是民族主义的时代精神，在自然科学与自然宗教、自然法与自然权利中寻求超自然宗教的替代物，并且，至少是间接地和暂时地削弱了跨民族的基督教。但是，即便是18世纪的理性主义者，也不能完全废除人的情绪和人的情感，而且，他们当中的一些人始于对基督教迷信的攻击，却以对国家制度几乎是迷信般的尊重和对爱国主义情感的顶礼膜拜而告终。

第三个发展是古典主义的流行，阅读古希腊和拉丁作者的著作（常常是译文）风行一时；除了别的东西之外，人们从这些著作中得出了这样的观念：爱国主义是一种高尚的美德，它真正的对象是非人格的国家，而不是个人君主；它不可避免的结果是对自由的热爱和对暴政的痛恨。普鲁塔克的《希腊罗马名人传》以希腊原文印行了很多不同的版本，以本地语译文印行了更多的版本，很大程度上满足了爱国主义情感的需要，而斯多葛学派哲学的应用使得爱国主义情感变得更加坚定。献身公益是奉上帝之命，并得到上帝的赐福，这一观念得自西塞罗在《西比奥之梦》（*Dream of Scipio*）的公民论；忠诚于国家和自由本身就是奖赏，而无需世俗的成功或公众的认可，这一观念则是从卢坎和塔西陀那里学来的[3]。

诚然，罗马人和希腊人所论述的爱国主义，正如我们已经指出的那样，并不是民族爱国主义，但17和18世纪的古典学者都毫不犹豫地把它拿来，使之适合于他们自己所幻想的需要：更庞大、更人为的国家。在一本出版于1664年的"摘自普鲁塔克等人"的奇特的格言集中，佩罗·德·阿伯兰库描述了斯巴达人的爱国主义颂歌，其方式暗示了后来的《马赛曲》，至少就其韵文的气质而言是这样。路易十四去世的时候（1715年），德·阿居瑟在巴黎最高法院的面前发表了一篇颂词，充满了古典隐喻，带有强烈的古代爱国主义的气味。18世纪意大利最著名的文人阿尔菲耶里对希腊和罗马民众武装对抗暴君的自由顶礼膜拜。普鲁士的腓特烈大帝屈尊撰写了"关于爱国主义的通信"（尽管是用法语）——其风格和精神，他认为是雅典人的，或者说尤其是斯巴达人的。在美国独立之父们的嘴里，古典爱国主义短语信手拈来，脱口而出；帕特里克·亨利过分戏剧化的"不自由，毋宁死"，让人不由得想起"*Sic semper tyrannis*（拉丁文：这就是暴君的下场）"。至于法国大革命领导人的古典主义背景，那就用不着多费口舌了；一种英雄主义的、加图式的爱国主义，在韦尼奥、罗兰夫人和卡米尔·德穆兰等人的言行中十分明显。

有一段时间，在某种程度上，爱国古典主义的流行与同时代的理性主义背道而驰。18世纪的很多知识分子想当然地认为，他们的理性主义所通向的不是民族主义，而是普世主义；就涉及的古代理想而言，他们所效法的不是加图，而是马可·奥勒留；他们期望在不远的将来（他们都是不可救药的乐观主义者），民族差异的阴影将消失在清晰理性之光中，民族的公民身份将让位于世界公民的身份。卢梭武断地宣称："不再有法国人、西班牙人、德国人，甚或英国人；只有欧洲人。他们全都有相同的品味，相同的激情，相同的习俗。"戈德史密斯承认："整个世界只是一座城市，我并不在意我碰巧居住在它的哪条街道上。"莱辛宣布："对国家的爱充其量不过是一种英勇的邪恶，而没有这种邪恶，我十分满足。"托马斯·潘恩自豪地补充道："世界是我的国家，人类是我的弟兄。"

不过，这些都是普世主义的电闪雷鸣，并没有什么损害，所起的作用不过是预报一场民族主义的瓢泼大雨即将来临。因为，普世主义和超民族人道主义的理论，很快就被政治与社会、工业与商业中的一场狂风暴雨浇得透湿，就此熄灭——这场暴雨在18世纪末和19世纪初横扫了西欧和中欧。在法国大革命中，在工业革命中，同样在继理性主义之后的浪漫主义运动中，有一些明显的因素，最终消除了关于民族国家的未来以及时代趋势的所有怀疑——这一趋势最终将把每一个地方的民族意识转变成我们所知道的那种民族主义。接下来，为了充分认识这些趋势和因素，我们将指出文学和哲学浪漫主义的某些特征，以及工业革命和法国革命的故事中的某些事实。

4

法国大革命先是向欧洲、然后向全世界传播了民族民主制的信条。它宣称，个人的权利不仅是要决定他们的统治形式，而且还要选择他们将属于的国家。换言之，它宣布了人民主权的学说和民族自决的学说。人民主权的理论基础已经由洛克、卢梭、杰斐逊甚至一些更早的政治哲学家给准备好了。此外，类似于民族自决权的某种东西，早就已经被某些民族群体所援引，在14和15世纪是法国人和波兰人，在16世纪是荷兰人，在17世纪是捷克人，在1776年是美国人。但正是法国大革命，第一次大规模地把这些学说付诸实施。政治民主在法国取代了君主专制，政治特权被砸碎了，地方和行省的差别被扫除了，欧洲所有说法语的人都被纳入了民族国家，并被灌输了民族精神。所有法国人都成了兄弟，他们一起体现了"*la belle France*（法语：美丽法兰西）"的民族主权。

法国大革命还宣布了新兴民族主义的利他主义和救世主般的品格。可以援引的恰当文献有很多，下面这段引自革命的和爱国的"胜利组织者"拉扎尔·卡诺的一份正式报告，特别能透露内情[4]：

> 让我们遵循写在所有人心上的法律，让我们不要试图去滥用它；只让民族的荣耀和法国的慷慨成为世界上所有民族的可靠担保，这样的正义是你们欠他们的，应当归还给他们；在砸碎受压迫民族的锁链时，让这样崇高的情感超越于他们的希冀与他们的渴望。……法兰西

自古以来的自然边界是莱茵河、阿尔卑斯山脉和比利牛斯山脉；割裂这些边界的各方只是通过侵占才实现了这样的割裂；因此，遵循正常的法则，收复这些边界并不存在不公正，恢复我们从前的兄弟关系，或者重建只是由于野心而破裂的关系，也算不上野心。

但是，这些建立在古代属地基础上的外交要求，在我们的眼里就像在理性的眼里一样是无效的。每个民族都有权按照自己的意愿独自生活，或者为了共同的利益而与其他民族统一起来，只要它们愿意。我们法国人不承认君主，只承认人民；我们的制度根本不是统治的制度，而是博爱的制度。

法国人如此确信新兴的民族主义对他们自己来说是天赐之福，以至于他们无法设想，它怎么可能不赐福于其他所有民族呢。他们相信，传播这个新的福音——必要时甚至可以借助刀剑来传播——正是法国人的使命。他们将着手进行一场现代圣战，一场为了民主的民族主义而战斗的圣战。1792年12月，国民会议宣布："法兰西民族……将把每一个拒绝或放弃自由和平等，希望维持、召回国王和特权阶层或与之谈判的民族，都当作敌人来对待。另一方面，在［法兰西］军队进入的领土上人民的主权和独立得以确立之前，在那里的人民接受了平等的原则并创立了一个自由而民主的政府之前，

我们不会签署任何条约，也不会放下我们手里的武器。"(5)
其他民族并没有立即听从这些新救世主的召唤。其中很多民族——日耳曼人、英格兰人、荷兰人、西班牙人和意大利人——实际上支持各自的君主武装镇压他们所说的法国大革命的"过激行为"。大概，正如传教事业中经常发生的那样，这些在圣战者看来似乎是利他主义的、救世主般的行动，在它们的受益者（或受害者）看来却是自私自利和彻头彻尾魔鬼般的行为。无论如何，法国大革命促成了一连串的国际战争；在旷日持久的战争过程中，法国人自己倒是让政治民主和个人自由从属于（以拿破仑·波拿巴为代表的）军事独裁，为自己赢得了光荣，而不是为别人赢得了自由，并听任新兴的民族主义变得等同于自私和军国主义，完全像之前等同于和平与利他主义一样。无论是在革命早期，还是在后来的拿破仑阶段，这些战争极大地刺激了法国人的民族爱国主义和民族自豪感；最后，它们也在欧洲其他民族当中激发了民族主义的精神，但并不是直接通过作为民族自决权的福音传道者的法国人，而是间接地通过抵抗作为民族独立和民族主权之敌的法国人。从长远来看，法国大革命证明，民族主义与君主制的关联可能几乎就像它与政治民主制度的关联一样紧密。

法国大革命对后来几乎是普遍性的民族主义实践做出了许多确切而显著的贡献。它以牺牲教会的权益为代价，巩固了世俗国家；而且，在允许个人有加入教会的极大自由的同时，它还反复灌输这样一个学说：所有公民应当把他们最初和最后的忠诚奉献给民族国家，并规定了准宗教的仪式——在 *la patrie*（祖国）祭坛前举行，面对"*pour la patrie*（为了祖国）"而牺牲的死者遗体。它开创了诸如国旗、国歌和国家节日这样的民族主义形式。它坚持要求语言的统一。

关于最后一点，有几点思考可能富有启发意义。在法国大革命之前，任何国家的政府都不曾作出努力，试图迫使本国公民或臣民使用一门特定的民族语言。无论是法国或英国的国王，还是神圣罗马帝国的皇帝，从来都不认为，坚持要求语言统一是必要的或可欲的。伊丽莎白女王的宫廷里说法语，弗朗索瓦一世和亨利四世的宫廷里说意大利语，就连斯洛文尼亚语都是维也纳宫廷认可和使用的语言之一。拉丁文长期以来一直是匈牙利的官方语言；当立陶宛的亲王们成了白俄罗斯的主人时，他们采用了后者的语言，以至于损害了他们自己的语言。诚然，西班牙的君主颁布了一些法令，反对使用希伯来语和阿拉伯语，但这些法令的意义更多是宗教性的，而不是民族性的。然而，法国革命者认识到了民族群体的语言基础，决心要把民族忠诚提升至高于其他一切忠诚之上，还以一种明确的方式，警惕很多布列塔尼人的反叛行为，认为有必要把"核心的或民族的语言"强加给所有法国公民。有一项荣誉要归于巴雷尔和格莱戈瓦神父：他们是最早暗示为了一个主权民族国家的利益而推行语言压迫和迫害政策的政治理论家[6]。

此外，正是法国大革命，制定了最早的全民初等教育计划。它将得到国家的支持，由国家指导，是强制的和普遍的。根据这一计划，将讲授民族爱国主义和民族义务，与三R（译者注：即读、写、算）教育同等。也正是法国大革命，采用并实施了"武装民族"的原则：一切有劳动能力的公民都应当接受作战训练，能够应征入伍，在陆军或海军中服役。最后，正是法国大革命，赋予民族主义新闻媒体以推动力和品格，推动了如此廉价且如此有煽动性的报纸、小册子和杂志的出版，以至于它们吸引了全民族的主体民众，对半文盲的吸引力甚至比对受过良好教育者的吸引力还要大。

从法国大革命迄至今日，民主信条被证明是民族主义最得力的帮手[7]。个人对一个民族群体的忠诚感，当他们是臣民时和当他们是公民时不可能完全一样，正如卢梭一个半世纪前所指出的那样，我们热爱属于自己的东西甚于热爱属于别人的东西。当然，卢梭在任何地方都不曾说过人民主权只适用于一个民族群体。他以最含糊的方式谈到了"人民"；但后来的事件很快证明：政治民主，在一个语言统一或者至少绝大多数人民使用相同语言的国家，远比它在一个多语言帝国更加有效。如果人民要统治自己，他们就必须互相理解，能够说和读一门共同的语言。民族群体因此提供了民主统治的实践基础，而民主统治，或者说争取民主统治的斗争，反过来促进了民族主义。

民主信条所到之处，都会带来一些多少有些明显的推论。一个推论是要求：凡希望自治的人都必须识文断字，因此应当强迫他们到民主的学校里去学习读写民族的语言。另一个推论是确信：凡是希望塑造他们自己的政治和命运的人，都必须持续不断地得到相关信息——涉及对本国有影响的国内和国外问题，必须熟悉他们推选出来的代表们解决这些问题的计划，因此应当经常而迅速地为他们提供国家的新闻。第三个推论是义务：凡享有自治的权利和特权的人，同样必须承担相应的义务和责任，因此应当准备并乐意为他们的国家而战，付出最高的牺牲。实际上，政治民主总是创造出对国家指导的民众初等教育体系的需求，对普遍军事训练体系的需求，以及对增加公共杂志和报纸的需求。但这些机构也正是那些在 19 和 20 世纪极力宣传民族主义的机构。

很难想象，民主政府会在一个没有民族学校、民族媒体和民族武装的国家运转；但不难想象，在过去的几个世纪里，民族武装、民族媒体和民族学校在没有政治民主的国家里存在。看来，法国大革命所接受的民主信条直接得到了一些工具的增强，而这些工具被证明是民族主义的工具；然后，这些工具又被其他有或没有原创政治信条的民族据为己有。在19 世纪，民主传播得很快，但民族主义传播得更快。

5

与法国的政治革命同步，英国开始把机械推动的机器应用于制造业和商业。这个过程持续了整个 19 世纪，直至我们自己的时代，遍及所有的文明国家，在工业和社会领域，在生活、工作和旅行的习惯上，带来了一场名副其实的革命。这场工业革命完全就像民主政治一样，也是当今时代的标志。

乍一想，工业革命和民族群体或民族主义似乎没多大关系；相反，它倒是为国际主义和普世主义奠定了经济基础。很显然，它让地球变得更小了，并用钢铁绳索把各种各样的人捆绑在一起。借助汽船和机车，电报和电话，汽车和飞机，电影和电台，它让全世界大多数民族紧密相连，比一个半世纪前 13 个说英语的美洲殖民地之间的联系还要紧密。它清楚地建立了一个资本、原材料、制成品、劳动力和观念的供需国际市场。它难道没有推倒地方隔离和自给自足最后的壁垒吗？

是的，就地方隔离而言是这样。但它并没有战胜民族的隔离。仔细观察工业革命将会揭示出这样一个事实：尽管它对整个世界的影响可能很重要，但在民族国家疆域之内的影响则更加重要得多。正是在一个民族国家，工业革命有了它的开端；在 19 世纪，工业革命也主要是向民族国家蔓延；而且，在几乎每一个实例中，这些国家都已经浸淫了重商主义的传统。借助新式机器，商品生产有了极大的增长，但生产组织依然是建立在民族的基础之上。不管是民族内的交流，还是跨民族的交流，改进后的主要交流工具，有时候被民族国家的政府所拥有，并始终被它们所控制。外国的商品消费有所增长，但国内消费增长得更快。跨国贸易增长了，但一个工业化国家的国内贸易增长得更快。货币、信贷和银行业，是工业资本主义的命脉，固然有其跨民族的方面，但它们也依赖于民族国家的基础，并主要在一个国家的内部被使用。劳动力，尽管受马克思主义影响的社会主义者及其他国际主义者认为是非民族的，但往往沿着民族间的分界线具体成形，并证明了：至少在紧张时期，民族的爱国主义就像银行家和制造商们的爱国主义一样充满活力，感情强烈。

重商主义的传统并不是工业革命被用于民族主义目的的惟一原因。一个人与那些说着和读着己方语言的人做生意，比与使用不同语言的人，更容易，更自然。即便是工业革命使之成为可能的观念和新闻的大规模传输，也由于语言的原因，带有显著的民族特色。搜集新闻的机构是在民族的基础上组织的，新闻的发表必然是以读者能看懂的语言。任何观念，不管多么具有世界性，都有可能被表述观念的语言媒介染上不同的色彩，并因此被每个民族群体的成员作为他们自己特有的观念而接受。

再者，工业革命还使得民族民主制的永久建立和迅速扩展变得切实可行。法国大革命表明，这样的民主制在理想上是可欲的。政治民主的形式很久之前就实现了，远早于18世纪，例如在古代雅典，或者在日耳曼人的原始部落当中，但人们从未把它们与今天的投票选举及代议制责任政府的制度联系起来，也不认为它们适用于一个庞大的民族国家。只有运输和交流手段的根本改进和民众社会生活的革命性改变，才有可能引入那种培育民族主义的政治民主。可以说，作为一种世界现象的民族主义，只有借助机器才有可能出现；实际上，它就是借助工业革命的机器而出现的。

在某个特殊的意义上，工业革命对最有效的民族主义宣传工具的打造做出了不可估量的贡献，不管是在民主制国家，还是在君主制国家。随着动力机器的出现，人口有了巨大的增长；而且，我们现代城市的庞大规模——这是工厂生产和批发贸易的一个自然伴随物，为大众教育提供了成果丰硕的用武之地。时间和空间被铁路和汽车大幅压缩了，差不多被电报、电话和电台给消灭了，以至于乡村社会被纳入了都市的教育轨道。像教育一样，新闻业和战争都被机器的发展和增长的人口数量给彻底改变了。由于工业革命，快速而廉价地印刷报纸和大范围地销售报纸成为可能。由于工业革命，武装整个民族对抗另外的民族和用科学方法大规模杀人变得切实可行。在第一次世界大战之前及一战期间，军事装备、新闻媒体和国民教育在所有民族国家都十分显著地繁荣兴旺——如果没有工业革命，这是不可想象的。

6

　　民族主义作为一个多少是无意识的过程，工业革命和法国大革命无疑加速了这个过程。但作为一种有目的的学说，民族主义所获得的主要推动力，则来自19世纪头几个十年哲学和文学的"Zeitgeist（德语：时代思潮）"——浪漫主义时代。浪漫主义，正如它伟大的传道者——德国的赫尔德和施勒格尔，法国的夏多布里昂，英国的沃尔特·司各特爵士——所证明的那样，代表了一次知识上和审美上的反动，针对的是17和18世纪"启蒙运动"：既是针对它的伪普世主义，也是针对它的古典主义。浪漫主义是对下面这句格言的一次抗议：人仅靠理性而活着。它也是一次富有想象力的逃离，为的是逃离大革命和拿破仑战争的可怕现实。它重视情感，赞美平常的事物和平常的人；并且，为了一个自由与和平的光荣未来，在理想化的过去中——更多地是在中世纪的历史中，而不是在古代时期的历史中——寻找最崇高的理想。

　　浪漫主义有一种明显的民族主义倾向。它对平常人和平常事物的兴趣，刺激了民间习俗、民间传说和民间音乐的研究和复兴。它的诉诸历史，指的是诉诸民间史，是要装饰幻想出来的民族独立和民族完整的"过去美好时光"的故事。作为一场文学运动，浪漫主义颂扬民间语言、民间文学和民间文化；作为一场哲学运动，它认为每一个民族都有一个灵魂，以及内在的精神品质和与众不同的生活方式和习俗；作为一场情感运动，它往往把民族生活的特色奉为神圣，鼓励民众的民族崇拜。

在对约瑟夫二世（18世纪晚期杰出而又威严的普世主义者）的批评中，赫尔德写道："一个民族还有什么比祖先的语言更宝贵的吗？在民族的语言中，居住着它的整个思想王国，它的传统、历史、宗教和生活根基，它的全部心灵和魂魄。剥夺一个民族的语言，就是剥夺它永恒的善。……正如上帝容忍了世界上所有不同的语言，一个统治者也应当不仅容忍、而且还要尊重其人民各种不同的语言。……一个民族最优秀的文化不可能用外族语言来表达；它在本民族的土地上生长得最茂盛，而且，我可以说，只有借助本民族继承来的、并可以传承下去的方言，它才得以茂盛生长。随着语言一起被创造出来的，是一个民族的心灵；那么多的民族——匈牙利人、斯拉夫人、罗马尼亚人，等等——难道不都高度关切为遥远的未来播撒幸福的种子，其方式正是他们最钟爱也最适合他们的吗？"[8]弗里德里希·施勒格尔在1812年讲课时宣称："每一个重要而独立的民族都有权——如果我可以这样说的话——拥有自己所特有的文学；最卑劣的野蛮行径是压制一个民族和一个国家的语言，或者把它排除在一切高等教育之外。是纯粹的偏见，导致我们认为那些被人忽视的、或者我们不了解的语言不可能被带到更高的完美。"[9]斯洛伐克爱国诗人杨·科拉尔在1824年说："用祖国这个神圣的名字来

称呼我们所居住的这片国土是一个错误；真正不朽的祖国是习俗、言语与和谐，强权和欺骗都不可能压倒。"(10)

借助浪漫主义运动，学术本身被推进了新的通道。浪漫主义者们所唤起的对民间语言的兴趣导致了民族哲学的显著发展。他们对民间历史的诉求促使了盛行于整个 19 世纪的民族史的产生。他们对民间习俗的强调，给人类学、比较法学和比较宗教学带来了强大的推动力。绝大多数社会科学家开始致力于以这样那样的形式解释民族差异。通过突出民族性并为它提供"科学的"基础和"学术的"理由，他们正在偿还他们对浪漫主义欠下的债；与此同时，他们还在给民族主义雄伟的现代神庙添砖加瓦。

浪漫主义的影响并不局限于文学的慷慨陈词或学术的批注诠释。一些浪漫主义歌曲——德国人当中有阿尔恩特和科内尔的，斯拉夫人当中有科拉尔的——意大利人中有马志尼不相上下的浪漫主义散文诗，都有效地刺激了民众为了民族统一和民族独立而行动起来。拜伦勋爵，弗朗西斯·利伯，以及很多支持希腊独立运动的其他人，都积极参加了希腊独立战争——这是浪漫主义对新兴民族主义海誓山盟的神圣象征。

7

我们现在已经看到，16 世纪和 17 世纪文学、政治、经济和宗教的分化如何在欧洲——至少是在西欧——极大地激发了民族群体的自觉意识，以及法国大革命、工业革命和浪漫主义的流行如何在18世纪末和19世纪初开始把这种意识转变为民族主义。整个19世纪，迄至20世纪，民族主义的进程呈现出三个方面：首先，多亏了工业革命，它不再局限于西欧；它最终影响了欧洲的每一个民族群体和其他所有大陆的大多数民族群体。其次，它在一些多少算是偶然地已经成为民族国家的地方进展神速，比如在英国和法国。第三，多半也是最引人注目的，它侵入了一些非民族国家，比如哈布斯堡、俄罗斯和土耳其的帝国，把它们分裂成了民族的碎片。

法国人在他们18世纪末那场巨大的政治和社会革命期间成为民族主义者；他们不久之后得到的、源自工业革命的优势，使得他们能够完善他们的政治民主，随之而来的是民主主义的那些工具，正如我们已经看到的那样，它们同样也是民族主义的工具——国民教育、民族媒体和民族武装。由此，法国人不仅保留、而且强化了他们的民族主义。继卡诺、丹东和拿破仑一世之后，出现了蒂耶尔、拿破仑三世、甘必大、庞加莱和福煦。

在18世纪，英国人——如果说有什么不同的话——有着比法国人更加活跃的民族意识，但英国人强烈的民族偏见在一段时间里阻止了他们采用政治民主，认为那是法国现代民族主义的同盟者和教唆者。然而，英国人把他们的民族感情和民族观念融入了大革命战争和拿破仑战争的熔炉里；最终，从工业革命中收获的丰硕成果确保他们得到了他们曾经拒绝直接从法国大革命获取的东西。逐渐地，军事装备、新闻媒体和公立学校，还有民族民主制所带来的民族化的影响在大英帝国变得十分明显。紧接着柏克、皮特、纳尔逊和威灵顿之后，出现了坎宁、帕默斯顿、迪斯雷利、索尔兹伯里、张伯伦和基奇纳。

就在法国大革命开始的那一年，美洲说英语的人民自己建立了强大的民族政府。他们当中有些人钟情于英国早先的自由主义传统；另一些人则对当代法国民主主义和平等主义的原则留下了深刻的印象；最近经历的共同苦难以及反抗英王"暴政"的胜利所留下的共同记忆让所有人团结在一起。这个利益共同体，不仅立即因一个共同政府的创立得到巩固，而且后来随着铁路线的修建和电报线的延伸，以及印刷报纸的使用和无所不在的"小小的红色校舍"的创设，得到加强。由此，自然而然地产生了彻底的政治民主；而且，尽管一场可怕的内战接踵而来，也同样自然而然地产生了货真价实的民族主义。美利坚合众国可能并没有组成一个完全不同于其他每个民族的单一民族群体，但是，就其公民对民族主义的热情而言——不管这样的民族主义可能多么不自然——比任何一个欧洲国家都有过之而无不及。

一个多世纪的时间里，政治民主和民族自决的原则在整个欧洲和美洲被那些有浪漫主义倾向的民族领导人所援引。一些古老的民族群体，长期以来臣服于外来民族的统治，在这样的感召下，它们开始为争取政治自由和民族独立而斗争。一些长期以来被分裂成政治碎片的民族群体则被打动了，开始寻求民族统一和民族民主。而那些背负着君主专制重负的民族群体也被说服了，开始揭竿造反，要建立一个有着更强烈民族主义倾向的民主政府。19世纪20年代，欧洲出现了希腊和塞尔维亚（南斯拉夫）这样的民族国家雏形，拉丁美洲则出现了一大群说西班牙语的共和国。19世纪30年代，比利时人成功地摆脱了荷兰人的统治；与此同时，波兰人反抗俄罗斯和意大利人反抗奥地利的造反则以失败而告终。在19世纪50年代和19世纪60年代，意大利人和罗马尼亚人同样确立了他们的民族独立。在所有这些实例中，民族群体的复兴部分程度上都是对过去的浪漫援引；从历史上讲，它是一场向后倒退的运动。但实际的驱动力是自由、平等和博爱的革命情怀，以及民众的这样一个坚定的信念：每个民族都有权按照自己的意愿处理自己的事务[11]。在每一个实例中，结果都是助长了民族主义。

民族主义的兴起通常伴随着一场争取民族民主的斗争；民主主义者和自由主义者通常是民族主义运动的先驱。但并非始终如此。在某些情况下，尤其是在德国的实例中，民族统一的最终实现，不是通过一个有民主思想的议会，而是通过一个军国主义的国王和一个贵族政治家。但是，即便是在德国，要不是手边有现成的强制义务教育、爱国主义新闻媒体和相当于民族军队的东西，俾斯麦和威廉一世也几乎不可能在法兰克福议会失败的地方获得成功。此外，几乎是同时，日本的贵族政治家们正是借用了德国人的（也是欧洲人的）这些民族主义机构，并利用它们，联合日本的民族宗教，取代了政治民主，成为日本民族主义的促进力量。在专制的俄罗斯，也出现了民族主义；那里没有来自民族民主的帮助，来自民族教育的帮助也很少，但是，俄罗斯东正教会被证明是民族主义的一个特别有效的工具。

许多年来，在俄罗斯和德意志的民族主义帝国之内，对"受压迫"民族的煽动一直在进行。德国人越是竭力把他们的帝国德意志化，波兰人、丹麦人和阿尔萨斯人这些臣服民族就越是试图保持他们的民族个性。俄罗斯人越是试图把他们的领土俄国化，臣服的民族——波兰人、芬兰人、爱沙尼亚人、拉脱维亚人、立陶宛人，等等——就越是努力争取民族的解放。在奥匈帝国，占据统治地位的日耳曼人和马扎尔人在数量上实际少于臣服民族——捷克斯洛伐克人、波兰人、南斯拉夫人、罗马尼亚人，等等；当这些人成为民族主义者的时候，他们就让帝国成了一个极其不合时宜的、摇摇欲坠的结构——1914年的世界大战最终把它推倒，成为一堆可怜的废墟。在第一次世界大战之前，正如人人都知道的那样，土耳其帝国就是"欧洲病夫"。它的病主要是流行的民族主义传染病：不仅它的基督教臣民——希腊人、塞尔维亚人、保加利亚人和亚美尼亚人——而且还有"受压迫的"穆斯林群体，比如阿拉伯人，都因为民族主义的狂热而陷入了谵妄；与此同时，帝国本身，曾经相当理智而宽容，如今也发疯似的致力于把这片多语言的领土简化为土耳其统一体。

在19世纪和20世纪的狂热民族主义者看来，他的民族群体没有必要人数众多。实际上，在他看来，小有一种情感和浪漫的价值，而纯粹的大，缺乏的正是这个。就算他小小的民族已经精通"外族的"语言，很久之前就不再使用祖先的独特语言，那也只是暂时的不方便而已。他们应当且能够有他们自己的语言，哪怕是人为地使之复活，而且这件事很快就做成了。18世纪，大多数爱尔兰人只懂英语，但到了20世纪，在民族主义的影响下，他们已经学会了——仿佛是学一门外语——他们本土的盖尔语。不自然的爱尔兰民族主义，必须借助不自然的呼吸使之变得自然。后来，挪威民族主义者也强调他们的方言与其他斯堪的纳维亚语言的差异，实现了与瑞典的政治分离，并把他们首都已经拉丁化的名字克里斯蒂安尼亚改为古挪威语的奥斯陆。冰岛人的行事方式也是一样。一些崭露头角的小民族莫不如此：加泰罗尼亚人、普罗旺斯人、巴斯克人、温德人、佛兰芒人、白俄罗斯人、马恩岛人和马耳他人。

在 19 世纪，民族主义的潮水稳步上涨，大概在 20 世纪的第一次世界大战中达到了最高峰。不过谁知道呢？民族主义宣传的滔滔洪流至今依然在汹涌澎湃。

浪漫主义、法国大革命和工业革命共同使得普遍的民族主义进程成为可能——而且，也许使之不可避免；其中，一些引人注目的里程碑我们前面已经指出过了。但是，有一些专门的宣传工具，主要由那些教条主义者打造出来，并对人民大众产生了非常有效的影响；如果没有这些宣传工具的帮助，这个历史进程所采取的形式不可能和现在完全一样，当下全世界如此普遍的民族主义精神状态也不可能完全是现在这个样子。对于这些宣传工具，对于它们的构造和功能，必须给予直接的关注，这一点很重要。

【注释】

（1）莎士比亚：《理查二世》第二幕第 1 场。译者注：这里引用的是朱生豪先生的译文。

（2）坎特伯雷大主教威廉·桑克罗夫特以 W. 布卢瓦为假名撰写的《现代政治：摘自马基雅维利、博尔吉亚及其他精英作者》（*Modern Policies taken from Machiavel, Borgia, and other Choice Authors*, 1690），第 1 页。

（3）斯图尔特和德雅尔丹：《十九世纪的法兰西爱国主义》（*French Patriotism in the Nineteenth Century*, 1923），第 19 页。

（4）"1793年2月13日给外交委员会的报告"，载《卡诺通信集》（*Correspondence générale de Carnot*），埃蒂耶纳·沙拉韦编（1892），第一卷，第363页。

（5）J.B.迪韦吉耶（编）《法律、法令、条例、行政法院公报汇编》（*Collection complète des Lois*, etc.），第五卷，第84页。

（6）参见A.范亨讷普："方言的消失与持续"，载《宗教、道德与传说》（*Religions, Moeurs et Légendes*），第四卷（1911），第241~268页。

（7）威廉·T.拉普拉德教授不赞成下面这个论点："民主制带来了民族主义。"（《美国历史学会年报》[*Annual Report of the American Historical Association*]，1915年，第226~227页）而且，如果我们同意他把民族主义定义为"现代民族感情"的话，那么我们就很难不赞同他的结论。但上文所定义的那种民族主义肯定是紧随着人民主权学说而最早出现；它得到了政治民主普遍而有力的鼓动。成为民族群体的大多数国家，至少渴求政治民主。在某些情况下，民族主义领先于民主制，但这两种现象之间存在一种密切的关系，我认为这是毋庸置疑的。

（8）《关于人类进步的通信》（*Briefe zu Beförderung der Humanität*），第一卷（里加，1793），第146~148。

（9）《旧文学与新文学的历史：1817年维也纳讲稿》（*Geschichte der alten und neuen Literatur, Vorlesungen gehalten zu Wien im Jahre 1817*），《全集》（*Sämmtliche Werke*）第二卷（1846），第24页。

这些讲稿中，第一篇和第十篇尤其有启发性。

（10）关于科拉尔，可参看阿尔弗雷德·费舍尔的《世界大战之前的泛斯拉夫主义》（*Der Panslawismus bis zum Weltkrieg*，1919）。

（11）参见伯特兰·奥尔巴赫:《奥匈帝国的种族和民族》（*Les Races et les Nationalités en Autriche-Hongrie*），第二版（1917），第 16 页。

三　民族主义的传播

1

　　民族情感并不是什么新东西。爱国主义情感也不是什么新东西。但民族主义却是新东西。只是自 18 世纪以后，才有人做出有意识、有目的的努力，试图根据民族的分界线重画世界政治地图，在所有人的心灵和头脑里灌输对各自民族群体和各自民族国家的最高忠诚。

　　这一努力在如此短的时间里便获得了辉煌的成功，不仅要归功于晚近这些时期某些十分有利的环境——工业革命和浪漫主义、民主信条的盛行——而且特别要归功于传播民族主义的巨大热情，先是在知识分子当中传播，然后是在人民大众当中传播。18 世纪的一些事件预先在某些国家给民族主义做好了准备。19 世纪的宣传使得民族主义成为一种普遍现象。

　　说到宣传，尽管因为它和最近战时政府为了把人民的爱国温度提升到沸点而使用的一些颇成问题的花招脱不了干系，而在某些方面臭名昭著，但至少应当把它视为一个中性

72

词——即便不是一个十分正派体面的词。既可以宣传谎言，也可以宣传真理；既有魔鬼的宣传，也有福音的宣传。毫无疑问，就民族主义宣传而言，其开创者和推动者正是那些被最高尚、最利他的情怀所打动的学者和理想主义者；得知他们的传道后来被派上了某些用场，他们一定会感到难以言表的痛苦。宣传可能是好的，也可能是坏的，可能是道德的，也可能是不道德的，但它始终涉及多少是有意识的努力，试图影响伙伴们的思考和行动。这正是宣传这个词的真正意义，显然适用于民族主义。因为，正如我们所定义的，民族主义不是一个自然的、本能的事物；它是人为的，它的发展和传播可以追踪到人为的刺激——一言以蔽之，就是宣传。

在民族主义的宣传中，有三个因素或三组因素必须考量。第一个、也是最基本的一个因素是精心构建一套民族主义的学说，构建者是一帮深受尊敬的"知识分子"——语言学家、历史学家、人类学家、经济学家、哲学家和文学家。第二个、也是非常有影响力的一个因素是一些公民群体对民族主义学说的拥护，他们从中得到了心灵的满足和愉悦，有时候也会给他们的口袋带来好处。第三，借助新奇的、但逐渐变得普遍的大众教育形式，这一学说被灌输进了民众的头脑里。

2

知识分子的工作是基本的，各种各样。它包含学术性的哲学论著、科学的民族史、带有注解的政治和经济学思考、对民族特性和民族差异的艺术描绘，同样还有无数对这些博学而优雅的大部头巨著所作的通俗化工作，其形式包括摘要、教科书、小册子、杂志文章和报纸消息。很多真正的博学之士都不是公开承认的民族主义者，但他们的著作，自然在主题中反映了他们所生活的那个时代的兴趣和抱负，因而是这样一种东西：他们的知识分子堂表亲——通俗化写作者——可以抓住并利用它们，服务于民族主义。

科学的比较语言学研究几乎不早于法国大革命。正是在 1786 年，威廉·琼斯爵士在他的《亚洲研究》（*Asiatick Researches*）中让学者们注意到了梵语与希腊语、拉丁语及德语之间的相似性。打那以后，语言学进展神速。一些德国学者，例如 J.C. 阿德隆、A.L. 冯·施勒策、格林兄弟和马克斯·缪勒，发展出了原初雅利安语言的理论：不仅梵语、拉丁语、希腊语和德语源自它，而且波斯语、亚美尼亚语、凯尔特语和斯拉夫语也是如此。这一理论想当然地认为，这些雅利安语比其他任何语言都要好；而且，由于马克斯·缪勒和他的某些同僚不辞烦劳地把语言与种族联系起来，这一理论很快便认为，雅利安民族优于其他所有民族。

但是，诸多现代雅利安民族当中，究竟哪一个民族在语言上最接近、因此在品德和勇气上也最接近于原初的纯种雅利安人呢？这里面有一个绝好的机会，让秘传的哲学科学得以在民族主义宣传中扮演一个重要角色；而且，如果它的某个行过涂油礼的信徒太过谦逊或太过自尊，不愿意亲自上场，自然有大量的伪语言学家勇敢而自信地承担这项工作，来证明日耳曼人是地球上最纯粹、最勇敢的民族，或希腊人是最纯粹、最勇敢的，或者，兴许罗马尼亚人或立陶宛人才是。与此同时，一些博学的语言学家和那些不是那么有学问的语言学家同样忙于研究他们各自民族语言的起源和发展。阿德隆和雅各布·格林的卷帙浩繁的德语词典，就其民族影响而言，即便不是就其主体内容而言，可以与林德的波兰语词典、荣格曼的捷克语词典、罗蒙诺索夫的俄语词典、科拉伊斯的希腊语词典——如此等等，不一而足——相媲美。

为了给语言学家们帮忙，集结了一帮研究比较法和法理学的学者，其中既有人研究印度人与欧洲人之间法律和习俗的相似性，也有人详尽追踪民族典章制度的兴起。一方面，习俗和法律相似性的研究看似支持下面这个论点：各雅利安民族彼此相关，都优于其他所有民族。另一方面，对制度生活中特性的研究为下面这个论点提供了很多强有力的支持：每个民族群体都有过漫长、有益而令人尊敬的存在，它的"灵魂"既可以在语言中找到，也可以在典章制度中找到。

在18世纪后期之前，似乎没有一个人怀疑，就其可以被视为动物而言，人组成了一个不可分的单一物种。但随着人类学的兴起，有人提出了一个新观点。在19世纪刚开始的时候，杰出的法国博物学家维瑞认为[1]，人类种族彼此之间如此不同，以至于必定有着各自不同的起源。维瑞的多源发生说及时地得到了其同行当中一些颇有声望的成员的认可，尤其是英国的劳伦斯，以及美国的诺特和格利登[2]，并十分奇怪地被德国浪漫主义者施勒格尔应用于新兴的语言学。施勒格尔的名言是 *Quot linguae, tot gentes*（拉丁语：有多少语言，就有多少民族）。尽管后来的人类学家指出，把语言与种族等同起来纯属谬论，但它长期以来主宰着欧洲人在这个问题上的思考，强化了民族情怀。每一个民族的"灵魂"都被发现或发明了完全不同的种族躯体。由于从多源发生说得出这样的结论——种族是不平等的，于是有人同样认为：民族灵魂也是不平等的，有些灵魂的种族化身比另一些灵魂的种族化身更优秀、更纯洁、更健康。比方说，19世纪中期固执己见的伪人类学家和伪文学家戈宾诺伯爵就持这一论点；它基本上也是 *fin de siècle*（法语：世纪末）极端狂热的亲德分子斯图尔特·休斯顿·张伯伦的论点；它依然是——有些变化和即兴的成分——两位有趣的美国时评家麦迪逊·格兰特先生和洛斯罗普·斯托达德先生的论点。

今天的人类学家一般不会操心多源发生说，他们对关于"种族"的笼统概括格外持批评态度；他们没有给民族主义的事业提供多少帮助。不过，我们可以斗胆猜测，可能还要花很长时间，他们的怀疑和冷淡才会像他们前辈的荒谬信念一样得到公众的认可。无论如何，所有人类学家，既包括今天的人类学家，也包括昨天的人类学家，都可以放心，民族主义者的子孙后代一定会充满感激地铭记他们把大量的学术注意力集中于民间生活方式和民间习俗上，这些正是民族群体的心跳。

比较法学和比较哲学——浪漫主义和18世纪末发生的一些激动人心的事件就更不用说了——都给历史书写带来新的转折。对克利俄（译者注：希腊神话中司历史的女神）的追求是一门非常古老的行当或业余爱好；但是，在19世纪之前，很少生产出严格意义上的民族性格的历史。它一直是地方史、"世界"史或宗教史，是国王们的编年史，武士或圣徒的传记，论述上帝与人交往过程的哲学论文，但几乎从来都不是这种严格意义上的民族史。然而，在19世纪，人们撰写的历史就范围或意义而言很少有不是民族史的。其中，一部分是"科学的"，但大部分处理的是对民族主义有利的材料。民族史处理的是一个民族群体的过去，是民族政治、民族生活、民族英雄、民族战争和民族外交的过去。在德国，民族意识在世纪初的苏醒伴随着《日耳曼历史文献》（*Monumenta Germaniae Historica*）的印行。这部卷帙浩繁的史料集收录了德国历史的所有原始材料；不久之后，出现了爱国主义历史学家组成的普鲁士学派中几位巨匠级的人物：吉泽布雷希特、豪塞尔、德罗伊森、西贝尔和特赖奇克。

德国并没有垄断民族主义的历史书写。在几乎每一个国家，都为民族史的撰写编纂了史料集，组建了民族史协会，创作了大部头的民族史诗。如果我们要列出 19 世纪阅读最广泛、民众最敬重的历史学家，我们会到处记录民族史家的名字——法国的马丁、蒂埃里、米什莱、基佐、蒂耶尔、阿诺托和菲斯泰尔·德·古朗士，英国的麦考利、格林、斯塔布斯、弗里曼、弗鲁德和希利，美国的乔治·班克罗夫特、莫特利、普雷斯科特、帕克曼、菲斯克和罗斯福，意大利的博塔，波希米亚的帕拉茨基，西班牙的拉夫恩特，葡萄牙的卡瓦略，罗马尼亚的克塞诺波尔，荷兰的布洛克，比利时的皮雷纳[3]。这些只是最近历史编纂中压倒性的民族主义趋势一个微不足道的迹象而已。

　　跟政治史家比起来，更加直接的民族主义者是民族文学的历史学家。泰纳那部论述英国文学的辉煌著作是 19 世纪许许多多这种书的典型和例证。他在英国散文和诗歌连绵不断的特色中感受到了几乎是神秘的某种东西，并提出了这样一个假说：这个东西是凯尔特人和盎格鲁－撒克逊人混合的产物，而且是与生俱来的。从后来的人类学研究来看，这样一个假说完全是站不住脚的，因为泰纳就像马克斯·缪勒一样，也把语言群体与生物种族混为一谈。但是，一般来说，文学史家和文学家继续欣喜若狂地对科学人类学视而不见，索然寡味地宣扬凯尔特人的神秘主义，斯拉夫人的忧郁，蒙古人的狡猾，日耳曼人的凶猛，以及盎格鲁—撒克逊的常识理性，仿佛这些品质是在既定种族的范围内世袭似的。他们在民众的认可上赢得了奖赏，因为，凡是有一个人阅读论述种族问题的学术专著，就至少有一万个人读小说或看戏，而在这些作品中，民族品格被描绘为永恒不变的东西。

19世纪的文学家当中，诗人、戏剧家和小说家都是民族主义引人注目地成功的宣传员。在他们手里，民族特性和民族品格都刻板地套路化了，就像古希腊舞台上的合唱一样。普通人对法国人、德国人、爱尔兰人或犹太人的看法，不是得自广泛的个人观察，而是得自诗人、小说家和剧作家们所应用的原型。关于所有这一切，有某种传染性的东西。它刺激着一个民族设法达到被归到他们身上的那种品格；反过来，当他们表现出期望他们具有的那些特性时，他们的文学批评者和解释者便更加痴迷于最初的套路，在表达这些套路上就更加雄辩。毫无疑问，在任何特定的时期，民族群体都彼此不同，但我们在这里试图阐明的是：文学家们往往过于强调这些差异，把它们简单化和模式化，因此为下面这个流行的大众信仰提供了文学的基础—— 每个民族都有一个"灵魂"和一项"使命"。

民众相信，每个民族群体都有权拥有主权和独立国家的地位，正如我们已经看到的那样，这一信念自然源自法国大革命和拿破仑时代的训诫及实践；整个19世纪，一大群哲学家和法学家，用哲学、人类学与历史学中的真理、片面的真理和猜测，编织出了政治民族主义的学术外衣。费希特雄辩地宣布了民族群体的语言基础和真正国家的民族基础。施莱尔马赫热情地主张，一个界定清晰的地理单位天生就是一个国家的居所。黑格尔神秘地把国家构想为本身就是目的，构想为一个神圣的人，一个包含了一个民族的有机体。萨维尼辛勤地研究了"族群"（他可能已经称之为"民族群体"），并把它定义为个体的集合——这些个体过着一种带有明确标志的生活，浸淫着一种共同的精神，其最显著的表现便是语言和法律；他补充道，一个族群总是不可抗拒地倾向于以外在的、看得见的形式，显露出它内在的、看不见的精神——这一形式便是民族国家，一个族群借助民族国家，获得真实的个性和行动的力量。布伦奇利漂亮地总结了早期的德国人在这个问题上的思考。他宣称，一个民族国家就是人的集合，他们作为政府和臣民，生活在一块明确的领土上，统一为一个社会－道德的、有机的、有力量的人；与此同时，一个民族群体是一群人的联合，他们在一个有着共同的精神、感情和种族的世袭社会里，有着不同的职业，处于不同的社会阶层，尤其被一个共同文明中的语言和习俗凝聚在一起——这让他们有了一种团结感，和一种区别于所有外族人的差别感，国家的纽带就更不用说了。

那么，最基本的学说就在这里——神圣的、排他性的民族群体，以特有的语言、种族、习俗和文明为标志，注定要把主权供奉于一个神圣的民族国家。可以给这一学说添加一些注解。一方面，弗里德里希·李斯特追随亚历山大·汉密尔顿的足迹，指向了民族统一的经济好处，并展示了一个民族国家如何可能通过追求经济孤立和自给自足的政策来巩固自己；在他看来，就像在很多政客看来一样，关税保护主义有点像民族主义的 *realpolitik*（德语：现实政治）。另一方面，马志尼热情洋溢地理想化了民族群体，越来越多地谈论民族群体的神圣使命和人道义务，谈论它对人类的服务；这个意大利人乐观主义的看法，受压迫的臣服民族当中大量涌现出来的先知和预言家们也都有。而在另外一些大概更幸运的民族当中，很多自由主义者也抱持同样的看法，比如法国的欧内斯特·勒南、比利时的埃米尔·拉弗莱、英国的约翰·斯图亚特·穆勒和美国的弗朗西斯·利伯。

后来，几个超前的自由主义者越来越怀疑新福音的实际效力，把他们的精力和热情转向了国际主义的福音，正如受马克思主义影响的社会主义者们所做的那样。但这样做的作用只不过是更醒目地凸显了极端民族主义学说，这样的学说在 19 世纪末和 20 世纪初盛行一时，不仅表现在莫拉斯和巴雷斯、特赖奇克和伯恩哈迪、荷马李、J.A. 克拉姆和西奥多·罗斯福的著作中，而且还表现在全世界激进爱国社团的活动中。这些学说源自哲学、比较法学、人类学、博物学、文学和社会心理学等不同领域的思考，具体化为颇为连贯的政治哲学，就像两面神一样，对感伤主义者可能呈现出和平的、田园牧歌般的外表，而与此同时，却对现实主义者呈现出凶猛狂暴的风采。

3

民族主义学说主要是知识分子的工作——学者和文人的工作。但它不只是知识分子私相授受的一套秘传哲学。它既针对上层社会，也针对平民大众。

上层社会最早接受它。特别是，它最忠实的信徒和传道者都来自中上阶层，这很自然。上层资产阶级——银行家、商人和专业人士——通常都是有钱和有头脑的人。整个19世纪在欧洲，以及后来在美国，他们通常都在大学里接受过训练——在那里，民族主义的教授们通过授课和私人接触发挥了巨大的影响。此外，从他们所接受的训练和他们的阶级传统中，他们很可能养成了追根究底的习性，并为自己"跟上时代"而自豪。如果新时代带来了新学说，那么，资产阶级精英就必须对这些新鲜事物有所了解，至少要对它们在口头上有所表示。中上阶层的成员买得起新书，哪怕是昂贵的书——既有学术书，也有畅销书；在大学讲堂那阴郁的高墙之内，一个人首先感觉到的兴趣后来在优雅舒适的私人藏书室里会坚持下去。

正是中上层阶级，受18世纪自然法、自然权利和人类自然完美性哲学影响最大——这套哲学在质疑超自然宗教和否定组织化基督教上走得最远。同样是这个阶层，立即在民族主义学说中发现基督教的情感替代品，以及自然原则的合理延伸，这难道不是更自然么？他们爱好科学，多半是更爱好"科学"这个词，而不是现实；民族主义学说就是以"科学"的名义从"科学家们"那里传授给他们的。如果说他们有什么情感弱点，那就是他们对他们很高兴视为"人性"的那种东西的偏爱，而民族主义，尤其是马志尼的那个版本，令人欣慰地暗示：民族性是通向人性的垫脚石。作为一个阶层，上层资产阶级都是自由主义者——其中有些人是民主主义者——而民族主义，这里不妨重申一句，在历史上与自由和人民主权的信条密切相关。

如果我们回顾一下民族主义在19世纪任何欧洲国家的实际历程，我们就会对教授、律师、医生、商人和银行家们早期的重要性留下深刻印象。在大革命和第二帝国期间，法国最引人注目的民族主义者都是这些职业；1848年法兰克福的德国国民议会和同年布拉格的斯拉夫国民议会的大多数议员也是如此。同样，在那些正在发展民族主义的民族国家和在最终产生了民族国家的民族主义中，中上层阶级的成员都很活跃。在法国、西班牙和英国，还有在日耳曼人、意大利人、希腊人、波兰人、捷克斯洛伐克人和南斯拉夫人当中，故事也是一样的。

职业民族主义者几乎总是来自资产阶级，这些人被彻底灌输民族主义学说，以至于他们投入了相当多的时间和资源，致力于它的传播。他们资助保持或复兴民族语言的社团。他们创办收集民族文物的博物馆。他们支持民族运动协会：德国体育协会和索科尔体育协会。他们资助民族主义的报纸。他们给最佳民族歌曲和最佳民族舞蹈的表演颁奖。他们鼓励穿民族服装。他们为改进或创办本土工业的每一次努力鼓掌喝彩。这些职业民族主义者的座右铭是"惟有我们自己"，或者，正如最近用爱尔兰民族主义者复活的盖尔语所表述的："Sinn Fein！"（译者注：盖尔语的"惟有我们自己"，这个短语后来成为爱尔兰新芬党的名称。）

资产阶级在精神上信奉新兴的民族主义学说，这里面是不是有经济因素呢？或许有吧，尽管在很多个例中很难察觉这样的因素。诚然，绝大多数中产阶级——都是有钱和有头脑的人——出于完全正当的经济理由，众所周知对专制政府的许多特点很不耐烦，并自然而然地被经济利益所驱动，要求参与公共事务的管理。他们倒不是急于承担税收的整个重负，而是渴望在如何花掉他们缴纳的税赋上有一定的发言权。在旧政权的法国，他们开始愤恨把他们的口粮浪费在一群贵族和懒惰朝臣放荡无度的生活上；他们相信，如果征求他们自己的意愿，听从他们自己的建议，国家就可能得到拯救，

84

免于沦入破产和毁灭。最后，他们开始支持人民主权的革命学说，以及统治依赖于被统治者同意的信条。在17世纪的英国革命中，更显著的是在18世纪的美国独立革命和法国大革命中，资产阶级将削减经济开支放在人民主权这块磨刀石上。但是，人民主权有着民族主义的含义。

"人民"，不管他们在理论上是谁，在实际上却是一个民族群体。诉诸一个民族群体的政治民主涉及代议制政府。每一个其政府建立在人民主权基础上的国家，不管选举权是不是受到限制，其当选的代表、议员或下院议员（你爱怎么叫都行），都主要是中产阶级爱国主义者，尤其是律师和商人。

中产阶级一旦占据公职并负责领导公共事务，接下来就特别把国家——民族国家——看作是他们自己的，并热爱这个民族，它此前从未被这样热爱过。不妨再次引用卢梭的话："一个人热爱属于自己的东西，甚于热爱属于别人的东西。"不久之后，自由主义的和民主主义的中产阶级发现，爱的回报并不只是爱。他们发现，他们可以利用自己的卓越地位，获得有利于他们的经济欲望的国家行为；与此同时，还可以利用他们的爱来保障他们的卓越地位。通过向人民大众鼓吹民族主义，他们在显著程度上获得了尊敬和崇拜，而一些令人尊重的信徒并不会把这样的尊敬和崇拜献给精神领袖。通过获得人民大众的信赖和信任，他们更加能够把民族的抱负混同于他们自己的利益。

在那些已经成为民族国家的地方，资产阶级的民族主义倾向在对国家的颂扬中得到了表达；最后，随着工业革命的向前推进，在一种新重商主义——政府支持民族工业、民族贸易和国家银行——的发展中得到了表达。在19世纪最后四分之一的时间里，这种重商主义席卷了德国、法国、意大利、美国及很多其他民族国家；其中最有势力并从中获益的是资产阶级爱国主义者。如果说，英国并没有像其他民族国家那样过分，给予其公民以补贴和贸易保护，那并不是因为中产阶级民族主义者在英国不如在别的地方势力大，而是因为英国在工业上依然领先于其他国家，英国中产阶级认为，维护贸易自由可以更好地服务于他们的经济利益。

在所谓的臣服民族或受压迫民族当中，资产阶级往往会猛烈抨击其帝国政府的经济政策，理由是：这一政策约束了他们，妨碍了有利于本国的银行、贸易和工业体系的兴起。在意大利人争取民族统一和民族独立的斗争中，以及在日耳曼人、马扎尔人、捷克斯洛伐克人、南斯拉夫人、波兰人、芬兰人、挪威人、爱尔兰人等民族同样的斗争中，情况始终是一样的。在每一个实例中，鼓动对抗奥匈帝国、俄罗斯帝国、瑞典帝国或大英帝国的中产阶级煽动家都是民族主义的宣传员；而且，他们宣传的民族主义都是为了他们自己的经济利益，不管他们是不是这样说了。

关于民族主义现象，资产阶级的有些人，尤其是资产阶级政治家，得出了一个非常有趣的发现。他们发现，当人民大众被民族主义的魔咒所控制时，不仅不大倾向于批评他们的领导人，而且更倾向于接受经济事务中的现状。对于人民大众，可以利用民族主义，让它充当一种麻醉剂。如果能诱使一个劳工深深吸一口这种麻醉剂，他就会感到十分兴奋，至少暂时会忘记工厂、农田和矿井里时间过长且报酬过低的辛苦劳作，让他自己肮脏住所的现实迷失在民族伟大的美梦中。持续不断地吸入民族主义的麻醉剂，正如在国家大选或国际战争时期那样，甚至会减弱社会主义者、无政府主义者及其他社会革命或经济动荡的传道者们喧嚣吵闹的声音。

我们不应该得出结论，资产阶级爱国主义者始终意识到了民族主义宣传对他们自己的经济好处。从经济利益的角度，去理解每一个人类行为压倒一切的直接动机，是一种太粗糙、太扭曲的观点；在这方面，中产阶级与其他阶级并无不同。大多数支持民族主义的资产阶级是出于各种不同的理由而这样做，其中主要是情感上的和利他主义的理由。有些资产阶级可能发现，这一学说可以服务于经济的目的，但是，这样一个发现，通常是后来才推断出来的他们支持民族主义的一个理由，而不是有意识的初始意图。

4

中产阶级并非出产新兴民族主义得力宣传员的惟一阶

层。在英国，土地贵族——世袭贵族和乡绅——都狂热地爱国。他们觉得，正是他们这个群体，使得英国成为现在的英国；事实上，英国贵族具有一个优良传统：连续不断地在军队、教会和政府中提供公共服务。整个 19 世纪和 20 世纪，他们提供了很多民族主义的英雄和典范。在德国，普鲁士贵族也是这样长期而忠实地在军队、行政部门和教会中为国王效力；他们发现，很容易把他们无条件的、坚定不移的忠诚扩大到已经统一的王国，它的皇帝就是他们原先的国王。出于同样的理由，俄罗斯和西班牙的很多贵族也都是民族主义者。马扎尔贵族和波兰贵族也是如此。在法国，大革命剥夺了贵族的财产和特权，但似乎没有什么东西能够剥夺他们的民族爱国主义。事实上，随着 19 世纪的前进，看来旧法国贵族的后代也在试图从民族主义的宣传中恢复他们从前的声望。19 世纪 80 年代围绕布朗热将军的旗帜发展出来的"民族主义运动"和 20 世纪兴旺起来的极端民族主义的"法兰西行动"，都指控第三共和国政府在民族问题上无能、在爱国主义方面懦弱；它们都得到了贵族的资助。

在很多臣服民族中，土地贵族不那么爱国，不那么民族主义。但不管在哪里，都存在这样的情况，这个不难解释，只要提到下面这个事实就行：在那些地方，贵族在社会关系上（即便不是在血统上）属于征服民族，而不属于被征服民族。波希米亚的很多贵族在感情上倾向于日耳曼人，而不是捷克人。特兰西瓦尼亚的罗马尼亚人当中的贵族，或者，达尔马提亚的南斯拉夫人当中的贵族，在感情上和社会纽带上都是日耳曼人或马扎尔人。立陶宛贵族大多是波兰人，爱尔兰贵族和英格兰人的共同之处多于他们和爱尔兰人的共同之处。在这些臣服民族当中，"异族"贵族通常是帝国主义的支持者，是"外国"贵族的朋友，以及他们的庄园所在地的民族主义的死敌。在这样的地区，民族主义煽动既针对远方的"异族"帝国政府，也几乎同样针对家乡的"异族"贵族。

教士们也参与了民族主义的宣传，其程度则大不相同。那些已经民族化的教会，其教士很可能是新学说的狂热鼓吹者。俄罗斯教会，英国圣公会，希腊教会，荷兰与苏格兰的归正教会，普鲁士与斯堪的纳维亚的福音教会，它们的教士作为一个阶层在新的传道事业上十分突出。天主教牧师作为一个阶层则不那么突出；他们当中的很多人都严重怀疑新信仰的教义；庇护九世教皇及其继任者们对意大利民族主义的实际运作颇多亲身体验，这足以让他们意识到，比起16世纪民族意识的苏醒，极端民族主义对20世纪的教会可能是一个更大的麻烦和危险。然而，在"受压迫"民族当中，在克罗地亚人、斯洛文尼亚人、斯洛伐克人、波兰人和爱尔兰人当中，民族主义肯定受到了天主教神父们、甚至是天主教主教们的教唆。在一些早就拥有民族国家的传统天主教国家，比如法国、西班牙和葡萄牙，教士们发现，很难挺身抵抗民族主义的汹涌浪潮，并经常认为，随波逐流方为审慎之策。在美国以及其他一些天主教徒构成少数派、少数派又主要由相对较晚的移民所组成的国家，教会经常被疯狂攻击为外国的和不爱国的，以至于很多教士（多半是无意识地）采用了一种防御机制，着手鼓吹一种非常强烈的民族主义。

每个地方的神职人员，不管是天主教、新教，还是东正教，可以说，某种程度的容易动感情往往与他们的使命感和职务有关，而民族主义学说最初披上的利他主义外衣就引发了他们许多人情感上的回应。毫无疑问，那些接受了民族主义的神职人员都是其极富感情的宣传员，因此对平民大众有很大影响。

随着时间的流逝，一些特殊的宣传员从一个特殊的群体脱颖而出，可以称之为——我们并无恶意——民族主义的既得利益者。有些人希望在一个民族国家从政，希望把军需品、制服和补给卖给民族军队，希望管理民族学校，希望倒卖国旗、彩旗和鞭炮，以及新近时兴的各种行头和徽章——所有这些人全都投于民族主义，就像鸭子入水一样自然。

在民族主义的宣传中，就像在任何教义的宣传中一样，对于那些喜欢站在聚光灯下、觉得自己是个重要人物的人来说，始终有机会。尤其是像 19 世纪和 20 世纪的民族主义这样能连续而迅速地产生效果的教义，则更是如此。主持一个爱国协会，在民族英雄纪念碑的揭幕仪式上发表一通演说，佩戴绶带和勋章走在爱国游行队伍的前头，都很适合满足一个人的虚荣心，同时增强一个人对这一教义的尊敬，正是这一尊敬使他能够变得如此引人注目，显得如此重要。虚荣可能是个缺点，但即便如此，它大抵上也是人性的缺点。牧师、贵族、商人和教授的身上，莫不显露出这样的缺点。它近来带给我们很多引人注目的民族主义宣传员，来自各个不同的阶层。

5

作为一种学说，民族主义在很多国家都是由"知识分子"群体来发展和宣布的。作为一种信仰和作为一种向导，民族主义被很多个人、尤其是中上层人士所接受和鼓吹。但是，要不是今天的大众教育工具得到了完善并被用于大众宣传，民族主义也几乎不可能成为平民大众生活中的驱动力。民族主义是一个文化现象，不是"世代遗传的"；它不可能在生物学上从一个人向另一个人传播；它是一个"获得性特征"，就像任何文化产品一样，它的获取方法是教育。

教育本身经常被认为完全是正规的学校教育。事实上，一代人有意识地影响下一代人所使用的一切方法和手段都是教育性的。家庭是首要的教育机构，它的教育影响往往特别强大。家庭圈子之外，个人交往的影响也可能很强大，既有个人的影响，也有社会群体的影响——一个"英雄"，一个街头帮派，一家俱乐部，一位德育教师。关于这种类型的教育，没有任何东西是最近或现代所特有的。公元1926年的人与公元前6291年的人并无二致，都是作为一个有肌肉运动感觉的动物开始他的生涯，对于民主、社会主义或艺术中的浪漫主义没有任何概念，当他达到二十二岁之前也没有宣传在他的心里灌输任何信念；他将会经历一个教育过程，不管你是不是看到他坐在教室之内。

千百年来，大众教育是从个人交谈、政治家的演说、牧师的教诲和艺术家的朗诵中获得的，是从论坛、竞技场、剧院和教堂获得的；对那些识文断字的人来说，是从手抄本和图书中获得的。借助诸如此类的手段，观念得以传播，文化得以代代相传。此外，在一些地方和一些时期，所有这些手段都被调动起来，以支持某个特定的组织或一套特定的哲学。中世纪便是这样的情形——当时，很多代人的时间里，大多数欧洲人都接受天主教的教诲。19世纪，当"知识分子"和"上层阶级"为了支持民族主义而对平民大众施加影响的时候，古老而熟悉的大众宣传机构全都是这样的情形。

除了久已确立的、传统的宣传和教育机构之外，法国大革命和工业革命还增加了一些新奇的手段和侧重点。直至法国大革命和拿破仑战争之后，打仗才不再是规模相对较小的职业化军队的明确职责，而成为整个民族的本分和责任；打那以后，在大多数国家，强制性的陆军或海军训练成为一个理想，通常也是一项功绩。在民众当中，普遍的军事训练是一个令人印象深刻的宣传和教育的手段。

直至工业革命，报纸才能够迅速而廉价地印刷出来，并被广泛地发行；自从伦敦《泰晤士报》（*Times*）在1814年装配机械驱动的印刷机之后，新闻业在范围和影响力上便成几何级数增长，直至当代报纸被用于耸人听闻的大字标题、有人情味的小故事、卡通漫画、"画报"和商业广告，正如普鲁东所暗示的那样，可能导致未来的地质学家把我们的时代定为地球形成的"纸草"时代。新兴的新闻业显然是宣传和教育迄今为止最伟大的发动机。

新的新闻媒体和新的军国主义都是在民族主义学说被知识分子阐述并被"上层阶级"所接受的那个世纪里发展出来的。因此，一点也不奇怪，民族主义者抓住了这些强有力的宣传工具，而反过来，新的军国主义，尤其是新的新闻媒体则在民族主义的大众教育上发挥了显著的作用。

此外，从新的军国主义中，还涌现出了一大批爱国主义社团[4]，其成员越来越多地提醒平民大众：应当为他们独特的民族群体的光荣过去和昭昭天命感到自豪。这些社团尤其积极的行动是让这片风景布满了纪念标、纪念碑、纪念塔和纪念雕像，主要是纪念民族的战斗。然而，平民大众只是偶尔想到这些源自民族军国主义的爱国社团的存在，而且，少数对装饰物颇为挑剔的平民依然可以走在文明城镇的那些僻静小巷，而毋需遭遇纪念某位民族勇士的骑马雕像或还愿匾额。但现如今，平民百姓跑到哪里才能逃离这些持续不断、坚持不懈地宣传民族主义的报纸呢？在坟墓里，在摇篮里，或者，如果我得到的信息可靠的话，在某些新近创办的医院里，那里的看护试图提供一种安宁平静的氛围！在其他所有地方，报纸无处不在，无所不能，而且，据它自己供认，通常也无所不知。报纸可能是保守主义的或自由主义的，共和主义的或民主主义的，大都会的或外省的，城市的或乡村的，农场劳工的或资本家的，但在 19 和 20 世纪，除了少数例外，它在每一个地方都成了民族主义的[5]。

6

新闻媒体和军国主义都是新奇的、令人印象深刻的大众宣传手段，但是，还有另一个手段同样新奇，却更加令人印象深刻，这就是新的正式教育，亦即正在兴起的国家指导和国家控制的强制国民教育体系。我们很难认识到这一体系究竟有多新。千百年来，迟至 18 世纪，人们普遍相信，学校教育是且应当是少数人的特权，而不是多数人的权利；教育的管理实施，不在国家的权限之内，而被交给教会或其他志愿机构；它所宣称的目标主要是"宗教和学问可以手把手地传授，而品格随着知识的增长而发展"。就算它是为了培养公民，表面上也是为了来世、而不是为了今生培养公民。最重要的是，它不是强制性的义务教育，也不是全国性的教育。

　　然而，到了18世纪，学校呈现出新的重要性，其特征也有所改变。在很多善于思考的人看来，让平民大众识文断字并忠心耿耿是可欲的，而为了这个目的，国家应当建立并维持面向其所有公民的学校。因此，1780年批准的《马萨诸塞宪法》包含了下面这项规定："通常在全体人民中传播的智慧、知识以及美德，对于权利和自由的保护是必不可少的；由于这些依赖于教育之机会与利益惠及全国各个不同地区和不同阶层的人群，因此，在本州未来的所有时期，重视文学和科学，及其所有的学校，都应当是立法机关和行政长官的责任，尤其是坎布里奇的大学，以及各城镇的公立学校和小学……"[6]在法国，1791年的宪法包含下面这项规定："应当创立和组织一切公民所共有的公共教育体系，而且在传授那些对所有人来说都必不可少的学科上应当是免费的。应当在整个王国依据需要提供不同等级的学校。应当设立国家假日，旨在保存对法国革命的记忆，在所有公民当中发展博爱的精神，并让他们忠于宪法、国家和法律。"[7]在普鲁士，腓特烈·威廉二世国王在1794年颁布法令："中小学和大学都是国立机构，负责向年轻人传授有用信息和科学知识；此类机构只有经国家的知晓并同意才可以创立；……所有公立学校和教育机构都应当置于国家的监管之下，并始终服从于考核和检查。"[8]

从此之后，迄至今天，在所有受到民主主义或民族主义影响的国家，新式学校教育都扎下了根，并枝繁叶茂。在普鲁士，1807年创立了一个公共教育的政府部门；1825年，初级和中级教育受一个政府官僚机构的集中管理，并规定了强制入学⁽⁹⁾；学费的取消开始于1833年，完成于1888年；1872年精心设计了统一的、民族主义的课程。其他德意志国家都仿效普鲁士的榜样。在法国，初等学校全民体系的真正基础是拿破仑一世奠定的；强制入学的原则在1833年得以采用；根据1881～1886年的《费里法》，免费、强制、世俗的教育体系的整个上层建筑被培育出来了。在英国，政府在1870年担负起了初等教育的责任，1880年使初等教育成为强制性的，1891年使之免费，并在1899年设立了全国性的教育委员会。荷兰1806年开始建立正式教育的全民体系，希腊始于1823年，比利时始于1842年，葡萄牙始于1844年，阿根廷始于1853年，巴西始于1854年，西班牙始于1857年，意大利和罗马尼亚始于1859年，芬兰始于1866年，匈牙利始于1868年，日本始于1872年，秘鲁始于1876年，保加利亚始于1881年，暹罗始于1891年。加拿大的安大略省和魁北克省在1840年代染上了这个传染病；在地球的另一端，澳大利亚各殖民地在1870年代染上了。如果我从这份冗长得令人痛苦的清单中漏掉了哪个国家，我愿意向这个国家的爱国者们道歉，因为可以有把握地认为，每一个自诩有相当程度的政治民主或民族自觉性的国家，这年头都拥有一套国家支持和国家指导的全民学校体系。

美国也不例外。事实上，美国人的头脑早就被灌输了这样的信念——免费的公立学校应当由公共税收来养活，受公共官员的控制，不涉及任何宗教教义——以至于普通美国公民都想当然地认为，整个体系一直是美国所特有的，只是对它的来源抱有一点点怀疑：它究竟是源自朝圣者先贤们用魔法触碰过的普利茅斯岩，还是从神秘的前禁酒地区"葡萄之地"的莱夫·埃里克松那颗北欧头脑里突然蹦出来的。事情的真相是，深受崇敬的美国自由之父们都不是在世俗的公立学校接受训练的，全民学校教育在美国的建立既不快于也不慢于很多外国在全民教育上的精心设计。很难确定这个过程在美国的确切日期，因为，美国的宪法环境决定了这一发展并没有被联邦政府的具体行动所记录，而是被四十八个州散乱无章的活动所记载。在确立国家监管所有初等学校上，纽约州 1812 年领头，伊利诺伊州 1825 年紧随其后。为支持公立学校而征收普通税的做法，在新英格兰地区开始得相对较早，直至 1824 年才广泛传播开来。学费在 1834 至 1870 年间被逐步取消。1825 至 1855 年间，在巨大的争论中，很多州都完成了公立学校的世俗化，亦即，脱离与教会的联系，并确立这样一项原则：任何公共经费都不得用于私立学校和教会学校。直至 1840 年之后，中学才和小学关联起来，被置于国家的控制之下。直至南北战争时期，而且当时只在北方，那套今天被称作美国公立学校体系的完整轮廓才清楚地显露出来。它的填补充实是最近六十年的工作。尽管技术上分别由美国联邦四十八个组成部分在运作，但美国的中小学体系在范围和效果上如今几乎像——并不完全像——法国和英国的集中化体系一样是全民性的。

政治民主的福音所到之处，不管是在美国、法国、英国，还是在别的什么地方，都会促进这一新的教育体系。教育与民主之间的关系是明显的和自然的。未来的一代人，不仅要教会他们尊重和珍视民主的原则，而且还要教会他们参与民主的实践——这需要全体公民具有最低限度的识字能力。但在19世纪，在像普鲁士这样的独裁国家，兴旺的新式教育体系完全就像在法国和美国一样显著，因此，一个合理的怀疑是：政府支持、政府指导的强制教育体系的存在，民主并不是其惟一的、甚至也不是主要的理由。实际上，一个人越是思考这个问题，他就越发清楚地认识到：无所不在的新式教育的兴起更贴近于民族主义的传播，而不是民主的传播。

普鲁士在民族意识的觉醒和对拿破仑一世的反击中，朝着国家控制的义务教育的创立迈出了最重要的几步，德国的历史中十分恰当把这段时期称作"民族再生的时代"；德国中小学统一的民族主义课程是1866至1871年间民族统一战争的产物。在法国，正是民主主义和民族主义的革命者，勾勒出了全民学校教育计划的轮廓，但正是强烈的民族主义者拿破仑开始实现它，也正是1870至1871年间法德战争中更加喧嚣的民族主义的受害人把它带向了成熟。加富尔伯爵更多地是意大利民族主义、而不是意大利民主的捍卫者；加富尔伯爵是意大利民族教育的资助人。尽管民主精神在英国逐步发展，但直至19世纪最后三分之一的时间，直至新兴民族主义的帝国时代——也就是迪斯雷利、索尔兹伯里、罗斯伯里、约瑟夫·张伯伦、塞西尔·罗兹和鲁德亚德·吉卜林的时代——英国的中小学才被国家接管并全民化。

还有一个引人注目的事实是：19世纪和20世纪一切所谓臣服的或受压迫的民族当中，有影响的民族主义煽动者总是十分关注学校。捷克民族主义最早的倡导者对奥地利政府的最强烈要求是代表波希米亚和摩拉维亚的民族学校提出来的，他们的要求是：应当在这些学校讲授捷克的语言和历史，捷克民族主义者应当主持这些学校。斯洛伐克人、塞尔维亚人和克罗地亚人争相恳求匈牙利政府给予他们单独创办民族学校的权利。德国波兰人恳求在柏林的教育部成立一个单独的波兰局，借此让他们本地的义务国立学校有一个截然不同的管理机构。爱尔兰新芬运动的创立者们起初更加强调民族学校体系的必要，而不是政治上与英格兰分离。爱尔兰国立大学恰好早于1916年的都柏林起义和对爱尔兰自由邦的承认。

在美国，被大肆吹嘘的免费公立学校并非直接产生于杰斐逊先生的《独立宣言》(10)，也不是产生于制宪会议的绅士们、华盛顿将军的告别演说或门罗主义。它的发展奇怪地平行于美国人民后来的向西扩张，以及19世纪40年代和50年代开始有力冲击东海岸的外国移民潮。尽管是无意识的，但正是这些目的——为了确保东部与西部之间的民族团结，为了保护民族的习俗和理想免遭外国人的污染——而不是关于政治民主的演绎推理，成为美国全民教育体系的有效动机。到了参加那场维护联邦统一的民族主义战争的那一代，这一体系已经清晰成型，它后来的次要修正更多地是被"新民族主义"、而不是被"新自由"所决定。

7

每一个地方的民族主义者都要求并得到了国立学校的建立和扩张。反过来，国立学校是在平民大众当中宣传民族主义最基本的和最可靠的机构。这样的学校有时候可能没能实现一些职业教育工作者的既定目标——他们在一些傲慢自负的场合告诉我们，他们的目标是要从学生身上"引出"什么东西——但事实证明，这些学校倒是十分成功地在学生们身上"注入"了一种最夸张的对民族群体和民族国家的崇拜。无论什么地方，只要有这些学校存在，几乎都是一样的；现在，还有什么地方没有这些学校？在法国，它们反复灌输法兰西民族主义。在德国，它们反复灌输德意志民族主义。在日本，它们反复灌输日本民族主义。在马萨诸塞、纽约、弗吉尼亚、伊利诺伊和加利福尼亚，它们反复灌输美国民族主义。同样，在美国和日本，在德国和法国，整体进程大抵是一样的，尽管细节上有很多变化。

在每个地方，民族主义者都影响了新式教育的内容：国立学校的课程。一门如此重要的必修课程当然被赋予了最重要的位置，常常是以民主的名义（政治民主和社会民主）；而且，它极好地服务于民族主义宣传的目的。如今各民族群体争相自夸，不仅吹嘘自己的物质财富和实力、美德和英勇，而且还吹嘘它们普遍的识字率；比方说，有人援引西班牙和普鲁士识字率的比较统计数据作为证据，以证明普鲁士人的文化远远高于西班牙人。然而，纯粹的识字并不会让人变得具有人道情怀或批评精神，甚或也不能变得聪明；在识文断字的民族中，大多数男孩和女孩的文化程度不超过小学低年级，他们所获得的阅读能力，只够让他们易于受骗，成为下列文字产品的受害人：廉价惊险小说、画报、耸人听闻的报纸新闻、广告招贴、电影字幕，以及一般意义上的更廉价的报刊文章——它们往往带有民族主义的色彩。少数男孩和女孩从中学毕业了，他们有能力阅读更多、更好的东西；但是，由于他们更长时间地暴露于学校里民族主义的影响之下，他们的头脑可能被塑造，从而落入窠臼，更加容易终身反感任何可能削弱民族主义的发展。

最近，达特茅斯学院的梅克林教授指出，俄勒冈州的文盲率不到百分之二，中学毕业生的比例相对较高，然而该州却是一个极端组织的大本营，这个组织以打着宗教和爱国主义旗号的无知盲信而臭名昭著。"在一个如此轻易沦为三K党受害者的社群中，必定显著缺乏具有独立批评精神的舆情民意。你会觉得，尽管[11]只有百分之一点五的文盲，俄勒冈州的教育体系归根结底是一件非常机械的东西。她的儿女们，就像在她的姐妹州一样，踏着整齐的步伐走过了公立小学、中学和大学，吸收着外在的文化符号，然而，这些符号依旧是纯粹的符号而已——传统的、教育的和文化的陈规旧习。学校里没有教这些未来的公民们要批评性地分析他们的知识遗产。一个人只要足够聪明到能够给他的宣传披上这些陈规旧习那熟悉的外衣，他就会得到欣然的、不加批评的接受。"难怪民族主义者欢呼并怂恿一个为民族主义宣传提供了巨大批发市场的机构。难怪民族主义新闻媒体的出版者、民族军国主义的领导人和爱国协会的官员都是全民识字的真诚倡导者。

普遍识字是新式教育的一个基本目的；而且，在目前情况下，它间接地促进了民族主义。但是，老实承认，在民族主义的影响下，一个同样基本的目的是民族主义的直接灌输。小学生的头脑里挤满了民族主义的诗歌、极端爱国的传说、神话故事，而且总是还有英雄祖先的模范事迹。地理学通常强调一个人自己的国家在经济和领土上幸运的首要地位；学生们从地理学习中了解到，他们的民族是或者说应该是上帝的一切造物中最受人青睐的，它拥有或者说应该拥有"自然的边界"、巨大的"自然资源"和巨大的财富。同样是这些学生，通过对公民学的学习，从而开始相信，他们的国家是全世界最自由的，最热爱自由的，最进步的，治理得最好的，也是最幸福的。通过对历史（通常是多么令人惊叹的历史啊）的学习，他们对自己同胞的勇敢和价值有了一种言过其实的观念，而对外国人的邪恶和怯懦也有了一种同样言过其实的观念。正是从学校里，尤其是从学校里所讲授的民族主义历史中，正在成长的一代带来了民族主义的流行语和口头禅，比如"民族尊严"、"民族权利"、"国家利益"、"民族精神"、"民族使命"。

国立学校里富有穿透力的、振奋人心的全部课程——历史、公民学、地理、阅读和写作——是民族主义惯有的日常训练：吟唱民族主义的颂歌，一大堆与国旗或者与民族英雄和民族节日相关的典礼，与"备战周"或"爱国周"有关的庄严仪式，以及偶尔来访的爱国主义者对民族习俗、民族制度和民族英雄发表的特殊颂词。

在当代国立学校民族主义课程的背后，是今天社会生活中有意或无意怂恿民族主义的所有势力。政治家们把信念和理想的缺乏藏在国旗那宽阔的褶皱里，演员们通过在关键时刻展示国旗来弥补拙劣的表演，雇主们意识到爱国热情对股票债券市场的扰乱比经济批评更小，还有一些个人靠激发民众的情绪和偏见为生——所有这些人，都可以靠他们来支撑和加强学校里的民族主义宣传。

不过，对民族主义宣传的主要刺激是新兴的新闻媒体。当今时代更廉价的报纸迎合了大量已经在国立学校里接受过民族主义教育的人的需要；编辑们深知，如果他们让人民大众的注意力聚焦于中小学里对民族主义的紧迫需要，以及想象出来的任何不足，他们就能够赢得公众的赞扬（还有个人的好处）。新闻条目，重磅头条，社论，"公民"来信，卡通漫画，全都以不断增强的效果列队而行。每一个民族国家都有大量的例证，我们这里仅举一例。它是一幅漫画，是从《芝加哥每日论坛报》（*Chicago Daily Tribune*）发表的许许多多同类作品中随机选择的[12]。它描绘了一个严肃、世故而庄重的山姆大叔，两腿叉开，岿然而立，一条手臂张开，伸向背景上一面巨大的美国国旗；前景上，另一只手牢牢地抓住并无情地摇晃着一个可怜、卑微、戴着眼镜的小人，身上的标签写着"和平主义教育工作者"，从他瘫痪的双手中掉下了一堆纸条，上面写着"学校和平主义"、"反民族主义"、"利他主义"和"理想主义"。

任何时候，如果新闻媒体对国立学校更强烈的民族主义的刺激有过一次暂停，则可以依靠职业民族主义社团同时给学校和媒体煽风点火。在所有民族国家，都活跃着大量职业爱国者的社团——陆军联盟，海军联盟，为了让某些人民族化而成立的协会，某场战争的退伍老兵或退伍老兵的后代——这些特殊的、自命的现代民族主义守护人永不停息地工作，甚至别人都睡觉的时候，他们还在工作。

在这样的环境下，一点也不奇怪，国立学校变得越来越民族主义。教育专员、督导、校长等等——新式教育的官僚——发现，从本质上说，他们必须过一种双重生活：他们必须是导师，不断提高学校的水平，激发学生们的雄心壮志，为教师们树立最高理想主义的榜样；他们还必须是多少有点仆人性质的政府代表，要约束他们手下的教师，保护他们的学生免遭激进主义和新奇事物的影响，整体上维持学校的水平，使之能够忠实地反映纳税人的集体精神。这些行政管理者当中，有的人更多地是吉基尔博士，更少地是海德先生，而有些人更多地是海德先生，更少地是吉基尔博士（译者注：史蒂文森小说《化身博士》中的人物），但是，每一个吉基尔博士，如果渴望有一段很长的任期、薪水不断增长的话，他身上就应当有足够多的海德先生，以确保公共媒体和职业爱国者所宣扬的民族主义在学校里被讲授，确保那些被相当数量的纳税人指控缺乏民族主义——尽管其他方面无疑都很杰出——的教师或教科书被取消资格并被逐出学校。在这样的环境下，国立小学的教学似乎不大可能在品格或质量提升至高出全体公民的偏见的平均水平。在这些偏见当中，民族主义如今在每一个地方都占据着显著的地位。

不应该从前面几页内容推断出我被任何这样的误解所蒙蔽：公立学校如今是惟一存在的学校，或者说只有公立学校才灌输民族主义。新式教育并没有完全抹除旧式教育；在全世界大多数国家，依然有大量的私立学校，其中很多学校是在教会的控制之下。在某些情况下，比方说在英国，这些学校得到了来自公共财政的补贴；从这个意义上讲，它们是半公立的。而在另外一些情况下，尤其是在法国和美国，它们不得不依靠学费和自愿捐款。它们的生存主要是靠容忍，它们经常受到为帮助公立学校而设立的这样或那样的保护性关税的妨碍。无论如何，它们如今倾向于从国立学校那里拿来它们的格调、方法和课程。在所有重要的民族国家，公立学校的上学人数都远远大于私立学校，前者在资源和人数上的优势有助于在民众的头脑里灌输这样一个信念：公立学校是真正的、百分之百的民族主义必不可少的组成部分。但毕竟，私立学校很大程度上像公立学校一样容易受到民众的影响；很少甚或没有证据表明，新教、天主教和不属于任何教派的私立学校不是一样孜孜不倦地讲授民族爱国主义。相反，有很多迹象表明，私立教会学校敏锐地意识到了对它们的偏见，并因此不得不加倍努力，以证明他们多么爱国；毫无疑问，那些带有军事院校性质的私立学校甚至比公立学校更热衷于专业化地传播民族主义。

国民义务教育——新式教育——是在平民大众当中宣传民族主义的基本手段。它惊人地有效。它在年轻一代的头脑中给19世纪上半叶"知识分子"们播撒的种子施肥，从此之后，得到了大量中上阶层的民族主义园丁们的辛勤灌溉和照料，被现代新闻媒体的暖风吹拂，被现代军国主义的雨水浇灌，被职业民族主义者的汁液喂养，从而开花结果。事实上，民族主义的传播是我们这个时代的一项伟大成就。它先是让空想家们浑身发热，然后在上层阶级那里发展得更加强大，最后控制了平民大众。从一个无意识的过程，民族主义"变成了观念，再从观念变成了抽象的原则；接下来成了炽热的痴迷；最后，到今天，它成了一种教条，不管你是欣然接受，还是避之唯恐不及"(13)。作为一种教条，同时也作为一种狂热的崇拜，我们必须稍加详细地处理当代民族主义。

【注释】

（1）朱尔斯·约瑟夫·维瑞:《人类的自然史》(*Histoire naturelle du genre humaine*)，两卷本（1801）；第二版三卷本（1824）。

（2）参见威廉·劳伦斯爵士:《生理学、动物学及人类自然史讲稿》(*Lectures on the Physiology, Zoology, and Natural History of Man*, 1817)；J.C. 诺特和 G.R. 格利登:《人类的类型》(*Types of*

Mankind, 1854); 以及 J.L. 迈尔斯:《人类学对政治科学进程的影响》(*Influence of Anthropology on the Course of Political Science*, 1916), 第 68~73 页。

（3）参见莫尔斯·史蒂芬斯:"民族群体与历史", 载《美国历史评论》(*American Historical Review*), 第二十一卷, 第 225~236 页（1916 年 1 月）。已故的史蒂芬斯教授说:"历史学家受盛行的时代精神的影响, 他为今天的民族不宽容精神提供粮食, 就像他的前辈们给过去时代宗教不宽容的火焰添柴加炭一样。"（第 236 页）

（4）关于军国主义另外一些更重要的民族主义方面, 将在下文的第 6 章中提出。

（5）参见沃尔特·李普曼的《公众舆论》(*Public Opinion*, 1922), 以及露西·M. 萨蒙的《报纸与权威》(*The Newspaper and Authority*, 1923)和《报纸与历史学家》(*The Newspaper and the Historian*, 1913)。

（6）1780 年的《宪法》, 第五章, 第二节。

（7）1791 年的《宪法》, 第一条。

（8）《普鲁士普通邦法》, 第二部分, 第十二条, 第 1、2、9 节;（舍林编）第四卷（1876）, 第 140~141 页。

（9）腓特烈大帝 1763 年便颁布法令, 规定了强制上学, 但在 1825 年之前, 违背规定一直比遵守规定更受敬重。

（10）有人回忆, 杰斐逊先生本人就是国家指导的全民教育体系的一个早期支持者；早在 1779 年——《独立宣言》发表仅仅三年之后——他就向弗吉尼亚立法机关提交了一份全民教育计划。杰斐逊先生寿命很长，但还是没有长到让他看到自己的计划被采用。

（11）我希望梅克林教授写的是"仅仅因为"，而不是"尽管"。我怀疑那样更准确一些。

（12）1924 年 3 月 25 日的那一期。《芝加哥每日论坛报》在每一期都谦逊地承认，它是"世界上最大的报纸"。

（13）莫莱子爵：《政治与历史》（*Politics and History*），《文集》（*Works*），第四卷（1921），第 47 页。

四　作为一种宗教的民族主义

1

当下这一代人有一个古怪的嗜好：至少是自称喜欢某个东西，不是因为它有着内在的卓越品质，而仅仅因为它是新的。在某些地方，这个嗜好被解释为"进步"。的确，如果有人向谚语中所说的火星人介绍我们这个时代的情绪，并告诉他民族主义如今在地球上的流行，他可能会合理地推测：民族主义之所以受到我们的颂扬，是因为它是现代的。在猜测它是一种现代现象上，他是对的，正如我将试图证明的那样；他可能忠实地说它非常现代。但他得出结论：民族主义的现代性是它流行的惟一理由或主要理由，在这一点上，他是错的。

当代民族主义被归因于18世纪、19世纪和20世纪的历史事件。有人解释，政治民主、工业革命和哲学浪漫主义接触到萌芽已久的大众民族意识，产生了民族主义的过程和民族主义的学说——可以说是民族主义的躯体和灵魂。还有人解释，民族主义学说之所以得以向平民大众宣讲，民族主义过程得以被他们所接受，正是借助教育和宣传的工具——全民学校教育、民族军国主义和民族新闻媒体——法国大革命认为这些是可欲的，而工业革命使之变得切实可行。然而，这些解释并不完全令人满意。就其本身而言，它们可能是有效的，但它们并没有解释清楚，民族主义的传道者们为什么带着传教士般的火热激情，它为数众多的信徒们为什么拥有一种强烈的热爱。为什么数百万人心甘情愿为了民族主义慷慨捐躯？

在过去，有过很多历史进程和哲学说教，都不像民族主义在当今这个时代激发出民众的这样一种回应。古代的禁欲主义，中世纪的唯名论或唯实论，现代的享乐主义，同样导致了"知识分子"的有趣思考，被上层社会有影响力的成员所接受，并至少对平民大众有一定的间接影响，但从未有过大批的人为了那些哲学而战斗和死去。关于现代民族主义，必定有某种不同于哲学、学说和历史进程的东西。

这个东西显然是一种情感，对民族国家的观念或事实的情感忠诚——这样一种忠诚带有如此强烈的情感色彩，以至于激励了各种各样的人，并导致他们把其他一切人类忠诚都置于民族忠诚之下的位置。当然，在现代民族国家，个体公民依然保留了很多——即便不是大多数的——情感忠诚，奉献给特定的人、特定的地方和特定的观念；自有史以来，这些东西标明了人类的种族。美国人对一位政治领袖、一间隐秘小屋、一座教堂、一个工会、一所大学、一座新英格兰城镇、一个南方种植园或一个西部大牧场的忠诚，尽管在程度上与古代罗马人、犹太人和埃及人的忠诚有所不同，但在性质上并没有什么两样。现在也像过去一样，它可能透露了这样一个事实：个人必须在两种忠诚之间做出选择，他可以为了忠诚于隐秘小屋而抛弃政治领袖，也可以遵照牧师的命令离开小木屋，还可以为了追随一位政治领袖的命运而违抗自己的牧师。但现如今，我们与古代、中世纪和现代早期的祖先之间的根本不同就在这里：在出现冲突的情况下，个人通常乐意一个接一个牺牲他对人、地方和观念的忠诚，甚至包括对家庭的忠诚，而响应民族群体和民族国家至高无上的召唤。这就是民族主义；毫无疑问，它必定有着丰富的情感内容，使之凌驾于当今这一代人其他所有情感忠诚之上。

现在，当你回顾人类历史卷帙浩繁的篇章，你就会吃惊于人类运动的频繁与力量——这些运动的主要动力就在宗教情感中。这里面有一个对于我们来说很有价值的线索。我们难道没有在这里给现代民族主义的力量、其传道者的热情和信徒们的奉献找到一个最令人信服的解释吗？民族主义对数量庞大的个人来说成了一种名副其实的宗教，能够唤起那种深厚的、无法抵抗的、本质上是宗教的情感，这难道不是一个显而易见的事实吗？我们不妨把注意力转向本书主题的这个方面。

2

有史以来，人的区别性特征一直是我们可以称之为"宗教感"的那种东西，亦即对自身之外的某种力量的神秘信仰——这种信仰始终伴随着敬畏感，通常伴随着外在的行为和仪式。在每一个地方，在五花八门的形式之下，你都可以找到它的表达，在原始人的洞穴里，在埃及的金字塔里，在摩西的律法和亚伦的仪式中，在德尔斐神谕的词句中，在维斯塔尔贞女悉心守护的祭坛圣火中，在印加人和阿兹特克人的神庙中，在爱斯基摩人和霍屯督人的禁忌中。你发现它被供奉在一些大的宗教体系中，比如印度教、佛教、基督教和伊斯兰教，千百年来总共有数以十亿计的信徒。像从前一样，今天的人们也感觉到了它的魔力。

很显然，"宗教感"在人的心里是如此根深蒂固，以至于通常情况下他必定要以这样那样的方式把它表达出来。他可能失去对特定宗教的信仰，但即便如此，他也通常会有意无意地把自己奉献给另外的崇拜对象。可能崇拜基督或佛陀，可能崇拜图腾或神物，同样可能崇拜科学或人文——假如这些概念是用大写字母写在他脑海里的话。无论如何，这涉及一种体验，一种敬畏的情感——它们根本上是宗教性的。

即使是在对某种流行宗教的疑惑和怀疑最猖獗的时代，正是怀疑论者和疑惑者，乐于寻求自身之外的某个对象，来奉献他们的崇敬。例如，在基督教早期的几个世纪，当希腊－罗马异教失去了对罗马帝国知识阶层的掌控的时候，依然有一个显著的趋势，试图为宗教感寻找出口，一方面到斯多葛主义及其他哲学中去找——这些哲学宣布，更真、更高的神性在于责任和合理的享乐，另一方面从他们与一些陌生的、有点怪诞的神祇的神秘交流中去找：伊希斯和奥西里斯，密特拉，或者新柏拉图主义的"精神"。在那样的实例中，随之而出现的混乱和宗教多样化只是过渡性的，根本不是反宗教的；它激发了一些稀奇古怪的努力，试图把这些五花八门的崇拜对象混合起来，并使之和谐共存；它不久之后产生了一次宗教融合，并因此为基督教最终的广泛传播和接受铺平了道路。就一些基本方面而言，基督教是新奇的和革命性的，但它并不代表与过去的一次彻底的决裂；它在很大程度上保留了犹太教的古老教义和实践，同时从异教和非犹太教中为它的礼拜和神学借用了很多成分。基督教是一种融合性的宗教，正如它之前的希腊－罗马异教一样。异教和基督教，还有从前者到后者的过渡性宗教，全都诉诸人的宗教感。

再一次，在中世纪晚期，关于天主教会涉及基督教上帝的性质及其适当崇拜的教义，在西欧和中欧产生了大量的怀疑。紧接着便是新教的兴起。但是，当你研究历史上的新教时，你印象更深的，不是宗教改革家们给基督教内容引入的新鲜东西，而是他们的保守：他们坚持保留旧基督教会的某些核心教义和仪式[1]。他们从天主教借来大量的东西；与此同时，他们从那个时代的知识分子运动中也借用了很多东西，尤其是让他们自己对古代犹太教担负起一些新的义务。16世纪从天主教到新教的转变无疑预示了对某个特定宗教不断弱化的信仰，但是，历史学者知道，16世纪并不是反宗教的。在新教中，就像在天主教或犹太教中一样，同样是在从一者向另一者的过渡中，一个人让自己的宗教感得到了表达。

　　同样，我们可以认为，新教随后的迅速瓦解，分裂成数不清的宗派和教派，只不过是一个古老现象的现代等价物，类似于古代希腊－罗马异教的瓦解；后来新教世界进行的宗教融合可能相应地引入一种新的宗教形式——这种宗教不管在名称上有多大程度是基督教的和新教的，都会在相当大程度上背离历史上的新教和历史上的基督教。然而，这样一种新新教，是否出现，以及何时出现，完全就像历史上的新教一样，也像之前的历史上的天主教一样，将是人的宗教感的一种具体体现[2]。

　　在宗教怀疑论和神学怀疑的所有时期当中，人类历史上最具决定性的时期——至少对于我们的目的来说是这样——是18世纪。正是18世纪，在西欧，尤其是在法国，见证了伏尔泰及其他"启蒙"文学家对"超自然"宗教及教会制度的嘲笑和攻击。基督教传说和基督教《圣经》同样遭到质疑。教会权威遭到攻击。奇迹遭到嘲弄，而像三位一体、道成肉身和救赎这样的神迹遭到排斥。基督教被指责为迷信，它的牧师被指控欺骗。这些意见和判断并不局限于少数几个哲学家。范围广泛的圈子同样抱持这样的观点，因此，18世纪清楚地见证了传统基督教——不管是天主教，还是新教——对欧洲知识阶层的掌控明显放松。自阿里乌斯教派论战以来，破天荒第一次，大量有影响力的基督教支持者公开质疑其最基本的教义的真实性和价值；破天荒第一次，基督教知识分子愿意放弃基督教或彻底颠覆它。18世纪的很多知识分子在三位一体、上帝造人和基督教圣礼中只看到了傻子或伪善之徒们徒劳无益的想象。在基督教的启示中，或者说就这个问题而言，在人类可以正当合理地奉献任何忠诚或崇敬的任何"超自然力"中，他们看不出有任何东西。就他们的方式而言，他们是合乎逻辑的。他们可能没有、而且也不会在基督教的崇拜中表达他们的宗教感。他们不会是基督徒。

但这些18世纪的知识分子同样有一种宗教感。他们以很多稀奇古怪的方式来咀嚼自己的宗教感。其中大多数人对之感到激动的是大自然这个上帝——大自然使万物肇始，却没法让它们停下来；他如此专注地观察这数不清的世界在各自特定的轨道上运行，并对自己创造出来的一切永恒法则的运转如此目瞪口呆，以至于没有工夫、也没有耳朵去听取渺小地球上渺小人类的小小恳求。自然神显然算不上一个人，也算不上一种力量；他只是基督徒们的上帝的一小部分。但他在人之外，18世纪的知识分子设法发展出了对他的一种十分

116

神秘的感觉。他们赞美他，声音是如此之大，以至于他会听到他们的赞美（如果他真的能听见什么人的话），声音中是如此饱含敬畏，以至于出卖了那种让他们为之心动的宗教热情。

当然，自然之神并不是 18 世纪知识分子奉献其宗教虔诚的惟一对象。有人发现了自身之外的一种神秘力量，并对之顶礼膜拜，他们称之为"科学"——尽管事实证明，如果利用得当，这个科学只不过是自然之神的一位神学婢女。另一些人找到了一个多头怪物，他们可以继续顶礼膜拜，名之曰"人道"；这些人特别虔诚，这多半是因为，对一切人道的神化远比单一的"神人"甚或三位一体的上帝的概念更加具有无限的神秘性。在自然主义者的教派与人道主义者的教派之间，另外有很多教派迅速兴起。有理性主义者，他们把一点点人的存在隔离出来，并归于一个最神秘的绝对真理；有进步主义者，他们把"进步"奉为神明，仿佛它是一艘帆船，靠着信仰、希望与博爱这神学三德的帮助，渴望不管到哪里都一帆风顺；还有完美主义者，凭借信仰的眼睛和语言的天赋，他们看到了这人世间的太平盛世——伊甸园和天堂——近在眼前，并正式宣布它的到来。

正如在任何一个对大众宗教不相信而又怀疑的时代都不难预料的那样，18 世纪的各个教派之间也存在大量的融合。有些人道主义者皈依了自然；有些自然主义者崇拜理性；有些理性主义者在旁边的祭坛上膜拜完美、进步或人道；甚至有一些基督教徒已经把他们传统的上帝换成了自然，却继续自称基督徒，参加基督教的礼拜。无论如何，18世纪见证了基督教信仰的日益弱化，见证了自然神论、自然、法律、科学、理性、进步、完美和人道的信仰日益强大。它还见证了各种组织的兴起，比如共济会和光明会，他们信奉那个时代的某一种或所有的狂热崇拜，并开始在国际传播。在整个新的宗教融合中，以及在其组成成分中，18世纪的知识分子让他们与生俱来的宗教感得到了表达。

3

这里提及的所有不相信和怀疑论盛行的时期，都以另一种崇拜为典型特征——对政治国家的崇拜。一个有趣的事实是：在公元2世纪和3世纪，当异教怀疑论在希腊和罗马的知识分子当中盛行时，当哲学家和神秘主义者正在捣鼓新的迷信时，对罗马皇帝的神化已经完成了，民众普遍沉迷于崇拜皇帝。另一个有趣的事实是：在16世纪，对天主教的怀疑变得流行起来，出场的不仅有新教，而且还有民众对世俗国家的颂扬，当时的很多知识分子，例如马基雅维利和伊拉斯谟（仅仅列出这两个），都颂扬世俗国家，并把它理想化。此外，还有一个引人注目的事实是：18世纪见证了上层阶级当中对基督教怀疑的增长，以及一种新奇的自然神论信仰的兴起，而对平民大众而言，它也见证了民族国家（la Patrie）的登基即位，成为崇拜的核心对象。或许这些例证纯属巧合；但更有可能，它们显示了某些因果联系。

对一种特定大众宗教的怀疑始于知识分子，而知识分子作为一个阶层却以胆小而臭名昭著。他们经常害怕自己的怀疑会对平民大众产生扰乱人心的影响；有时候，为了社会和平与整体安全，他们甚至乐意让民众继续沉迷于知识分子视为迷信的信仰和崇拜。与此同时，正是他们的怀疑态度，使他们拒绝在维护旧的大众宗教上担负起任何领导责任；他们的替代性信仰通常是如此五花八门，如此抽象，以至于妨碍了民众立即而普遍地接受其中任何一种信仰，作为一种新的大众宗教。在这样一些令人难受的环境下，应当鼓励平民大众把他们很大一部分与生俱来的敬畏和崇敬从"超自然"的宗教——上层阶级认为这样的宗教即便不是丢脸的，至少也是迷信的——转移到一种政治宗教上，后者有着双重的优势：它明显是真实的；它拥有的物质力量足以让人民大众凑到一起，呈现出社会和谐的表象——还有什么比这更自然的吗？让平民大众和上层阶级联合起来，建立并供奉一个崇拜国家的祭坛，然后可能允许人民大众在旁边的小小神龛里摆上几枝花，供奉他们祖先的神祇，而上层阶级在有了保证的和平中可以利用他们的地下室，举行他们新奇的礼拜仪式，并逐步让整个神殿弥漫着他们的神秘香火那古怪的甜美气味。

法国大革命——民族主义历史中的里程碑——是作为一

种宗教的民族主义发展过程中的一个里程碑。起初，很多法国知识分子都抱有这样的想法：把18世纪的哲学与基督教融合在国家教会中，这样一个国家教会将用民主的方式来组织，并以符合国家利益的方式来管理。雷纳尔神父说："在我看来，国家并非为宗教而产生，而宗教乃是为国家而建立……国家高于一切……当国家发声时，教会就无话可说。"[3] 1790年7月公民大会投票通过的《教士公民组织法》是一次正式的法律努力，试图实现雷纳尔神父的方案；它的目标是要创立一个国家教士阶层，置于政权的控制之下，与其他政府官员有同样的地位。但教皇和法国绝大多数教士对任何这样的宗教融合都没有准备好；1791年4月，《教士公民组织法》在罗马受到谴责；打那以后，天主教和民族主义这两种宗教便在法国针锋相对。基督教并没有正式被禁，但只有宣誓拥护《组织法》的教士才被允许主持基督教的宗教仪式，法国大部分地区的天主教教堂被转变为公立神庙。对那些倔强的教士，采取了越来越严厉的措施；但严厉还不够，到1793年夏天，对天主教的真正迫害开始了。因为在革命者们的头脑里，天主教牧师整体上犯下了十恶不赦之罪——他们拒绝承认民族国家。

在法国的革命者们那里，民族主义真正成了一种宗教。在"新秩序"中，他们感觉到了奇迹般的再生，不仅是法兰西的再生，而且是全人类的再生。《人权宣言》被欢呼为"民族的教义问答手册"⁽⁴⁾，1791年《宪法》规定了信仰它的庄重誓言。那些拒绝对它宣誓的人，通过民事上的逐出教会，把他们从这个共同体中切割掉，而正式宣布忠诚于它的外国人被允许加入信众的行列，就像获准加入圣徒们的圣餐仪式一样。包含《人权宣言》的成文宪法成了《圣经》。在1791年秋天立法会议第一次开会时，"十二个老人列队去请《宪法》。他们回来时，领头的是档案官加缪，他双手捧着《宪法》，抱在胸前，踏着缓慢而有节奏的步伐，护送着法国的新圣体。全体议员肃然而立，脱帽致敬。加缪一脸沉思，双目低垂。"⁽⁵⁾

　　三色旗，"自由树"，弗里吉亚无边帽，刻写着《人权宣言》和《宪法》的牌匾，供奉 la Patrie（祖国）的祭坛——所有这些都是新信仰的象征符号。1792年6月，立法会议颁布法令："在所有公社，都应该建造一个供奉祖国的祭坛，祭坛上要镌刻《人权宣言》，连同下面这句铭文：'公民为祖国而生，而活，而死。'"⁽⁶⁾两年前，在斯特拉斯堡，引入了"公民洗礼"的仪式。后来又出现了"公民婚礼"和"公民葬礼"。新宗教很快就有了它的赞美诗和祈祷文，有了它的斋戒和节日。

　　在平民大众越来越被民族国家的信仰和崇拜所吸引的同时，革命知识分子们则加倍卖力地攻击历史上的天主教，试图用五花八门的专业化的民族主义迷信取而代之。在1793年11月5日召开的国民大会上，玛丽·约瑟夫·谢尼埃建议正式建立一种排他性的世俗宗教：祖国教。在那次会议上，他说："把共和国之子从依旧束缚着他们的枷锁中夺取过来……抛弃偏见，无愧于代表法兰西民族，你们将会知道如何在被废黜迷信的残骸之上，建立起单一的普遍宗教。它既不是教派，也不是神迹；它惟一的教义是平等，我们这些立法者就是它的教士，行政长官就是它的主教；在这一宗教中，人类家庭只在祖国的祭坛上焚香膜拜，祖国是我们共同的母亲和神祇。"[7]两天后，巴黎的宪法主教向国民大会宣布退位，并宣称："除了崇拜自由和神圣的平等，将不再有其他任何公共崇拜。"[8]又过了三天，在巴黎圣母院举行了庄严的仪式，开始对理性的崇拜。

然而，理性并没有获得普遍的、永久性的膜拜。在罗伯斯庇尔的影响下，对"最高存在"的崇拜（自然神论）迅速顶替了它的位置；反过来，在罗伯斯庇尔垮台之后，后者又被第十日（Decadi）的公民崇拜和博爱理论的道德崇拜所取代。但是，在任何一种或所有这些五花八门、变幻莫测的宗教体验中，有着怎样的活力，可以归因于它们与民族主义宗教的混合。这一宗教已经深深扎根于民众的意识里，最终，它将脱颖而出，多少有些古怪地与一些更古老的哲学和世俗宗教相融合，成为19世纪和20世纪占支配地位的宗教。在世俗化（laicisation）的面具下，新兴的民族主义宗教很快就会要求得到全世界许许多多意志坚定的狂热分子的忠诚。

4

被视为一种宗教的民族主义与过去另外一些伟大的宗教体系有很多的共同之处。例如，它有一个神，他要么是祖国的庇护者，要么是祖国的化身——也就是民族国家的庇护者或化身。这个神类似于犹太教的耶和华，因为他也是一个被拣选的民族的神，一个要求绝对忠实的神，尤其是一个战斗之神；但是，你千万不要把他混同于耶和华，因为法国、德国、英国及一切非犹太人的民族主义者都对耶和华不屑一顾，就像《圣经》时代耶和华的牧师们蔑视巴力神和他的祭司一样根深蒂固，一样表露无遗。一个特定民族之神的狂热信徒往往会嘲弄和讥笑另外的民族之神在盗取天火时的任何失败。

现代宗教民族主义者意识到了对他自己的民族之神的依赖。他感觉到需要后者的有力帮助。在这个神的身上，他认出了自己的完美和幸福之源。在严格的宗教意义上，他让自己服从于这个神。此外，宗教民族主义者不仅主观上承认他对民族之神的依赖，而且他还乐于通过崇敬和崇拜的行为，从而在客观上承认这种依赖。像任何宗教一样，民族主义也不仅仅调动人的意志，而且还调动人的智力、想象力和情感。智力构建了民族主义的思辨神学或神话学。想象力围绕着民族群体的永恒过去和无尽未来，构建了一个看不见的世界。情感滋养了信仰、希望和子女之爱的神学美德；他们在对民族之神——他无所不善，他护佑一切——的冥想中，唤起了快乐和狂喜，唤起了对其眷顾的渴望，对其恩惠的感激，对冒犯他的恐惧，以及对他的无穷力量、无边智慧的敬畏感和崇敬感；他们自然要在崇拜中表达自己的这些感受，既有内在的崇拜，也有外在的崇拜，既有私人崇拜，也有公共崇拜。因为民族主义，再一次像其他任何宗教一样，也在很大程度上是一种公共集会，其主要仪式都是公共仪式，以整个共同体的名义、为了整个共同体的拯救而进行。

作为一种宗教的民族主义，最早出现在传统上信奉基督教的民族当中，因此一点也不奇怪，它应当借用并修改了历史上基督教的很多习俗和惯例，使之适合于自己的目的。事实上，当前民族国家的概念非常类似于中世纪基督教会的概念，以至于现代人只要仔细研究一下当代民族主义的学说和实践，就会理解表面上看似不可思议的中世纪。

可以认为，现代民族国家就像中世纪教会一样，也有一个理想，一个使命。这就是拯救的使命和不朽的理想。民族被设想为永恒的，其忠诚之子的死亡不过是增加了她不朽的名声和荣耀。她保护她的孩子们，把他们从外国魔鬼的手里拯救出来；她保障他们的生命、自由和对幸福的追求；她为他们促进艺术与科学；她给予他们营养。现代民族国家的角色充其量相当于中世纪教会的角色，并不被认为是经济性的或图利性的；它主要是精神性的，甚至是超世俗的，它的驱动力是它的集体信仰，对它的使命和天命的信仰，对看不见的东西的信仰，一种可以创造奇迹的信仰。民族主义是非理性的，易于冲动，而又鼓舞人心。

当代民族主义与中世纪基督教之间有着非常明显的、富有启发意义的相似之处。现如今，个人出生于民族国家就像他从前出生于教会一样，世俗的出生登记就是民族主义的受洗仪式。打那以后，带着温柔的关怀，国家追踪他的整个一生，在爱国学校里向他传授民族主义教理问答，借助虔诚的戒律和庄严的圣礼，让他看到民族神圣之美，使他一生安于为国效力（不管多么光荣，还是多么卑贱）——国家是他生命的全部，是他的福祉的创造者和完成者；通过正式登记（有一笔收费）来纪念他生平至关重要的时刻，不仅登记他的出生，而且同样要登记他的结婚、他的孩子们的出生和他的死亡。如果他是一个代表民族主义出征的圣战士，他的埋骨之地将用他服役的徽章作为标志。国家统治者和民族英雄的葬礼，在爱国主义的盛大排场和庄严氛围中举行，让中世纪主教们的葬礼相形见绌。

近代民族国家的成员身份是强制性的。个人只有死亡和移民才能脱离世俗国家；在后一种情况下，他会发现，要想找到一个没有某种既定形式的民族主义宗教的国家，几乎是不可能的事。可以说，他可以改变他所属于的教派，但不能改变他的宗教。传说中"没有国家的人"成了"漂泊的荷兰人"的一个最新版本。不管对自己的民族信仰多么怀疑，个人都知道，任何一个民族国家的强制身份，都涉及为它的维持和传教事业提供强制性的财政支持，因为这样一个国家也一定要征收税赋，就像中世纪教会征收什一税一样。

民族主义期望所有人都对其奉献内心的虔诚，不过这里适当顾及了人性的弱点。只要公共的典礼和仪式得到恰当的遵守，并不会太过仔细地探查个体崇拜者的内心。在宗教感的强度上，人与人之间无疑有所不同，有些人也许如此反常，以至于根本体验不到任何宗教情感。此外，人们很早就认识到，祈祷时嗓门最大、捶胸顿足最夸张的人，可能最缺乏真正的内在虔诚。怀疑论者和不信者都是出了名的狡猾；真心虔诚的民族主义者当中是不是存在伪善之徒，这是值得怀疑的。

然而，外在民族主义崇拜深受欢迎和引人注目的特征是毋庸置疑的。亵渎神明和不敬一直被当作十恶不赦之罪来处理；现代人要是听任自己心里掠过的怀疑在冷嘲热讽中得到表达，从而损害狂热的国家崇拜，他完全够条件被关进疯人院或监狱。

现代民族主义的仪式比历史上另外一些伟大宗教的仪式更简单，这多半是因为尚没有流逝足够长的时间，好让它得到精心的打磨，但是，考虑到它的年轻，它已经有了相当程度的发展。民族主义的主要信仰符号和核心崇拜对象是国旗，为了向国旗"致敬"，为了"升旗"和"降旗"，专门设计了一些稀奇古怪的礼拜仪式。当国旗从面前经过时，人们脱帽致礼；为了赞美国旗，诗人们写颂歌，孩子们唱赞美诗。在美国，年轻人排成整齐的队列，被要求以圣师的声音和司仪的手势，每日背诵那句神秘的套话："我宣誓忠诚于我们的国旗和它代表的国家，一个与所有人的自由和正义密不可分的国家。"在每个地方，在民族主义所有庄严肃穆的节日和斋日，国旗都引人注目；与之相伴随的是另一样神圣的东西：国歌。一个敏锐的文学批评家，以他纯世俗的身份，可能会给某些短语挑毛病，比如"统治吧，不列颠尼亚"、"德意志高于一切"，甚或"马赛曲"；他可能基于文学的理由，令人信服地反对诸如"噢，说吧，你能看见吗？"这样蹩脚的开头。但一首国歌可不是一个世俗目标，也不允许进行文本批评。它是神圣的。它是新体制的 *Te Deum*（拉丁语：感恩赞美诗）；当国歌唱起的时候，崇拜者肃立，军人"立正"，男性公民脱帽，全都作出崇拜和尊敬的外在反应。

民族主义有它的检阅、游行和朝圣。此外，它还有与众不同的神圣日子，正如基督教会从异教那里接管了一些节日一样，民族国家也毫不客气地从基督教那里借用了一些节日。例如，在美国，7月4日是民族主义的圣诞节，国旗纪念日取代了基督圣体节，阵亡将士纪念日取代了纪念忠诚死者的万灵节，而基督教日历上的圣徒纪念日则被民族圣徒和民族英雄——比如华盛顿和林肯——的生日所取代。民族主义也有它的神庙，你会发现，被绝大多数人视为最珍贵、最神圣的地方和建筑，不是基督教的大教堂，而是费城的独立厅，波士顿的法尼尔厅，列克星敦的李将军纪念堂，纽约的格兰特将军纪念堂，还有华盛顿城，连同其庄严的国会大厦、白宫、林肯和华盛顿纪念碑，以及邻近的阿灵顿公墓和弗农山庄。

现代人，尤其是美国人，往往把中世纪对画像、偶像和遗物的崇拜看作是带有"迷信"的意味，但是，让他们用一尊乔治·华盛顿将军的雕像取代圣乔治的雕像，用一张勇敢的莫莉·皮切尔的印刷肖像取代圣母玛利亚的画像，用一面破破烂烂的战旗取代一块圣十字架残骸，他们就会表现出一种他们认为很美、很高贵的崇敬。你只要回想一下遍布每一座城镇的民族英雄雕像，以及装饰着富人的豪华俱乐部和穷人的简陋村舍的建国之父们的画像，你就能够理解现代民族主义基本的宗教诉求。1915 年，当那尊开裂的老自由钟从费城运抵旧金山国际博览会时，成群结队举止优雅、漂亮可爱的女士在沿途的火车站迎接它，对它虔诚地弯下腰来，奉上香吻。通过崇拜一件民族遗物，这些女士表达了她们的宗教感，践行了民族主义的崇拜仪式。

5

每个民族国家都有一套"神学"，一整套多少被系统化了的官方学说——它是从"国父"们的箴言和民族经文的训诚推导出来的，反映了"民族精神"，构成了民族行为的指南。在美国，民族《圣经》的经文无疑包括《独立宣言》、《宪法》、《华盛顿告别演说》、"门罗主义"和林肯的演说；但在这里，就像在别的地方一样，经文尚不是确定无疑的。如今，两个神学学派之间甚至存在激烈的竞争，一派支持以西奥多·罗斯福为依据的福音书的权威性，另一派把启示归于伍德罗·威尔逊的使徒书。当然，这样的竞争可能只是暂时的；长远来看，我们的神学博士们终究会达成妥协，把伍德罗的使徒书和西奥多的福音书整合为美国的《圣经》，然后行使他们准确无误的权威；这既是可行的，也是可欲的。即使《圣经》中有一些小差异和小矛盾，民族主义也很容易存活下来，就像其他宗教存活了下来一样，甚至可以从中获益。对自封的神学家们来说，解释和考证的机会是一个天赐良机。

从民族主义的神学家们那里，产生出了一些多少还算有点学问的作品，比方说关于《宪法》、"门罗主义"或亚伯拉罕·林肯的智慧的作品——时评家和教科书编者对这些作品进行了评论和简化；这些先生们（和女士们）的作品又依次被多愁善感的记者和情绪饱满的演说家虔诚地通俗化了。整个过程的结果是，知识分子的民族主义神学变成了平民大众的民族主义神学。

民族主义神学在每一个细节上都不是十分准确和完全真实——也从未有过这样的神学——但归根到底，它的主要作用是说教，是"为了生活的榜样和规矩的教导"⁽⁹⁾，说教大可不必盲目地依赖于历史事实或科学事实。它要求并应当得到范围更广泛的想象和情感的空间。就以美国任何一个地方、在任何一年发表的几乎任何一篇国庆演说为例，或者以记入《国会记录》、并免费分发给选民的任何一篇爱国演说为例，客观真理和科学中立被牺牲给了更情绪化的诉求和更高的真理。并不是说这些爱国演说家和国会议员一开始就打算含糊其辞或公然撒谎；他们通常都是一些正直而可敬的人。实际情况是，他们如此确信传到他们手里的民族主义教义和神话的神圣真理，如此热切地渴望证实多数民众的信仰，以至于毫不怀疑地重复有利于这个事业的任何陈述，甚至编造和传播关于民族过去的十分错误的图景。他们就是这样对一套流行神话的精心设计及其与官方民族主义神学的混淆做出了贡献。

现在，我面前就有一份我们的议员1916年8月15日在国会发表的演说。他好心好意地让政府把它寄给了我，连同很多包农业种子，作为我的民族主义的营养和教诲。这篇演说最后以一首令人振奋的民族主义赞歌结尾：

> 人类军事史所揭示出的最好的纪律和最辉煌的英雄主义，莫过于独立革命和南北战争的战场上所表现出来的。华盛顿的士兵不是胆小怯懦之徒，不是唯利是图的

130

雇佣兵——专制国王从欧洲废墟雇来，为了不义之财而战斗。他们是自由人，是人类自由的捍卫者，是面对死亡的洪水挺胸而上的英勇战士。他们不是粗鲁无文的造反者。革命队伍里有很多成就斐然的学者，他们阅读埃斯库罗斯的希腊文悲剧就像阅读莎士比亚的英文悲剧一样容易。政府、哲学和宗教是殖民地营火周围平日谈话的熟悉主题。革命士兵知道他们的血是浓的。他们的血统可以追踪到克雷西、普瓦捷、马尔普拉凯和拉米伊的高贵世系。他们阅读本民族的战绩：圣墓的收复，霍亨林登战役，魁北克的占领。他们觉得自己有能力让这些辉煌业绩发扬光大；当战号吹响，军鼓齐鸣，萨拉托加和约克敦的英雄们，布兰迪维因和福吉谷的英雄们，便发出胜利者的兴奋呐喊，冲锋陷阵。正是那个时候，他们就像"新郎走向结婚的庆宴一样"，慷慨赴死；他们的军人精神与古往今来——从温泉关山隘，到古巴和奉天的战斗平原——的武士灵魂在永恒中汇合，他们为了同胞的自由而死。这就是华盛顿的士兵们的品格和行为。

五十多年前，内战在这个国家爆发。这场历史上最重大的战斗召唤着世界上最优良的军队走上战场。来自北方的人和来自南方的人奔向分界线，排着紧密的队列，踏着军人的步伐，他们的心像军鼓一样搏动。不管身上的军服是蓝是灰，在葛底斯堡和安提塔姆，在冷港和荒

131

原，他们向尚未出生的一代代人传递着完美纪律和不朽英勇的信息……

议长先生，我有一个持久而无限的信念，相信我们国家伟大的天命和永恒的光荣。我相信，不远的将来，我们将会完成陆军和海军、经济和工业、知识和精神的准备工作；美国的精神和美国的影响将会凌驾于各国之上，并让全世界黯然失色；我们的《宪法》和我们的《独立宣言》将会在一切人类族群当中成为自由制度的楷模和榜样；在美国革命之火上点燃的自由火把将会成为照亮一切受压迫人类的灯塔；我们的士兵和水兵将会在每一片土地和每一片海洋上被人们害怕和尊敬；我们国家的战鼓声将会在世界各地被人们听见，自由的旗帜将在所有的天空闪亮飘扬；伟大的独立革命的命令，不管是出自一位大使之口，还是出自联邦大炮滚烫的喉咙，都将在世界各地被听到，并被服从。［鼓掌］

这样一段结束语充满激情，但它也传播了一些神话。受过专业训练的历史学家知道，独立革命战争和南北战争中的某些战斗——比如，第一次布尔溪战役——并没有表现出什么纪律严明或英雄主义。他还知道，革命队伍里并不全是阅读莎士比亚英文悲剧（或别的什么）的人，更不用说阅读埃斯库罗斯悲剧希腊语原著的人了。一个严谨的逻辑学家也很难理解，正当美国的士兵和水兵在每一片土地和每一片海洋上被人们害怕和尊敬的时候，自由的旗帜怎么就能在所有的天空闪亮飘扬。不过，科学家或抠字眼的人对这段引文可能提出的这些批评以及其他很多批评，是无关紧要的。

关于现代民族主义的流行神话，例如与美国独立革命有关的那些神话，我们的国会议员们编造和传播的那些神话，其赖以产生的背景，与中世纪"君士坦丁献土"和"伪伊西多尔教令集"赖以产生的背景是一样的。对于这些中世纪文献，目空一切、冷酷无情的现代人给它们打上了"伪造"这个丑陋的标签，但它们为伪造仅仅是就此而言才成立：近代很多民族主义者的著述和演说是伪造的。二者都源自强烈的信仰和生动的想象，都是根据共同的理由——它们如此完美地满足了当代的需要，以至于它们必定是真的——而得到证明。它们都是虔诚的产物，而虔诚怎么可能是不道德的呢？教诲怎么可能是不诚实的呢？真正重要的是，它们被平民大众不加怀疑地接受了，并被虔诚地体现在流行神话中。

民族国家的学校体系被认为应当对任何背离官方神学的行为或对流行神话的任何诋毁负有完全责任。各地都可能有一个大胆的老师或鲁莽的教科书编写者对早期民族历史上的某个事件提出一个不完全符合民族主义信仰的解释；这样一个人，正如最近这些日子里充分证明的那样，很容易被某个狂热的爱国社团告发，并遭到教育调查委员会——其职能有点像现代的多明我会——的审判和免职；而且，冒犯的文本将被列入民族主义的《禁书目录》，从此之后，官署可以禁止公共图书馆收藏它们，并在公共广场，在信众们的鼓掌声中焚烧它们。

在民族主义者当中，就像在最虔诚的宗教狂热分子当中一样，总是存在这样一种担心——平民大众即将丧失信仰——因此他们下定决心，只有那些能够强化信仰，并促使民众为信仰献身的信息，才允许让后者知道。正如纽约市公立学校"学业与教科书委员会"（由校长和教师组成）在1922年3月27日的报告中所宣称的那样："教科书不得包含贬低或污蔑美国英雄们的丰功伟绩的内容。不得质疑共和国创立者或那些领导其天命的人的目标和意图的真诚。……[在讨论美国独立革命时]当让学生们明白以下内容，一切必不可少的要素就完成了：殖民地居民只有冤屈；他们之所以反叛，是因为他们得不到补偿；激励他们的是对自由的强烈热爱；他们不计代价，排除万难；独立革命的主导精神就反映在内森·黑尔的话中：'我遗憾我只有一条生命可以为国牺牲。'"(10)因此，要想方设法让年轻人的头脑保持纯洁，不会因为充分认识真相而被玷污；有人认为，这样的真相可能削弱——即便不是毁灭——民族主义的信仰。为了维护信仰，应当让平民百姓一直愚昧无知——这个论点用来批评中世纪的基督教徒，不如把它拿来批评现代民族主义者，更加言之成理。

6

人们通常并不愿意为了经济利益而献出自己的生命。最高的牺牲常常是为了理想和为了回应"宗教感"而奉献的。说到现代民族主义的宗教特征，最确凿的证据或许是其形形色色的信徒们所怀揣的热忱——在最近一百年里，他们凭此一腔热血，在战场上慷慨捐躯。就在此时此刻，法国北部遍布了数十万个小小的白色十字架，每个十字架上镌刻着小小的黑色铭文："*Mort pour la Patrie*（法语：为祖国而死）。"最近四年的世界大战中死去的人，远远多于中世纪基督徒的十字军东征四百年里死去的人。

一种激励高尚牺牲的信仰，在其某些表现上往往是不宽容的；在这方面，现代民族主义与中世纪基督教之间的相似性十分引人注目。中世纪基督徒并不是怀有偏见的现代人所想象的极端不宽容的人：他们区分不同种类的不信教者，据此区别对待；他们对异端分子比对无宗教信仰者、异教徒和犹太人更严厉，对待无知者比对待饱学之士更严厉，对待大众宣传者比对待空谈的哲学家更有兴致。现代民族主义者甚至也是如此。

对遥远异乡的异端和不信者，也就是说对外国居民，我们的态度一直有所不同，从觉得好笑或轻蔑，到讨厌、恐惧和仇恨；如果我们认为我们的重大利益或我们的"国家荣誉"受到了威胁，我们就会鼓吹对他们发动圣战，但如果不是这样，我们就会宽容地让他们作为天生怪人而幸存下来。对我们当中的异端和不信者，也就是说，对那些没有归化的移民，我们的态度则依据他们的多寡而有所不同。如果他们人数很少，我们就会同情或者鄙视他们，但我们不会直接迫害他们；相反，我们希望并力促他们皈依我们的信仰，成为我们国家的归化者。另一方面，如果他们人数众多，尤其是如果他们抗拒皈依的话，我们就会变得越来越害怕，悲叹"民族熔炉"的失败，建立社会屏障，有时候是法律屏障，来隔离他们。

异端是一些背离了纯洁信仰和福音的同胞，也是堕落之人——获益于成为我们群体中之一员以及对我们的民族主义的体验，却没有对此心存感激，从而陷入了错误或怀疑之中。民族异端有几个不同的等级。公开的叛国者——在我们的圣战中与我们作战的背叛者——是最坏的；他激起我们的仇恨和恐惧。如果我们抓住了他，我们会让他耻辱地死去。如果我们没有抓住他，我们此后就会永远用他的名字作为笑柄。在美国民众的思想中，本尼迪克特·阿诺德很久以来就已不复为人，成了一个恶魔。异端分子如果是一个明显而简单的堕落者，也就是说，他生活在国外，持有外国的归化证明，则是不正常的，只能遭到蔑视和责备；我们为了安抚我们受伤的虚荣心，而想象他只是一时冲动或为了经济利益而做了坏事。

但是，最复杂、最棘手的异端是隐蔽的异端分子。这些人外在的信奉行为是如此不合规矩，对"国父"和"圣经"是如此持批评态度，对爱国主义的义务是如此漠不关心，以至于他们被怀疑对其他民族群体心怀忠诚，或者更糟，根本不忠诚于任何民族群体。这些不幸的人，在全民恐慌的时期，就像在我们现代的民族圣战中那样，我们会用一些特殊的方法去搜获他们，这些方法肯定会让托尔克马达或科顿·马瑟深感震惊；我们常常根据最没有说服力的证据，要么是放逐他们，要么是监禁他们。然而，在平常时期，我们会允许隐蔽的异端分子有一定的身体行动自由，甚至是少许的言论和出版自由；当然，前提条件是他们是大学教授或其他"思想怪人"，远离公共生活，对民意的形成没有直接的影响。但即使在平常时期，我们也必须辨识那些给孩子们上课或为大众写作的隐蔽异端分子；这些人很危险，因为他们危及了孩子们的民族主义灵魂；他们可能由政府官员合法地予以惩罚，或者，也有可能把他们交给一些极端爱国的私人组织去非法处理，比如黑色百人团、法西斯党或三 K 党。

"我的国家，对也好，错也罢，终归是我的国家！"忠诚的民族主义者就是这样回应他的宗教的威严召唤，因此，他的意图毫无可疑或不道德之处。他只是略微区分了可能会犯错误的政府官员和一个从事物的本性来说必定永远正确的民族。在他看来，下面这个说法很书生气："我的民族，不管在陈述语气上是对的，还是在虚拟语气上是错的（与事实相反），终归是我的民族！"实际上，民众如今普遍认为民族国家是一贯正确的，毫无缺点。我们现代人都乐于承认，我们所有同胞作为个体在行为和判断上可能犯错，但我们不愿意承认，我们的民族作为一个整体可能犯错。我们乐于抨击政策、甚至是我们某些政治家的品格，但我们心里的那个信念阻止了我们怀疑上帝对我们民族国家的指引。这是现代民族主义宗教性质的决定性标志。

关于当下这个时代，一个最令人印象深刻的事实是民族主义的宗教性方面无处不在。不仅在美国，全民族的宗教感在民族主义中得到了表达，而且，在法国、英国、意大利、德国、比利时、荷兰、俄罗斯、斯堪的纳维亚半岛和波罗的海国家、波兰、匈牙利、捷克斯洛伐克、西班牙、葡萄牙、爱尔兰、巴尔干半岛、希腊和拉丁美洲共和国，也是如此——形式略有不同，但程度多半更严重。民族主义的宗教不仅盛行于一些传统的基督教国家，如今也盛行于日本、土耳其、埃及、印度、朝鲜，并正在中国建立它的祭坛。民族主义有很多特别喜欢争论的教派，但作为一个整体，它是走向世界性宗教的最新、最近的途径。

7

民族主义是如今绝大多数人类共同的宗教。但这并不是说，一些更古老的宗教已经被民族主义给消灭了。佛教和印度教依然存在。伊斯兰教也是如此。基督教——天主教、东正教和新教——也是如此。实际上发生的是一次新的宗教融合；正是借助这次融合，很多人得以在名义上继续坚守他们祖先的信仰，甚至践行其宗教仪式，同时使之适应于民族主义崇拜和纪律的迫切需要。有一些极端的民族主义者抛弃并攻击其他宗教（我们不妨承认，这是合乎逻辑的）。其他宗教的某些信徒也批评和谴责民族主义。但是，大部分民族主义者，以及数量越来越多的基督徒、穆斯林和佛教徒，都或多或少有些鲁莽地试图在旧信仰与新信仰之间达成妥协。这样的妥协越来越有利于民族主义宗教。

犹太教依然是很多犹太人生活中的一股潜在力量，但几乎用不着怀疑，在最近的时期里，随着对希伯来《圣经》神圣启示的怀疑论的发展和"改革运动"的兴起，以及随之而来的对摩西律法和正统会堂仪式的遵守越来越不那么严格，数量越来越多的犹太人开始在民族主义中表达他们的宗教感，要么献身于他们生活于其中的那个民族的民族主义，要么为了他们自己特有的犹太复国主义而效力和牺牲。古代犹太教是这样一种宗教：它把一个"被拣选民族"的希望和抱负集中于一个超自然的神——上帝耶和华，任何一个信奉耶和华并遵守其圣诚的人都是"被拣选"的人。现代犹太复国主义是这样一种宗教：它把崇拜对象从耶和华转向了这个被拣选的民族，任何故意不懂希伯来语的人都不是被拣选的人。

佛教依然是无数东方人生活中一个强有力的因素。在一些古色古香的通神论形式中，它对东方国家发挥的直接影响甚小，但至少在日本，它最近被纳入了民族主义的神道教当中，而在中国，某些知识分子正在试图把它与儒教和基督教融合起来，为的是产生一种中国的民族宗教。伊斯兰教依然是一种伟大而好斗的宗教，在东印度群岛和中亚有着范围广泛的传教事业。但是，帕夏穆斯塔法·凯末尔的追随者证明了他们首先是土耳其民族主义者，然后才是穆斯林；穆斯林阿拉伯人与基督徒阿拉伯人关系友善，他们共同的最高忠诚奉献给了阿拉伯民族主义，对抗犹太复国主义的威胁。在印度，伊斯兰教和印度教都在新兴的印度民族主义面前悄然衰落。

基督教今天有了更多名义上的信徒，超过了其历史上的任何时期。20世纪可能也有更多真心而虔诚的基督徒——天主教徒、东正教徒和新教徒，超过了早先的任何一个世纪。但是，对于我们这些生活在西方的人来说，有一点十分明显——对于数量庞大的人来说，基督教已经成了民族主义的附庸。东正教会，亚美尼亚教会，科普特教会，以及景教教会的残余，都是民族主义热情和民族主义努力的辅助者。威斯敏斯特教堂是英格兰教会的神殿，更是英国民族主义的神殿；英格兰、苏格兰和爱尔兰的新教大教堂，还有普鲁士的大教堂，也都更大量地或更显著地装饰着民族英雄（陆军的和海军的）的肖像和民族战旗，而不是基督教圣徒的雕像。在法国，拿破仑·波拿巴的神圣遗物紧挨着一个基督教祭坛摆放，雄伟的圣日内维耶基督教教堂变成了民族先贤祠。

在美国，基督教正变得越来越民族主义——而且十分自然。新教多数派在坚持自己的信仰并寻求其他移民皈依时，经常断言：美国是新教的，新教是美国的。天主教少数派没有被这样一种积极的恳求所打败，而专心于"美国化"自己和他们的移民。所有这一切都促进了美国民族主义宗教——并不完全是作为基督教的替代物，而更多地是它的一个令人印象深刻的补充。此外，这个过程得到了下面这个事实的促进：美国新教被分为多个教派和宗派。没有一个新教教派足够强大——天主教会肯定也不足够强大（即便它很想这样）——能够让自己被确立为美国的官方教会。因此，可能存在一种共同的基督教，但对整个美利坚民族来说并不存在单一的信仰和崇拜。结果，精神上的统一——几乎每个人都认为这是可欲的——必须到民族主义中去寻找。关于《创世纪》第一章的字面解释，或者关于举行施洗礼的方式，或者关于牧师的级别和圣餐的数量，美国新教徒可能有不同的意见，但在对民族国家的崇敬上，他们并无本质上的不同。在美国大多数新教教堂，布道坛或圣餐桌的上方都悬挂着一面巨大的美国国旗；在大多数地方，新教牧师和他们的信众都至少要在感恩节、阵亡将士纪念日、华盛顿生日和国庆节那天举行"联邦礼拜仪式"。伊斯雷尔·赞格威尔曾预言:"美国无疑会率先把它的一百八十六个教派及其数不清的古怪信条融合为单一的美国宗教。"⁽¹¹⁾这个预言难道没有一些道理吗?

最近,一些具有不可知论倾向的先生说过很多话,写过很多文章,谈到新教在美国的衰落;有人指出,只有百分之三十的美国人上教堂。在我看来,这是对当前形势最肤浅的评估。16世纪路德教派和加尔文教派的那种新教可能正在衰落——我并不知道,而且我也不愿意去猜测——但是,作为对历史上的天主教的强烈反对者,作为当代民族主义融合宗教中的重要成分,新教毫无疑问依然活着,而且很兴盛。在这个意义上,远远不止百分之三十的美国人是新教徒——和民族主义者。有一点无疑是真的:很多信奉天主教的美国人对任何这样的诋毁都深感愤怒;他们对民族主义的崇拜不如新教徒同胞那么虔诚。

民族主义与基督教的融合在美国发展迅速。在一个极端,普罗维登斯(罗德岛州)的一个爱尔兰裔主教如此坚决地要"美国化"其教徒,以至于他禁止在他的教区一个教堂里举行法裔加拿大血统教徒的庆典;而这些教区居民则起而反抗他们的主教,很不得体地直呼其名,拒绝服从他的权威,并从魁北克一个神父那里得到了支持他们的民族主义事业的口信。在另一个极端,纽约一座一位论派教堂的现代主义牧师——

一位英国血统的牧师——宣称：让美国孩子学习外族希伯来人的民间故事是一件荒唐、不合时宜的事情。他还宣布：他的教堂所管辖的主日学校今后将讲授"美国的《圣经》"——《宪法》、《独立宣言》，以及我们民族英雄的传记[12]。"原教旨主义者"似乎理解支持他们字面上的《圣经》信仰的某种相似性——在早先被选择的希伯来人与后来被选择的美国人之间。"现代主义者"似乎是按照他们稀释基督教的比例来增厚美国的民族主义。

我们从报纸上得知，1924年2月，在圣马可的新教圣公会教堂，现代教士联盟副主席斯图亚特·L.泰森博士举行了一次布道；他在布道中否定了基督的神性，并举行了一场崇拜美国国旗的宗教仪式，"上午和下午吸引了大批人群的关注"：[13]

这次表达国旗教的礼拜仪式取自圣马可教区的教区长威廉·诺曼·格思里博士出版的一本以此为标题的书。他说，1918年感恩节之后的那个礼拜日，我们得到授权，在圣马可教区使用这一仪式，由戴维·H.格里尔——当时是新教圣公会纽约教区的教区长——主持。

崇拜国旗的仪式在教堂高坛前面的一个平台上举行，由专业演员扮演主祭、儿子、第一助手、母亲、第二助手、父亲。教区长提名了七个演员，代表国旗上的七道红色条纹，分别扮演华盛顿、杰斐逊、杰克逊、林肯、克利夫兰、罗斯福和威尔逊。

白色的旗杆立于主圣坛的前方，顶部有一个金球，上面盘旋着一只金鹰。对信众们发表的致词如下："在旗杆的顶端，盘旋着我们主权的象征：白头鹰。他表达了我们的愿望和我们的灵感，以及我们与祖先的上帝之间生动的交流。"接下来是鹰的赞美诗。在赞美诗之后，主祭大声高喊："你们听啊，那鹰的呼喊。"信众回应道："让我们集合起来服从吧。"伴着《星条旗之歌》第一节的吟唱声，国旗升了起来，同时主祭说："让我们升起国旗，智慧的人和诚实的人都聚拢在国旗之下。"

在仪式的第二部分，信众抬眼向那七道红色条纹致意，"因为它们值得崇拜"。接下来是下面这段合唱：

让我们一起吟唱我们的歌，

为了国旗的红色，

国旗的红色，

国旗的红色，

永远为了国旗的红色。

以同样的方式，举行了六道白色条纹、深蓝色方块和五角白星的崇拜仪式。最后的仪式是崇拜白头鹰。结束时，让国旗在旗杆上落下，作为对主圣坛的致敬，然后唱响《共和国战歌》。

尽管很有可能要花很长的时间，新宗教才能罢黜旧宗教，但在我们看来，如今正在进行中的这种融合更加有利于民族主义，而不是有利于基督教、伊斯兰教或其他任何超自然的世界性宗教。比方说，基督教的成分愈弱，祖国的成分则愈强，"因为它不仅为奉献和牺牲提供了通道，甚至还在民族的生命中给人提供了来生。因此，我们已经看到，卢瓦西教授在他的新书《死与生》（*Mors et Vita*）中，由于他改革基督教世界的希望破灭，从而对一种法兰西宗教做出了响应——尽管他自己揭露，这一宗教是法国新天主教的民族主义赝品。"[14]

8

　　我不想让任何人从我所说过的话中得出这样的结论：我之所以谴责民族主义，是因为它是人类"宗教感"的表达。我深信宗教感是人类与生俱来的本性，因而不可能轻视宗教；而且，在我看来，由于民族主义依赖于宗教情感而谴责它毫无意义，就好像谴责植物依靠阳光而茁壮成长一样。然而，我还是会提出，有许许多多的方式可以表达人的宗教感；而且，宗教情感，就像其他任何本能情感一样，始终很容易受影响，常常需要有意识的引导和控制。一些宗教形式优于其他宗教形式；当我们认识到现代民族主义的宗教性质时，我们依然要问自己：它是不是对人类进步最为有益的宗教形式？

过去大多数伟大的宗教体系都在人类历史上发挥了统一的、而不是分裂的力量。佛教在缅甸、暹罗、中国和日本随处充斥着数以百万计的人群中产生了一种共同类型的建设性的文明。伊斯兰教用一根共同的纽带把阿拉伯、印度、波斯、土耳其、马来群岛和非洲最具多样性的部落民联系在一起，并激发他们共同的热情。不管他们的习惯、种族和本地语言如何，基督教把各种各样的欧洲民族整合在一个文化共同体中。尤其是在基督教的情况下，用来表达人类宗教感的形式和典礼是一些恒久不变的符号，象征着人类为建立一个超越现世的王国而共同奋斗，象征着自我牺牲，象征着给善良之人带来人世间和平的保障。

　　现代民族主义尽管发展出了一些习俗和典礼，表面上非常类似于基督教的仪式和惯例，但它还发展出了一种完全不同的精神，给自己设定了一个完全不同的目标。尽管民族主义的一般概念有着普遍性，但它的崇拜是基于一个部落观念，因此就其实际表现而言，它是特定地区和说着相同语言的人所特有的。其目标之善，仅仅是对自己的民族的善，而不是对全人类的善。它在英国人、德国人或日本人心里唤起的渴望，与它在法国人、波兰人或美国人心里唤起的渴望并不一样。

　　作为一种宗教，民族主义代表了对历史上基督教的反动，对基督的普世使命的反动；它重新把一个被拣选民族更早的部落使命奉为神圣。善于思考的古罗马人设想，一个被拣选民族——希伯来民族——对于整体的舒适和安全来说是多余的；善于思考的现代基督徒对一个没有了罗马帝国、却充斥着无数被拣选民族的世界稍感悲观，这是情有可原的。

作为一种宗教，民族主义既不鼓吹博爱，也不主张正义；它是骄傲的，而不是谦卑的；它显然没有把人类的目标普遍化。它拒绝接受圣保罗的革命性启示，并重新宣布这样一个原始的信条：应当有犹太人和希腊人，只不过现在应当有比过去更典型的犹太人和希腊人。民族主义的王国完全是现世的，它的实现涉及部落的自私和虚荣，尤其涉及愚昧无知、专横残暴的不宽容——还有战争。民族主义带来的不是和平，而是刀剑，这一点，我们打算在下一章中证明。

【注释】

（1）读者应该还记得，很久之前，吉本以引人注目的雄辩修辞和尖酸刻薄的机智幽默表达过这个观点。参见《罗马帝国衰亡史》（ *The History of the Decline and Fall of the Roman Empire* ），第六卷（J.B.巴里编辑），第125～126页。

（2）我并不希望被人理解为是在暗示异教与基督教之间或者天主教与新教或"新新教"之间不存在本质差别。我明确否认与当今时代那个庞大而懒惰的教派之间有任何联系，他们声称自己是"一种宗教，像其他宗教一样善，一样真（或假）"。然而，在这里，我并不试图确立、哪怕是宣称任何特定宗教的优越性；我眼下的目的要温和得多，只不过想指出，所有这些宗教，就像"自然宗教"一样，对人类与生俱来的"宗教感"有吸引力。

（3）A. 巴耶和 F. 阿尔伯特：《十八世纪的政治作家》（*Les Écrivains politiques du xviiième siècle*, 1904），第 383～390 页。

（4）这个说法是巴纳夫的。参见 A. 马迪厄：《革命崇拜的形成》（*Les Origines des Cultes Révolutionnaires*, 1904），第 22 页。

（5）A. 马迪厄：同前引书，第 27 页。

（6）A. 马迪厄：同前引书，第 31 页。

（7）A. 奥拉：《理性崇拜与最高存在崇拜》（*Le Culte de la Raison et le Culte de l'Être Suprème*, 1892），第 35 页。

（8）同上，第 45 页。

（9）"三十九条信纲"的第六条，《英国国教祈祷书》（*Book of Common Prayer*）。

（10）《历史展望》（*The Historical Outlook*），第八卷，第 250～255 页（1922 年 10 月）。

（11）《民族群体的原则》（1917），第 87 页。

（12）C.F. 波特牧师，《纽约时报》（*New York Times*），1924 年 2 月 28 日。

（13）《纽约时报》，1924 年 2 月 25 日。

（14）伊斯雷尔·赞格威尔：《民族群体的原则》，第 85～86 页。还可参看伯特兰·罗素：《人类为何而战》，第 56～58 页。

五　民族主义与国际战争

1

战争是人类亘古不变的业余爱好。就算在现代，战争被相对较长的和平时期所打断，那也并非表示人类已经找到威廉·詹姆斯希望他们会找到的东西：战争的道德替代品；而只不过表明，人类近来如此全心全意地、如此狂暴猛烈地放纵他们的战争爱好，以至于在相对较长的时期里让他们精疲力竭。我们 19 世纪和 20 世纪的战争可能比早期的战争更短暂，但规模更庞大，也更要命。最近的这场世界大战，尽管只持续了四年，但人类生命和财产付出的代价更大，制造的毁灭更多，超过了拿破仑时代二十年的冲突，17 世纪的三十年战争，英法两国之间的百年战争，中世纪三百年的十字军东征，一系列旷日持久的波斯战争和古希腊人的伯罗奔尼撒战争，或原始人当中任何数量的部落冲突。

最近的这场世界大战也并没有证明自己是战争的决定性的、巨变意义上的终结。1926 年的作战人员比 1901 年还要多；毫无疑问，每一支庞大的军队都有一个能干的总参谋部；

很显然，在飞机、潜艇和毒气的完善上已经取得了巨大的进步（一些深受尊敬的权威人士称之为"进步"）。正如最近这场大战主要是对大炮的检验，下一场大战很可能主要是化学武器的证明。正如过去一百五十年里欧洲的每一场大战或迟或早都把美国卷入了进来，尽管有华盛顿的告别演说，尽管有门罗主义，尽管有参议院里一大帮孤立主义者英雄般的慷慨陈词，这个国家注定要或迟或早被下一场世界大战的触须给缠住。接下来，如果我们所说的现代文明和现代科学还留下了那么一点点残余的话，它们也会在另一场世界大战的准备工作中被重新集合起来，加以利用。没有人知道，这个过程能够持续多长时间。如果它不受约束地一直继续下去，最终必定会毁灭一切科学和一切文明。

我们为什么要打仗？为什么，尤其是在当下这个时代，当我们大肆吹嘘"进步"、"科学"和"人道"的时候？不久前我们为什么打这场世界大战，眼下我们为什么看着各方在准备另一场世界大战？作为回答，今天的心理学家向我们提到了人类的动物性思维，提到了人类掩盖得并不好的洞穴习性，以及人类的好斗本能。作为回答，今天的经济学家向我们提到贸易竞争，提到煤、铁和石油竞争性的搜寻，提到对落后地区贪婪而好斗的开发；一言以蔽之，提到了经济帝国主义。

经济学家和心理学家们无疑是对的——就他们各自的领域而言。经济帝国主义肯定以这样那样的方式为大多数战争铺平了道路，而没有参战者的好斗本能，战争就不可能发生。但是，真正的文明——真正的文化——始终意味着对原始本能的抑制，而不是升华，一个重要的事实是：其公民被认为最有文化、最文明的国家都在不断控制他们的好斗本能，最和平、最友善地生活在一起。在我们这个国家之内，我们惩罚任何一个允许自己的好斗本能在抢劫和谋杀中得到表现的人。我们的好斗本能似乎在对付外国人这方面得到了充分表现。然而，如果我们能够在国内事务上控制我们的原始本性，为什么我们不可以在国际关系上也控制它呢？

认为只有经济帝国主义才是战争的原因是站不住脚的。毫无疑问，今天像过去一样，也有一些贪婪之徒争相垄断全世界这种或那种必需品、这种或那种奢侈品的供应，还有贪婪之徒可能对全世界的福祉一概视而不见，以至于让他们的追随者为了他们自私的利益而打仗。但是，我们的经济帝国主义者，尽管其中有些人愚蠢、短视，甚至顽固不化，但他们还不至于糊涂到拿经济利益作为公开的开战理由。普通百姓不会为了自己的经济利益而放弃自己的生命，也肯定不会为了一些在外国有投资的匿名同胞的财务收益而牺牲生命；最高的牺牲只能奉献给理想。美国在古巴的投资（事实上或预想中）跟西美战争有一定的关系，但美国的平民大众之所以支持这场战争，并不是因为投资，而是因为他们自己的理想主义。有相当数量的美国人在最近的这场世界大战中有财务股份，或认为自己有股份，但作为一个整体的美国人民之所以参战，乃是因为他们是不可救药的理想主义者。对于每一个民族和每一场战争，莫不如此。经济帝国主义可能造成走向战争的情势。不受约束的好战本能使得战争成为可能。但是，如果普通民众的心里没有理想主义、嘴里没有口号，战争也打不起来。

2

有一个古怪的事实是，人身上最好的方面——他的理想主义，尤其是他的宗教理想主义——连续不断地被他的同胞中一小撮唯利是图的野心家所利用，并经常释放出他身上最坏的方面：他的战斗激情，他对流血和荣誉的渴望。部落神和部落宗教激发了其信徒的好战热情和战斗技能。"我要歌颂上帝，因为他大显神威，将马和骑马的投在海中。"[1]"尽管他要杀我，但我依然信任他。"[2]伟大的世界宗教也为人类的杀戮提供了借口，并唤起了人们的热情。穆斯林的"依真主的意愿"和基督教十字军战士的"以上帝之名"都是一种普遍的流行信仰的表达——这一信念依然是真诚的，因为它促成了一场旷日持久的斗争，使得萨拉丁能够重建一个强大的穆斯林帝国，并在基督教世界使得某些封建领主和有魄力的商人能够为自己积累现世的财富。16世纪西班牙人与荷兰人之间及西班牙人与英国人之间的战争对几个重要人物来说都产生了财务后果，但对平民大众来说，它们根本没有经济意义：对一方来说，它们构成了一场高贵而英勇的、条件十分不利的斗争，为的是保护民族的自由和纯粹的新教信仰，为了打破偏执而野蛮的西班牙强权；对另一方来说，它们代表了一场同样高贵而英勇、条件同样十分不利的斗争，为的是保卫基督教文明和天主教信仰，使之免遭狂热叛乱者和无耻异端分子的攻击。

在19世纪和20世纪，历史上著名的宗教没有像更早时期那样扮演激发战争的角色。无论是像巴力或耶和华那样的部落神，还是像伊斯兰教或基督教那样伟大的世界性宗教，都没有为近代战争提供——至少是没有直接提供——口号。例如，在最近这场世界大战中，数百万人战斗并死去，并不是"依真主的意愿"，也不是因为要捍卫基督教正统免遭异端侵犯。然而，尽管驱使更早几代人参与致命战斗的那种类型的理想主义影响越来越小，但一个不证自明的事实是：跟之前任何一个世纪的战争比起来，上个世纪的战争更具群众性，也就是说，全世界很大比例的人口都参与其中，对生命和财产更具毁灭性。

我们的论点是：在晚近时期，民族主义已经取代其他宗教，成了那种使战争变得更具群众性的理想主义的强有力的来源和对象。任何试图解释现代战争强度的努力，都必须考量这一取代。当然，有人可能认为，近来的战争之所以比古

153

代或中世纪的战争更加血腥，代价更大，乃是因为工业技术的显著进步。比方说，假如中世纪的基督徒和穆斯林也有普遍强制性军事训练，也装备了机关枪、手榴弹、大炮、汽油发动机和氯气，也有铁路、蒸汽船、冷藏设备和"黄色"小报给他们效力，那么，12世纪的十字军东征也会像20世纪的民族主义世界大战一样具有毁灭性。或许会这样吧。这样的"假如"从来是时评家们的消遣，却让历史学家感到绝望。我乐于承认，在中世纪，人们偶尔打着真主及其先知或基督的旗号犯下了当时人类所能犯下的最残忍的暴行。此外，我也愿意承认，自18世纪和19世纪工业革命以来，人类已经能够在更大规模上，更精细、更科学、更巧妙地实施残忍的暴行。但我的个人看法是，不管有没有机器的帮助，对于唤起和维持人类的战斗精神，对于鼓励他们在理想主义的狂欢中，放开手脚，去实施他们在任何特定时代有能力犯下的最残忍的暴行，现代民族主义都是一个远比基督教或伊斯兰教更加有效的工具。

伊斯兰教很大程度上是靠刀剑来传播的，但是，一旦它成了地球上一些大地区的主流宗教，它就在五花八门的部落和民族当中充当一根联合的纽带，并在其边界内部长期促进比之前更坚固、更持久的和平。即使是持不同信仰的少数派，比如巴勒斯坦和美索不达米亚的犹太人，以及亚美尼亚人、科普特人和近东的东正教基督徒，也得到了胜利的伊斯兰教的宽容，并在大多数情况下被给予了相当程度的政治自治；这些异议者，在他们采用现代民族主义之前，只要他们的大领主主要是穆斯林，而不是民族主义者，他们并没有遭受过大规模的屠杀。

基督教从一开始就是作为和平与友爱的福音而宣讲的，它对古代罗马帝国的征服几乎完全是"和平渗透"的功劳；后来，在一些野蛮国王——克洛维或查理曼之流——的手上，它抓起了刀剑，杀戮了撒克逊人和撒拉逊人。但是，基督教一旦被确立为欧洲人的最高宗教（不管用什么手段），其所作所为无疑就像异教的罗马皇帝们一样，要保证给"文明世界"一个 *Pax Romana*（罗马帝国的太平盛世），而中世纪基督徒的文明世界比古代罗马人的文明世界在范围上更大，在民族性上更迥然不同。而且，不管个体基督徒有什么实际缺点，或者不管那些仅仅在名义上是基督徒的自私而傲慢的人对基督教教义有什么样的曲解和滥用，基督教会本身都始终如一地指引着平民大众，走向上帝的父性和人类友爱的理想，走向正义、博爱、人道与和平的美德。它做出过一些实际的正式努力，直接借助于"上帝的休战"和"上帝的和平"，间接地通过仲裁手段，力图减少战争和战争威胁。个体基督徒也不可能完全而持续地不在乎爱人如己的职责、宽恕敌人的职责、己所不欲勿施于人的职责。基督教的圣徒通常都不是用尘世的武器战斗的勇士。亚西西的圣方济各、圣沙勿略、锡耶纳的圣凯瑟琳、帕多瓦的圣安东尼都到基督教理想主义中去寻找一个合乎道德的战争替代品。

现如今，人们普遍没有把任何合乎道德的战争替代品与任何一个民族主义圣徒联系在一起。正相反，民族主义圣徒几乎总是战斗英雄。对今天的平民大众来说，现代民族主义的情感和宗教信仰在他们身上人格化了，理想化了，而正是这种情感和信仰，已经导致了世界大战，而且，如果不加遏制和控制的话，肯定还会导致更多的世界大战。考虑到不同国家的资本家和商人之间的经济竞争，目前的总体形势十分有利于战争。再考虑到海陆大规模的军备竞赛，打一场最具毁灭性的战争的工具如今触手可及。但是，如果各个国家的人民完全没有受到民族主义情感和信条的影响，并确信自己是一种崇高而卓越的理想主义的捍卫者，那么，枪炮就不会响起，有利害关系的金融家就不能促成战争（即便他们想要这样做）。平民百姓必定是一如既往地充当炮灰，如果仅仅以经济理由为号召，任何国家的平民百姓都一如既往地不可能被说服去和另外一个国家的平民百姓打仗。让我们再说一遍，一如既往，普通公民不可能为了直接的经济利益而慷慨捐躯；他们只会为了一个理想而付出最高的牺牲。民族主义以最新的、最可怕的形式，提出了这样一个理想。

最近，民族主义在地球上每个所谓文明国家的普通公民面前树立起了这样一个理想：要为了获得本民族曾拥有任何权利的或者本国国旗曾升起过的任何一片领土而战斗，要对任何一个曾经让本民族同胞遭受过人身或财产损失的国家实施报复——这一理想希望极端延伸一个民族的"使命"，而以损害任何其他民族的使命为代价。民族主义，尽管有着已被证明的现代性，有着公认的理想主义，但除非让它从愚昧无知转向批评反思，从骄傲自大转向谦虚低调，否则的话，它不可能促进任何真正的人类进步。它所预示的，不是统一，而是分裂；它不是保护和创造文明，而是摧毁文明。

3

现代民族主义通过人们试图实现民族自决理想的普遍努力，开始了它与国际战争的联系。我们应该还记得，在18世纪，当我们所了解的那种民族主义已经兴起时，欧洲的政治版图——就这个问题而言，包括全世界的政治版图——并不是按照民族的分界线画出来的。在那个时候，奥地利大公、奥斯曼苏丹和俄国沙皇的多语言领地，以及中国、印度、不列颠、葡萄牙和西班牙的四处蔓延的帝国，在地图上显得乌泱泱一大片，模糊了民族的边界。意大利和德意志纯粹是"地理概念"，波兰在18世纪被灭掉了。只有西欧才存在民族国家；即便在那里，民族主义也几乎没有安全而稳固的立足点：西班牙包含两个民族群体（卡斯蒂利亚人和加泰罗尼亚人）和另外两个民族群体的残余（巴斯克人和加泰罗尼亚葡萄牙人）。法国包括阿尔萨斯相当数量的说德语的人口、布列塔尼说凯尔特语的人口，以及南方加泰罗尼亚普罗旺斯人的残余和巴斯克人的民族群体。英国有三四个历史上的民族群体（英格兰人、威尔士人、苏格兰人和爱尔兰人）。挪威人和冰岛人，连同斯堪的纳维亚同胞和石勒苏益格－荷尔斯泰因的日耳曼人，联合在丹麦国王的统治之下。瑞典依然保留了她曾经庞大的波罗的海帝国当中芬兰的大部分和德国的一小块土地。荷兰在建立民族国家的过程中被迫放弃了尼德兰南部，也就是比利时（部分法国人，部分佛兰芒荷兰人），先是交给了西班牙，后来又交给了奥地利。

正如我们前面已经指出的，就是在这样一个政治世界和政治地理中，人民主权学说及其推论民族自决学说闯了进来，并在一个接一个国家，先是被知识分子所接受，然后被人民大众所接受。很显然，世界地理的旧现实并不符合民族主义的新抱负和新目标。如果民族自决盛行，政治版图就必须彻底重画。但对于在现有秩序中有既得利益的个人和民族来说，这是绝对不可接受的。一个民族群体越是大声地要求民族自决、民族统一和民族独立，非民族国家的皇帝和统治者们就越是努力地维持现状。革命派越是争取改变版图，保守派就越是努力地维护它。双方都大量谈到了文明，甚至是人性。但从一开始就很明显，只有诉诸武力，诉诸战争，问题才会得到解决。

最早的几场民族自决战争都是民众反抗所谓暴君——"外族"国王——的起义。本质上，早在 16 世纪和 17 世纪，荷兰人反抗西班牙国王腓力二世的成功起义和捷克人反抗奥地利国王斐迪南二世的失败起义都是如此。在 18 世纪，说英语的美国人反抗英国国王乔治三世的成功起义也是如此。然而，从法国大革命起，出现了一连串几乎不间断的臣服民族反抗"外国"统治者、争取民族自决权的战争。这些为数众多的战争，以及较早的相同性质的战争，经常超出了纯粹的国内叛乱的范围，常常引发了巨大的国际冲突——人们发现，民族理想主义在其信徒身上唤起的热情和战斗力可以用于另外一些较少民族主义的、更加世俗的目的。因此，荷兰独立战争混合了西班牙哈布斯堡王朝与法国波旁王朝之间的冲突，混合了西欧各民族之间共同的重商主义斗争；捷克独立战争被证明只不过是大规模的、国际的"三十年战争"的序幕；美国独立战争是旷日持久的争夺殖民霸权和海上霸权的斗争不可或缺的组成部分，一方是英国，另一方是法国和西班牙。法国革命者不仅热衷于把所有法国居民"法兰西化"，而且还热衷于把所有说法语的地方都并入他们的民族国家，包括比利时——这大概是一个决定性的因素，使得法国与英国之间的国际大冲突重新开始，并因此让大革命战争和拿破仑战争变得旷日持久，充满敌意。

就算只是列出现代民族自决战争的清单，也是一件有点费劲的差事，既枯燥乏味，也没什么意义，其拼装起来的结果并不能令人信服地展示 19 世纪和 20 世纪民族主义的力量，而且肯定带有火药味。这里有一份不完全清单：1798 年的爱尔兰叛乱；1804 年的海地叛乱；西班牙人和葡萄牙人在英国人的帮助下抵抗法国人的半岛战争（1808～1814）；德国人反抗法国人的解放战争（1813～1814）；希腊独立战争（1821～1829），在英国、法国和俄国的干涉中达到高潮（1827）；1828～1829 年间的俄土战争；塞尔维亚独立战争（1804～1930）；南美、中美和墨西哥的西班牙殖民地的成功叛乱（1810～1830）；比利时人反抗荷兰国王的叛乱（1830），以及随之而来的法国和英国对荷兰的胁迫；意大利人反抗奥地利、波兰人反抗俄罗斯的失败叛乱（1831）；1837 年的加拿大叛乱；德克萨斯反叛墨西哥的起义（1835～1836），以及随后墨西哥与美国之间的战争（1846～1848）；1848～1849 年间欧洲的一波民族主义战争浪潮——意大利人反抗奥地利，捷克人反抗奥地利，马扎尔人反抗奥地利，斯拉夫人反抗匈牙利，日耳曼人反抗丹麦；俄罗斯对土耳其、法国和英国发动的克里米亚战争（1853～1856），最后建立了一个统一而自治的罗马尼亚（1862）；法国对墨西哥的军事占领和墨西哥解放战争（1862～1867）；1863 年波兰人反抗俄国的起义；意大利统一战争——连同法国对抗奥地利（1859）、普鲁士对抗奥地利（1866）和对抗波兰（1870）；美国南北战争（1861～1865）；德国统一战争——对抗丹麦（1864）、对抗奥地利（1866）和对抗法国（1870～1871）；古巴叛乱（1868～1878）；波斯尼亚人和保加利亚人反抗土耳其的起义（1875～1876），随后导致了1877～1878年间的俄土战争；智利与秘鲁战争（1879～1883）；布尔人反抗英国的起义（1881）；1885～1886年间的塞尔维亚与保加利亚战争；争夺朝鲜控制权的中日战争（1894～1895）；克里特岛反抗土耳其的起义（1895～1897），并导致了1897年的希腊与土耳其战争；古巴人反抗西班牙的叛乱（1895～1898），以西美战争（1898～1899）而告终；菲律宾人反抗美国的起义（1898～1901）；南非的詹姆森暴动（1895），随后引发了第二次布尔战争（1899～1902）；保护朝鲜免遭俄国入侵和日俄战争（1904～1905）；阿尔巴尼亚人反抗土耳其的叛乱（1911～1912）；第一次巴尔干战争，希腊人、南斯拉夫人和保加利亚人武装起来抵抗土耳其（1912～1913）；第二次巴尔干战争，希腊人、南斯拉夫人、罗马尼亚人和土耳其人联合对抗保加利亚（1913）；整个一连串错综复杂的斗争，为的是争取民族自决，确保或完成民族的统一与独立，它们构成了1914～1918年间第一次世界大战引人注目的成就——最后的南斯拉夫统一战争，最后的意大利统一战争，最后的罗马尼亚统一战争，捷克斯洛伐克解放战争，波兰收复战争，芬兰人、爱沙尼亚人、拉脱维亚人和立陶宛人摆脱俄国统治的战争，阿拉伯人摆脱土耳其统治的战争，把阿尔萨斯－洛林归还给法国的战争，把丹麦的石勒苏益格地区归还给丹麦的战争，把奥地利、匈牙利、日耳曼、俄罗斯和土耳其缩小为真正民族国家的战争。与此同时，出于同样的精神，还可以补充1916～1922年间的爱尔兰起义，以及1920～1923年间的希土战争。

如果我们把所有这些战争放到一起，试着评估它们的整体意义，我们无疑会对下面这个事实留下深刻印象：它们在主要目的上都成功了。也就是说，在一个半世纪之内，它们很大程度上根据民族边界重塑了政治地理。但我们也会对这种成功的可怕代价感到震惊。我们将会发现，为了在全世界建立和维护一套民族国家的体系，千百万人被杀戮，另有千百万人终身致残或沦为赤贫，数十亿财产被消耗，并造成了不可胜数的大破坏。如果我们确信下面这个结论，我们可能会对这些巨大损失听之任之：它们是一个多少有些不可避免的过渡时期里一个悲哀的、却是完全暂时性的事件——在这一时期，人类社会从不公正的、好战的阶段，过渡到一个基本上和平、公正和人道的阶段。但是，仔细审视19世纪和20世纪的民族主义战争却很难让我们安心，倒是更有可能在我们心里引发严重的怀疑：建立在民族边界基础上的政治地理究竟是不是促进了人道或正义，民族主义究竟是不是一个可靠的预兆——预示不远的将来将会出现一个更和平、更美好的世界？

　　如果现代民族主义战争仅仅是民族自决的战争，如果每个民族群体都在它占压倒性多数的国家获得了主权统一之后便立即把它的刀剑锻打成犁铧，如果从此之后它便在民族国家的互助和谐中和平地生活，我们对这个问题的疑问或许更少一些。我们已经指出，民族主义战争都是作为民族自决战争而开始的。在半岛战争中战斗的西班牙人和在解放战争中战斗的日耳曼人，在玻利瓦尔领导下斗争的西班牙裔美国人和在卡拉乔尔杰领导下斗争的塞尔维亚人，19世纪20年代拿起武器的希腊人，19世纪30年代的比利时人和波兰人，19世纪40年代和19世纪50年代的意大利人，在每一种情况下都不是为了反对国外的征服或统治，而是为了反抗国内的外族暴政。他们的斗争既是为了人的自由，通常也为了政治民主，同时也是为了民族统一和民族独立。他们的战斗，尽管在某些实例中是粗鲁的，甚至是野蛮的，却促进了最英勇的行为，而且总是在各个地方唤起人道主义者和自由主义者的强烈同情。他们的领导人异常雄辩地谈到"置暴君于死地，予人民以和平"。据称，必须不惜任何代价赢得民族自决的权利；据说，一旦获得了这一权利，人类的手足情谊就会从民族的手足情谊中发展出来。关于民族主义战争的性质和后果，马志尼的深情流露和狂热想象达到了乐观的顶点；马志尼生活在19世纪早期，那个年代如今已经过去。

4

事实上，民族自决战争发动之后没过多久，按民族重塑政治地理的进程没走多远，并发症就出现了。这些并发症至今依然存在，而且可能无限期地继续存在下去；它们逐步改变了民族主义战争的性质，即便没有改变它的名声。有一种这样的并发症，人们通常用"领土收复主义（irredentism）"这个单词来描述它。这个单词源于意大利语，最早在1870年代被用来指称一场为了"尚未收复的意大利（Italia irredenta）"而发起的民族主义煽动：这场运动的明确目标是扩张统一而独立的意大利王国，以便把一切居住着一定数量的说意大利语的人的土地纳入其中。下列因素使得这场意大利领土收复运动区别于民族自决的早期形式：首先，在1870年统一后的意大利，实际上几乎每个人在语言和感情上都是意大利的，他们即便不是渴望、至少也是乐意成为意大利公民，而在尚未收复的意大利，亦即在的里雅斯特、阜姆、伊斯的利亚和达尔马提亚，有很多南斯拉夫人和一些日耳曼人，与意大利人混居在一起，坚决不放弃他们的民族身份；其次，意大利本部之所以摆脱了外族统治，组成了一个主权民族国家，是一场满腔热情的民众起义和真正的民族自决战争的结果，而解放尚未收复的意大利，及其与意大利民族国家的合并，并没有涉及一场民众起义，而是涉及一场征服之战，必须给新意大利添加一些并不完全是意大利人的地区。

这恰好是第一次世界大战的目标和结果。尚未收复的意大利最终在 1919 年并入了意大利，但它是通过征服而被吞并的，一起被并入的，既有意大利人，也有南斯拉夫人和日耳曼人。因此，在伊斯的利亚、达尔马提亚和蒂罗尔，曾经的"尚未收复的意大利"，如今成了"尚未收复的南斯拉夫"，或"尚未收复的奥地利"（日耳曼尼亚）。意大利证明其征服和吞并合理的主要理由是：她是老威尼斯帝国的继承者，新的边界对于她的军事防御来说必不可少。但南斯拉夫人完全可以同样正当地主张：他们是中世纪的斯特凡·杜尚的塞尔维亚帝国的继承者；或者，日耳曼人同样有权主张：他们是中世纪哈布斯堡帝国的继承人——而且，拥有阿尔卑斯山的最高峰对于军事保护来说必不可少，这个理由对日耳曼人和南斯拉夫人来说大概就像对意大利人一样正当。要是到了下一代，在民族主义的影响下，领土收复主义者没有在南斯拉夫和德国提高他们的嗓门，要求"收复"他们"丢失的行省"，煽动报复性的征服之战，那才怪呢。这样一场战争如果爆发，将会是一场民族主义战争，一场领土收复主义战争，但严格说来，它将不会是一场民族自决战争。

"领土收复主义"这个单词源于意大利，但它所描述的事物并不局限于意大利。它几乎普遍伴随着民族国家的建立，产生了可以称之为二度民族主义战争的后果。也就是说，民族主义者首先打的是民族自决之战，并建立一个民族国家，其公民属于同一个民族群体；他们接下来打的是领土收复之战，征服邻近的领土，其居民只有部分人属于共同的民族群体。换句话说，在地球表面的某些地区，居住着大抵同质的民族群体，他们的政治自由和统一就经由第一种情况下的民族自决战争建立起来；而在另一些地区，生活着民族身份有异或未定的人，他们成了第二种情况下相邻民族国家争夺的骨头、领土收复主义煽动竞争的目标，以及国际领土收复主义战争的根源。因此，民族主义战争最开始是争取人类自由的斗争，可能很快就引发征服和控制异质民族群体的斗争。这样的控制总是以下面这些理由为借口：被征服地区曾经全部居住着与征服者相同的民族群体；或者，征服者代表了更高级的文明；或者，这些地区对征服国的军事安全或经济安全来说必不可少。如果民族群体只是固定不变的实体，始终占据着边界清晰的相同领土，并且任何时候都没有经受过外族统治或外族移民，那么，很容易按照民族界线画出这个世界的政治版图，而毋需诉诸领土收复主义。然而，照现在的情况，必定不仅有民族自决战争，而且显然还有民族领土收复主义战争。

例如，不妨考量一下阿尔萨斯和洛林。在中世纪，这两个地区讲日耳曼语，是神圣罗马（日耳曼）帝国不可分割的组成部分。接下来，在 16 世纪和 17 世纪，它们被法兰西国王占领，后者并不十分在乎这样一个事实：罗马法兰西——

高卢——的古代北部和东部边界是莱茵河。法国对阿尔萨斯-洛林被占领土的征服发生在现代民族主义兴起之前，因此并没有在这两个行省产生强烈的民族主义反应，在整个德国也没有；当时没有人谈论"尚未收复的日耳曼尼亚"。随着时间的流逝，阿尔萨斯-洛林地区的居民除会德语之外，也学会了法语；而且，尽管会两种语言，但他们发展出了一种对法国的归属感，而法国大革命和拿破仑战争极大地强化了这种归属感。然而，最后，德意志的日耳曼人成了民族主义者，并通过民族自决战争——1813～1814、1848～1849、1864 和 1866 年的战争——建立了一个强大的民族国家。

接下来，正是日耳曼民族主义与法兰西民族主义发生了冲突；在日益尖锐的民族主义时代，德国在 1870～1870 年的战争中对阿尔萨斯-洛林地区的征服产生了一些后果，完全不同于早年法国征服这两个行省所带来的后果。爱国的德国人（如今所有德国人都是爱国的）坚称合法占有阿尔萨斯-洛林，因为这块领土在中世纪是日耳曼人的，因为日耳曼文明优于法兰西文明（他们说，法兰西文明可怕地堕落），因为他们的总参谋部让他们相信：抵抗法国人未来的侵略，孚日山脉是一道比莱茵河更好的防御。另一方面，爱国的法国人（如今所有法国人也都是爱国的）都渴望有一次有利的机会，收复这两个"丢失的行省"，并为此而努力，因为那里的居民在 1871 年抗议并入德意志帝国，因为德意志文明残忍而野蛮，因为德国在阿尔萨斯—洛林地区的军备对法国的安全和保障是一个持续的威胁。法国的领土收复主义最终在第一次世界大战中发现了有利的时机，到1919年，阿尔萨斯和洛林再次被征服，归还给了法国。无论对1914年的法国人方面，还是1870年的德国人方面而言，这不是一场民族自决的战争；无论1871年的德国人，还是1919年的法国人，他们都没有冒险通过一次充分而自由的全民公决，征询阿尔萨斯人和洛林人的意愿。1870～1871年间的法德战争和1914～1918年间的法德战争都是领土收复主义战争。

最糟糕的领土收复主义出现在前奥斯曼帝国的边界之内。在这里，几百年的帝国统治（先是罗马人，然后是希腊人，最后是土耳其人），几百年的宗教冲突（先是基督教正统派与基督教异端之间，后来是基督教世界与伊斯兰教之间），共同创造了民族群体的大杂烩；很多不同民族群体的成员就像百衲被上的布片一样，分布四处，参差散乱。在某些受到限制的地区，生活着大抵同质的人口——罗马尼亚人在北方紧挨着多瑙河口，塞尔维亚人在贝尔格莱德及其周围，希腊人在希腊半岛和爱琴海诸岛，保加利亚人在多瑙河以南和塞尔维亚人的东边。但在别的地方，混居更乱。在马其顿和色雷斯，塞尔维亚人的村庄点缀于保加利亚人和土耳其人的村庄之间，偶尔可以找到一个罗马尼亚人的聚居区，一些更大的城镇是希腊人、亚美尼亚人、犹太人（既有巴勒斯坦犹太人，也有西班牙犹太人）、土耳其人和吉普赛人的混居区。希腊人在小亚细亚的许多海港城镇占主导地位，但一到腹地，就大部分是土耳其人的地盘了。在小亚细亚某些行省的部分地区（仅仅在部分地区），亚美尼亚人构成了多数；而在其他地区，他们则是少数民族，多数民族要么是土耳其人，要么是库尔德人。在叙利亚和巴勒斯坦，阿拉伯人占支配地位，但那里还有犹太人社群和几个基督徒社群，到处都有土耳其官员以及亚美尼亚、希腊商人。

19世纪的民族自决战争，有助于在奥斯曼帝国那些被大抵同质的人口所占据的地区产生出萌芽期的民族国家，因此诞生了一个很小的希腊，一个很小的塞尔维亚，一个很小的罗马尼亚，以及一个很小的保加利亚。但是，这些小国中的每一个国家从诞生时起就被这样一个远大抱负所激励：要尽快变得更大，要尽快把其真实的或假想的民族同胞所居住的一切土地纳入其中。这是一个很难实现的抱负，因为，根据完全一样的原则，马其顿和色雷斯必定是保加利亚人的，必定是塞尔维亚人的，必定是希腊人的，必定是土耳其人的；如果它们是保加利亚人的，那么，就必须摆脱掉塞尔维亚人、希腊人和土耳其人；如果它们是塞尔维亚人的，那么，保加利亚人、希腊人和土耳其人就必须被驱逐或杀戮；如果它们是希腊人的，那么，保加利亚人、塞尔维亚人和土耳其人就必须被除掉；在一个尖锐的民族主义时代，如果它们是土耳

169

其人的，那么，土耳其人就必须"土耳其化（Turkify）"保加利亚人、塞尔维亚人和希腊人，要么把他们消灭；而且，即便这样，还是要容忍犹太人、亚美尼亚人、罗马尼亚人、阿尔巴尼亚人和吉普赛人等异质群体所带来的次要问题。但是，现代民族主义从没有被这点问题和困难所吓倒。

尝试解决巴尔干人的这个问题激发了一些最为有趣的权宜之计。起初尝试了多少还算和平的劝诱办法。并非所有马其顿和色雷斯居民都对自己的民族身份很有把握；例如，有些人并不知道自己究竟是塞尔维亚人，还是保加利亚人，他们孩子气地只是称自己为"基督徒"或"农夫"，天真地说着自己的方言——保加利亚学者宣称那是保加利亚语，而塞尔维亚学者则宣布它是纯正的塞尔维亚语：这样一来，很快就有人向他们宣讲民族主义的福音，塞尔维亚人想方设法让他们相信自己是塞尔维亚人，保加利亚人费尽口舌让他们相信自己一直都是保加利亚人，希腊人则机智地向他们指出：由于他们究竟是塞尔维亚人还是保加利亚人极其可疑，因此他们必定是希腊人（他们难道不是希腊正教会基督徒么？）。

很自然，最近出现了另外一些令人感兴趣的理想主义的领土收复主义的方法，在通俗说法中被称作恐怖主义和大屠杀。不仅在小亚细亚，穆斯林土耳其人和库尔德人屠杀亚美尼亚基督徒，而且在欧洲，土耳其塞尔维亚人屠杀保加利亚人，保加利亚人屠杀塞尔维亚人；并且，在这两个民族群体互相屠杀的同时，他们反过来又被希腊基督徒群体屠杀。有一次，绝无仅有的一次，所有这几个所谓基督教民族能够取得一致，并一致同意（1912）随心所欲地分配马其顿和色雷斯的战利品，然后一起进攻土耳其人，并决定性地打败了他们。但和平并没有随着土耳其人的失败而到来，当基督教民族重新开始彼此之间的领土收复之争时，希腊人和塞尔维亚人伙同罗马尼亚人和土耳其人（1913）强行抢走了保加利亚分到的大部分赃物。保加利亚在第一次世界大战中（1915～1918）打了一场复仇之战，一场领土收复之战——而且失败了。马其顿和色雷斯很大一部分地区的居民必定要么是塞尔维亚人，要么是希腊人；他们不可能是保加利亚人。至少，在保加利亚领土收复主义抓住一次有利时机发动另一场领土收复战争之前，他们不可能是保加利亚人。

从近东地区最后一场领土收复主义冲突，即1920～1923年间的希土战争中，产生了一次既新奇又令人惊讶的试验。人们还记得，这场战争主要是为了争夺小亚细亚的控制权而打起来的。出于情绪化的民族主义理由，希腊希望吞并士麦那及另外一些沿海城镇，从远古时代起，希腊人就在这些地方构成了一个很大的、有影响力的成分；出于经济利益和政治威望的理由，他们希望吞并一块内陆地区，那里希腊人甚少，土耳其人很多。另一方面，土耳其最近成了一个以安卡拉、而不是君士坦丁堡为重心的民族国家，它决心不仅要防止丢失任何一块土耳其人占优势的领土，而且要防止丢失任何一个这样的地区：土耳其民族国家的经济繁荣和军事安全直接依赖于它。这场战争是报复性的，十分恐怖，也只有近东地区的一场领土收复战争才有可能如此。双方都有组织化的大屠杀、纵火、劫掠、强奸、破坏和毁灭。土耳其人赢了，希腊人被打败了。接下来，一份严肃的正式条约规定了一项革命性的安排：所有生活在土耳其的希腊人都必须放弃他们的几乎所有财产，迁到希腊去；而且，所有居住在希腊的土耳其人同样都必须离开他们的家园和土地，到土耳其去寻找新的家园和生计。条约签订之后的两年时间里，大规模的驱逐出境一直在进行。数十万人被连根拔起，离开了他们的祖先生活了若干世纪的土地，重新扎根于陌生的环境或荒芜之地；瘟疫和饥荒紧随着难民接踵而至。爱国主义——对故土家园的爱——就这样祭献于民族主义的祭坛上。或许，长远来看，希土战争的实验是领土收复主义问题的最佳解决办法；或许，为了民族理想而牺牲原先意义的爱国主义是最明智的，但迄今为止，这一疗法似乎像那个疾病一样令人痛苦。

5

丝毫不能令人欣慰的是，随着民族国家在近代的普遍兴起，领土收复主义的问题非但没有减少，反而不断增加。从1914年至1918年，世界大战直接或间接地使很多新的民族国家得以形成；与此同时，也在政治地理学中创造了许许多多的"痛点"，它们已经成了今天的领土收复主义狂热病、或许还有明天的领土收复战争的滋生地。在1919～1920年间口授《巴黎和议》的先生们真心诚意地试图承认民族群体的原则并使之具有法律效力，但他们所代表的，当然是第一次世界大战的胜利者，他们自然而然地倾向于奖赏他们自己的民族国家，惩罚被征服的国家。如果有一个边境地区，在那里居住的人，部分是敌对民族群体，部分是友好民族群体，由主张拥有这一地区的战胜国所提供的人口统计数据，比起由曾经拥有该地区的战败国所提供的竞争性数字，通常更容易被接受，并因此被引为证据，来证明它的割让是合理的。又如果，某个地区——一个山口、煤田或港口——被认为对一个友好的同盟国的军事安全或经济繁荣绝对至关重要，便从敌国手里把它没收过来了，即便其人口全部或大部分属于该敌国的民族群体。换句话说，只要协约国能够满足他们，战胜国——法国、意大利、罗马尼亚、捷克斯洛伐克、波兰、南斯拉夫和希腊——主要的领土收复主张都得到了满足，而付出代价的，却是战败的德国、奥地利、匈牙利、保加利亚和土耳其。

由此给战败国的领土收复主义以强有力的刺激。法国人对阿尔萨斯－洛林地区的收复，法国人对萨尔河谷的军事和经济占领，以及比利时人对奥伊彭和马尔默迪的吞并，让德国人感到愤愤不平；捷克斯洛伐克境内三百万德意志同胞的并入，意大利对博尔扎诺的占有，德意志奥地利与德意志民族国家的法定分离，让他们满腹悲伤；而且，失去上西里西亚地区宝贵的矿产资源（还有一些德意志人），失去历史上属于德国的港口但泽，失去精耕农业地区波兹南（德国的很多地主居住在那里），尤其是失去波兹南到波罗的海的"走廊"（这条"走廊"的居民主要是德国人，它的割让把德国劈成了两半），莫不让德国人怒火中烧，悲愤莫名——获得这些地方的竟然是波兰民族群体，而爱国主义教育早已让德国人习惯性地认为，波兰人在文化和能力上远远低于他们自己，因此，这些损失也就倍加令人愤慨。马扎尔人已经习惯于一项自以为是的任务：在那些长期臣服于他们统治的"劣等"民族当中传播他们的"高等"文明。他们如今却不得不放弃令人愉快的劳作，停下来休息，眼睁睁地看着他们所鄙视的南斯拉夫人、罗马尼亚人和捷克斯洛伐克人对马扎尔民族的人大逞威风。但这些马扎尔人不会只是眼睁睁地看着，只要领土收复主义能够一直在他们心里熊熊燃烧，他们就不会袖手旁观；有朝一日他们将会努力收回"尚未收复的匈牙利"，而让罗马尼亚、南斯拉夫和捷克斯洛伐克付出代价。

其他的"痛点"还有很多。保加利亚在马其顿、色雷斯和多布罗加有尚未收复的领土。希腊在塞浦路斯和多德卡尼斯群岛有尚未收复的领土，而且毫无疑问，她在君士坦丁堡一直就有最重要的尚未收复的领土。南斯拉夫在萨洛尼卡以及在阜姆、伊斯的利亚和达尔马提亚有尚未收复的领土。立陶宛和波兰沿着它们可疑的分界线有尚存争议的未收复领土。乌克兰在波兰的加利西亚以及在罗马尼亚的布科维纳和比萨拉比亚有尚未收复的领土。爱尔兰自由邦在阿尔斯特的六个东北郡有尚未收复的领土。秘鲁在塔克纳和阿里卡有尚未收复的领土。阿拉伯人在犹太复国主义的英属巴勒斯坦和法属叙利亚有尚未收复的领土。等到民族主义造成在整个亚洲和非洲确立民族自决权、按照民族界线重塑这两大洲的政治地理所需要的战争达到一定数目的时候，我们这个小小地球上尚未收复领土的数量就相当众多了。或许，民族群体大规模的互相放逐和转移，正如希腊和土耳其最近所试验的那样，未来将会越来越多地被使用；长期来看，也会对领土收复主义发挥有效的抑制作用。或许会这样，尽管可以肯定，这个进程将会很漫长，很要命。就希腊和土耳其的情况而言，只是在两个国家激烈地、几乎是连续不断地打了十年仗之后，只是把它作为最后的手段，双方才同意那样的试验。

民族自决的战争不可能结束，领土收复战争就更不用说了。或许，它们才刚刚开始。诚然，帝国统治权在欧洲和美洲已经被民族主权所取代，但在其他大陆则没有；很显然，亚洲人和非洲人能够主张和维护民族主权的惟一途径，与欧洲人和美洲人获得它的途径完全一样——民族自决的战争途径。正如欧洲的臣服民族在 19 世纪和 20 世纪拿起武器，反抗奥斯曼、哈布斯堡和罗曼诺夫的王朝帝国一样，未来亦复如是，臣服的民族群体如果忠实于民族主义，就必须在一个范围远为广泛的区域揭竿而起，反抗英国、法国、意大利、葡萄牙、西班牙、荷兰、日本和美国的殖民帝国。就后面这几个国家而言，国内的民族主义就很激烈，它们完全像过去君权神授的王朝统治者一样固执，抵制国外的那些据说是劣等的臣服民族的民族自决。在任何政治地理的民族主义调整中，帝国主义一直是一个复杂化因素，大概今后还会一直如此。现如今，帝国主义与民族主义的相互关系如何使得并发症更加严重，我们稍后将着手讨论。⁽³⁾

6

在此期间，我们不妨简短地考量一下历史上一些著名的民族自决战争和领土收复战争中的另一个复杂化成分——泛斯拉夫主义，泛日耳曼主义，泛拉丁主义，泛撒克逊主义，等等。几乎没有必要详细描述任何一场这样的"泛"运动。它们全都是 19 世纪的产物，全都是语言学和人类学早期幻想的鲁莽所结出的果实。由于几个民族群体说着同源的语言，人们便想当然地认为，他们属于相同的种族，他们是"兄弟"，他们注定要组成一个特别神圣的超级民族群体。这样一个假说可能纯属幻想，但在很短一段时间内，有一些著名学者从背后给予支持，在很长一段时间里，有大量时评家在前台予以宣扬；它在大多数欧洲人和美洲人的头脑和心灵里找到了安身之处，被证明有时候对政治家、偶尔对斗士们很有用。"泛民族主义"从未取代其构成民族中更强烈、更基本的民族主义，但它依然足够强大，足以影响国际政治，并使民族主义战争复杂化。

例如，拿破仑三世很喜欢提到"拉丁民族精神"；他想象，这一精神是沿着从未间断的种族血脉，从古罗马人一直传承下来的，构成了所有说拉丁系语言的民族不可磨灭的共同品格。这个法兰西皇帝，喜欢做梦的神秘主义者，实际上是个杰出的政治家，因此他是在迎合西班牙、葡萄牙、意大利、罗马尼亚、拉丁美洲和他自己的国家许许多多民族主义者——尤其是文学领域的民族主义者——已经共同拥有的一种情绪。作为最重要的拉丁民族群体，法国人尤其热衷于无私地促进和自私地利用"泛拉丁主义"。正是有了法国泛拉丁主义者（并且为了法国的国家利益）所提供的热心支持，法国才在1859年为了解放意大利人而与奥地利刀兵相见，法国才在1862年确保了罗马尼亚各公国的统一，法国才在1863年入侵了墨西哥，法国政府才在1867年为了把比利时并入法国而和俾斯麦进行谈判，并在1870年反对日耳曼的霍亨索伦王室继承西班牙的拉丁王位。泛拉丁主义还为加里波第参与拉丁美洲的解放战争（1836～1846）和法德战争（1870～1871）提供了一个情感背景。它在拉丁货币同盟（1865）的组成上是决定性的。它对意大利和罗马尼亚与德国和奥地利的同盟后来的弱化，对第一次世界大战中拉丁语系各民族群体与法国的最终接合，都是有贡献的。对在整个南美、中美和墨西哥唤起民众的感情，抵抗北美"盎格鲁－撒克逊人"的任何文化、经济或政治侵略，它有一定的情感意义。

由于有很多分离的民族说"斯拉夫"语，某些文学家和伪科学家，尤其是在奥匈帝国的斯拉夫民族群体当中，在19世纪上半叶开始主张：所有这些民族在血缘上关系密切，应当融合为一个文化的和政治的单位。由于俄罗斯人迄今为止是所有斯拉夫民族当中人数最多的，也由于俄罗斯是惟一的斯拉夫强国，奥匈帝国——还有巴尔干半岛——的泛斯拉夫主义鼓吹者们自然而然地转向俄罗斯，寻求鼓励和领导，而俄罗斯民族主义者也很高兴——纯粹是为了他们自己帝国的目的而利用泛斯拉夫主义。在巴尔干半岛，俄罗斯的泛斯拉夫主义借助于一个宗教信仰和宗教仪式的共同体而增强，俄罗斯则挺身而出，成为奥斯曼帝国的坚定敌人和反叛民族的可靠朋友；在每一场扰乱欧洲部分地区的战争中，都有俄国军队或俄国阴谋在场。即便是在奥匈帝国的斯拉夫人当中——克罗地亚人、斯洛文尼亚人、捷克人、斯洛伐克人和波兰人，他们在宗教上以及文化的很多外在方面都不同于俄罗斯人——俄罗斯人的影响也渗透了进来，打着泛斯拉夫主义的幌子，目标在于培养斯拉夫人的共同意识，让所有斯拉夫人习惯于把俄罗斯看作是他们的保护人和老大哥。以这种方式，泛斯拉夫主义结合了几个斯拉夫民族更狭隘、更强烈的民族主义，威胁并最终摧毁了奥斯曼帝国和奥地利帝国。

　　一场泛日耳曼主义运动与泛斯拉夫主义同时出现，因为德国的语言学家是全世界最具原创性的语言学家，在论证日耳曼语言的本质统一性，并因此论证德国人、斯堪的纳维亚人、丹麦人、佛兰芒人和英国人的种族一致性上，他们不可能落在后面。随着强大的德意志帝国在 1871 年的出现，泛德意志主义成了德国民族主义者（和德国帝国主义者）的一个很方便的把手，就像泛斯拉夫主义对于俄国狂热分子或泛拉丁主义对于法国爱国者一样。为了保护奥地利帝国的日耳曼少数民族对抗泛斯拉夫主义的阴谋和恐慌，德国人必须以最极端、最冒险的方式，动员他们的一切物力和人员，支撑哈布斯堡王朝，阻止奥匈帝国的民族自决。此外，为了预先阻止泛斯拉夫主义任何可能的巩固，泛日耳曼主义者必须心甘情愿地为捍卫奥斯曼帝国而慷慨赴死，就像俄罗斯人心甘情愿地在进攻奥斯曼帝国的战斗中而死一样。在 19 世纪末和 20 世纪初，面对泛日耳曼主义和泛斯拉夫主义不断上涨的汹涌浪潮，普鲁士君主与俄国君主之间曾经拥有的真挚友谊逐渐让位于日耳曼民族与俄罗斯民族之间报复性的竞争；这场竞争的赌注，首先是奥地利帝国的保全或毁灭，其次是日耳曼人或斯拉夫人对东南欧的控制权。说到泛民族主义复杂化的、悖论性的特征，有一个迹象是：在这场竞争中，俄罗斯帝国——严格说来，它不是一个民族国家——将提倡民族自决权，而通过民族自决战争获得统一的德国将捍卫这个非民族帝国的完整性。

　　泛日耳曼主义也和泛拉丁主义发生了冲突，并加剧了德国和法国互相竞争的民族主义。德国民族主义者谈到了斯堪的纳维亚人与德国紧密结合的必要性，谈到了荷兰与德国合并是可欲的，谈到了佛兰芒人渴望从法国－比利时的奴役中解放出来的痛苦呼喊。法国民族主义者则强调比利时语言以及卢森堡和莱茵兰文化中的拉丁成分，为阿尔萨斯－洛林的悲惨奴役而伤心哭泣。欧洲已经为1914年的世界大战搭好了舞台，舞台道具当中最引人注目的是泛拉丁主义、泛日耳曼主义和泛斯拉夫主义。泛日耳曼主义的风采和服饰是如此丑陋、如此险恶，以至于在接下来四年那场悲剧期间，泛拉丁主义在一项宏大计划中与泛斯拉夫主义携手并肩，这项计划的目标是：让世界变得更安全——为了民族主义。

　　英语是一门杂交语言——一半是日耳曼语，一半是拉丁语；这门语言不仅在大英帝国和它的自治领使用，而且还在整个美国被使用。对于泛民族主义的渔夫们来说，它是一个颇为诱人——尽管有些令人不安——的诱饵。泛日耳曼主义者对英国示爱，泛拉丁主义者和她打情骂俏。19世纪的很长一段时间里，当英法关系断断续续地出现紧张时，尤其是法国惨败于德国之后，很多有影响力的英国人和美国人都赞美他们的语言和文化中的日耳曼成分，并自鸣得意地说，盎格鲁－撒克逊主义是泛日耳曼主义不可分割的组成部分。在20世纪，当英德关系接近断裂点时，另外一些同样有影响力的英国人则得意于其拉丁成分，并自吹法国人和英国人有着共同的"凯尔特"血统（和灵魂）。我们不妨承认，这种起伏是暂时的和局部的；而更持久、更普遍的，是英国人和美国人当中一种独立的信念：他们是"盎格鲁－撒克逊人"，截然不同于日耳曼人，截然不同于拉丁人，在种族、语言和民族精神上始终是同一的，他们"跨海牵手"，他们"血浓于水"；尤其是，他们有着共同担负起"白人责任"的"昭昭天命"，要统治那些"没有法律的弱小种族"。一点也不奇怪，当人们开始确信英国人和美国人抵抗德国闯入者的公海自由、担保遥远大英帝国的领土完整（和扩大）时，盎格鲁－撒克逊人在第一次世界大战中与泛拉丁主义和泛斯拉夫主义并肩携手，对抗泛日耳曼主义，捍卫民族自决的权利——为了比利时人及欧洲的其他弱小民族。

其他一些"泛"运动有时候也被人们提及，比如泛美主义、泛伊斯兰主义、泛乌拉阿尔泰主义，等等；但是，除了泛乌拉阿尔泰主义之外——它代表了一次最书生气的、最微不足道的努力，试图为马扎尔人、芬兰人、爱沙尼亚人和土耳其人提供一条感情纽带——它们几乎不能归类为我们这里所使用的那种意义上的泛民族主义。泛美主义是一场运动，主要是在美国培养起来的，也主要是促进美国的利益，为了把两个美洲大陆所有的民族——那些说英语的民族，以及那些说西班牙语、葡萄牙语或法语的民族——统一在和平合作的纽带中，并因此抵消泛拉丁主义的反撒克逊趋势。泛伊斯兰主义根本不是语言学上的；这个单词被基督教世界一些大惊小怪的作家所使用，以指称所有伊斯兰民族感情和行动上假想的团结，而这种团结，实际上就跟神经紧张的西方人所说的另一个妖怪——泛蒙古主义——一样，根本不存在。

当然，任何或所有更实际、更真实的泛民族主义，其重要性可能都被极大地高估了。它们并没有直接引发过去的任何一场国际战争，哪怕是最近的这场世界大战；在不远的将来，它们也不大可能给战争提供直接的刺激，尽管一个临时性的社会学家恳求欧洲人和美国人应当结束他们之间同室操戈、两败俱伤的民族主义战争，在泛高加索人的战争中联合起来，共同对抗泛蒙古人和泛黑人[4]。在今天的世界，民族主义本身是一股远比任何泛民族主义更加势不可挡的力量；任何时候，都可以相信民族主义者会在必要的时候为了本国的利益而牺牲任何更大群体的利益。此外，当代事件的趋势似乎是沿着更小的、而不是更大的民族单位的方向发展；

不是语系群体，而是方言群体，不是属（genus），而是种（species），正在成为民族群体的目标和民族主义的 *sanctum sanctorum*（拉丁文：至圣所）。另一方面，泛民族主义的重要性也不应当低估。像领土收复主义一样，它也使过去的很多民族自决战争复杂化了，并且有能力继续发挥它的复杂化作用，直至遥远的未来。列强可以用它来对付小国。在一个民族主义的时代，它可以令人赞叹地服务于帝国主义的目的。

泛民族主义和它那位更强壮的兄弟——领土收复主义——都是掌管民族自决战争的战神所生，并被那个现代复仇女神——她的另一个名字叫民族主义——所养育。战神依然带着不变的热情掌管一切，他的儿子们依然拥有无边的活力，自娱自乐；无论是他的任期，还是他那窝小崽子们的嬉戏玩乐，都不大可能在不远的将来结束于庄严的退休或昏然欲睡的安眠。因为复仇女神是他最新的女仆和他的野孩子们的母亲，她可不是一个腼腆而安静的家伙；她也在喋喋不休地催促他和孩子们。这些唠叨大多数时候可能是战斗，不过她自始至终一直威胁要战斗。因为，关于现代民族主义，有某种东西不仅把它的信徒带向频繁的战争，而且还让他们一直乐意战斗，并为战争做准备。军国主义——持续不断的战争威胁，现如今与民族主义密不可分。它还和现代帝国主义密不可分。军国主义是一个复杂的现象，值得我们展开来论述，就像我们前面论述实际的民族主义战争一样。

【注释】

（1）希伯来妇女所唱的歌，唱的时候"拿鼓跳舞"。《旧约·出埃及记》15:21。

（2）《旧约·约伯记》13:15。译者注：这句经文我们没有引用和合本的译文。

（3）参见下一章"民族主义与军国主义"，尤其是第206～215页。

（4）C.C. 约西:《种族与民族团结》(*Race and National Solidarity*, 1923）。

六　民族主义与军国主义

1

我们不妨假设，一个民族群体发动了几场民族自决战争，最终建立了一个主权民族国家。再让我们进一步假设，这个国家在领土收复斗争中取得了成功，获得了有任何可观数量的本民族同胞居住的每一块领土。我们不妨承认，这些民族自决战争都属于这样的性质：满腔热情的民众为反抗外族暴政不堪忍受的虐待揭竿而起，它们在造反者的身上激发了最高贵的理想主义情怀和最英勇的行为。我们还不妨承认，即便就随之而来的领土收复主义冲突而言，导致它们发生的，是一个腐败帝国试图限制其异质民族群体的自由；而且，它们代表了一次诚实而正义的努力，试图"解放"某个群体—— 他们当中大多数人真诚地渴望成为解放他们的那个民族国家的公民。从上述情况得出的一个合理推断是：所有国家的"自由主义者"、"种族主义者"、"人道主义者"和"进步主义者"都会异口同声地称赞这个民族群体精神上的高贵；而且，他们当中更富有的人会慷慨解囊，帮助它的伤者和穷人，购买其政府的战时公债，那些更浪漫的人会自愿效命沙场，冲锋陷阵，或秉笔为文，致力于它的媒体宣传。

我们可能会想象——如果我们对历史一无所知，而且是一个不可救药的乐观主义者——这样一个民族国家，因此会是其他所有民族群体与民族国家正义和慈爱的榜样，是世界和平的支柱。然而很不幸，19世纪和20世纪的历史，在对我们关于民族自决战争，甚至还有领土收复战争的无私和高尚意图的猜想给予充分支持的同时，却几乎没有提供什么证据来证明：民族独立和民族统一的实现，是国际和平与兄弟友爱的一个确凿无疑的开端[1]。恰恰相反，它见证了一个令人不安的事实：民族主义在统一一个四分五裂的民族群体、建立一个民族国家时并没有耗尽它的机能和资源；它显示，民族主权的实现，几乎总是增强、而不是减弱了民族主义；而且，一个民族国家，一旦稳固地建立起来，就会立即着手发展"民族政策"——这样的政策，既是民族主义的，也是好战的。

J.L. 斯托克斯先生有一篇很有启发性的文章，很好地说明了这个"民族政策"是什么："一个已经建立起来的国家的'民族'政策……当然指的是民族自利和扩张的政策，是一种'神圣的自我主义'——推测起来，大概是民族情感使之变得神圣。从内部来说，就是要努力借助其权力范围内的各种手段，强化民族的联系纽带，使之更加紧密；就外部而言，就是要通过大胆而坚定的外交政策，在军事力量充足的支持下，使得本民族被人害怕，或'受人尊敬'，让它在地球上不发达地区的财富中获得自己的一份。它诉诸更粗糙的爱国主义形式。它对国家的爱很容易转变成对外国人的恨，它对繁荣的渴望很容易转变成领土之争；服务的义务被解释为维护民族统一的义务，就是要不加质疑地赞同政府的每一项决定。公共教育机构和强制性兵役把恰当的政治观念灌输给了公民；而且很容易提供直接的诱惑，让他们在后来的生活中不放弃这些观念，只要国家一直控制着某些重要职业、尤其是教育职业的任命权，并慷慨大方地奖赏'思想正确'的意见领袖。这样一种政策必然是19世纪自由主义的对立面。为了民族的统一，它会冷酷无情地压制国内的异议团体，并准备为了任何可能必要的东西，而牺牲言论自由和思想自由的原则。它会利用关税、补贴和特许权等各种手段来发展民族经济。在每一个领域，它往往会让外国人处于极为不利的位置：在它的殖民地，借助对母国贸易和资本不加掩饰的优惠；在国内，则借助对移民和入籍的干预性障碍。德国统治者进一步感觉到，所谓国家社会主义的某项措施有助于实现这一政策的目标，它使得民族国家身份对公民来说极其重要，并因此强化了政府那只看得见的手。"[2]

换言之，一个已经建立的民族国家，在民族主义的影响下，在国内和国外逐步发展"国家利益"；它的公民则类似地发展"民族权利",当他们在国外时,大概比他们在国内时需要更多的民族权利;尤其是,民族国家与其公民的总和开始具有一种特别宝贵的"民族尊严"。如今,为了保障国家利益和民族权利,为了维护民族尊严,一个已经建立的民族国家,甚至比正在形成中的国家,更必须准备使用武力和发动战争。军国主义因此成了民族主义的一个持久特征,成为实现民族主义目的的主要手段。军国主义不仅仅是一个临时性的工具——被幸运的天意塞进了被压迫的民族群体和具有田园情怀的领土收复主义者的手里,使他们能够按照合情合理的民族边界重塑政治地理。在这样一个世界上——非民族帝国很大程度上已经被民族国家所取代——军国主义,连同它的力量展示和武力威胁,是胜利的民族主义的永久性特征。

由于今天的军国主义首先是为了民族尊严、民族权利和国家利益而存在,那么,审视这些术语的意义对我们的研究来说是适当的。让我们先从"国家利益"开始。

2

"利益"主要指的是经济方面的好处,它们基本上是个人的。我们每个人都有生计上的利益,都想获得足够的财富,让我们能够过上我们所习惯的或我们所渴望的那种舒适程度的生活。与此同时,我们每个人都必须承认,我们不可能只借助个人的方法,来获得我们的经济利益;我们必须依靠与同伴们的合作，依靠公众对我们的私人利益的认可——归根到底，要依靠国家的治安权。我知道，某些哲学上的无政府主义者极力主张，如果不存在任何种类的威权主义国家，个人利益将会得到更普遍的增进；但是，他们的主张明显与过往的人类经验背道而驰，也与今天的人类情感相抵触。总而言之，有史以来，人类就加入了或服从于那个被称作国家的共同体，为的是保护和促进他们的个人利益。

个人并非总能认识到他们真正的利益之所在；他们很少能预见到对他们的真正利益最有益的是什么。但是——这才是最要紧的——他们认为他们知道他们的利益之所在；绝大多数人都相信，而且一直相信，对他们自己和他们的子孙后代来说，国家是最有把握的——尽管是有点神秘的——各种好礼物的施予者。毫无疑问，国家——不管他是古罗马人的帝国，还是古希腊人的城邦，是美洲原始印第安人的部落，还是中世纪欧洲人或亚洲人的封建国家——把经济利益授予某些个人和某些群体，特别是授予那些在这个国家最有影响力的个人和群体。另外一些个人和群体得到的利益很少，兴许比什么都没有还要少，而他们总是倾向于从某些人的有保障的利益，来认识所有人的可靠利益，从其领导人的繁荣兴旺，来认识国家的繁荣兴旺，因此还有全国公民间接体验到的繁荣兴旺。

如今，比起这个世界所知道的其他任何种类的国家，民族国家能更加有效地促进个人利益。政治民主和工业革命——它们同样伴随着民族主义的兴起和传播——共同把民族国家赞扬为所有公民的经济利益的监护人，并因此赋予民族主义一项使命：这项使命一半是文化的，一半是经济的。工业革命创造了许多新的利益集团，并给予许多旧的利益集团以新的方向。政治民主争取到了所有人的支持，试图让国家服务于他们的经济利益。工业革命首先在一个民族国家开始，它给人们的工作方式、旅行方式和生活方式带来了深刻的改变；在民主政治的影响下，这些改变在民族的基础上被组织起来，适合于民族主义的目标。

　　某个国家的工业家群体或许会感觉到，如果他们的国家撤销对食品和原材料进口以及对各种商品出口的所有限制，他们的利益就会得到促进。另一个国家的工业家群体可能认为，如果他们的国家通过发放补贴或征收保护性关税，来帮助他们与第一个国家的工业家展开竞争，他们的利益就会得到促进。农场经营者群体可能相信，与此类似，如果他们各自的国家对本地农业发放补贴，或者对外国牲畜和农产品征收保护性关税，他们的利益就会受到保护。贸易承运商群体可能想象，如果他们的国家补贴商船队或铁路系统，他们的利益就会得到促进。工人群体可能推断，如果他们的国家通过劳动立法，并限制外籍工人移民，他们的利益就会得到捍卫。

这样的群体利益和群体信念并非近代时期或民族国家所特有，但是，多亏了工业革命和政治民主，获得它们的那些方法如今有了一个新颖的、民族主义的特征。经济群体通常有着广泛的、分歧甚深的利益。一个经济群体在促进自身利益的同时，很难不影响其他群体的利益。工业家要想获得他们的利益，就必须得到农场主、工人或商人的帮助；反过来，这些群体要想促进他们的利益，必须有民众的支持。因此事实已经清楚，每个群体，当它诉诸民主制度的民族国家时，很少谈论它自己特殊的（大概也是自私的）利益，而更多地谈论普遍的（推测起来也是利他的）国家利益。群体利益被描述为国家利益。工业家要求得到对他们个人的关照——他们说这些关照增进了全体国民的财富和福祉。农场主寻求得到对他们个人有利的条件——他们声称，这样的有利条件使得整个国家能够自给自足。商人、工匠和普通劳动者要求特殊的优惠——他们断言，如果他们受苦，整个国家必定受苦。

　　由于大多数公民都是民族主义者，他们理解并留意这些诉求。他们自然而然地相信，个人的财富确实是国家的财富；属于特定群体的制造业、农业、商业和劳动力，实际上是国家的制造业，国家的农业，国家的商业，以及国家的劳动力。伦敦东区最穷的爱国者在想到英国的工业和财富时，往往会昂首挺胸——英国的财富，难道不就是他的财富么？由此推断，一个民族国家的每个公民，都会被期待认可本国同胞的经济利益，并为之工作；不管他自己的职业或专业是什么，他都应当做好准备，把群体的利益看作是自己的利益——这些群体都诚挚而雄辩地慷慨陈词，说他们的利益就是国家的利益；他因此可以自豪地——不管他是个记帐员，还是个砖匠——谈到他的自然资源，他的工厂，他的船舶和铁路，他的农场，他的工业劳动力。可以肯定，"国家利益"的观念是最令人欣慰、最令人兴奋的；一个民族国家的公民当中最渺小的人，只要他抱有这个观念，便会立马高看自己三分，在自己的心目中成为一个十分受欢迎的、伟大而幸福的大人物。

当然，在每一个民族国家，不同的经济群体之间都存在冲突，很少有哪个经济群体能获得他们想要的一切。但是，从冲突中出现的妥协得到了民主的正式认可，并因此成为公共政策和国民经济的基本点，成为国家新重商主义的一项民主政策。为了公开宣称的目的——国家繁荣，以国家的名义，可能通过一项关税法案，试图立刻保护"幼稚"工业，给工人带来更牢靠、报酬更高的就业，并鼓励国内的食品生产，或者可能同时发放补贴给商船队和农业合作社，或者在制定保护性关税和投票通过补贴的同时给工人购买保险，以抵御意外、疾病或失业等风险。越来越多的民族国家担负起了群体利益的仲裁者和控制者的角色；越来越多的民族国家的目标是要在互相冲突的群体利益之间保持均衡，促进所有群体的利益。这一事实越来越倾向于证实这样一个流行信念：群体的利益就是国家的利益，必须不顾一切风险予以促进。

民族主义因此有它的经济方面。它鼓动着每一个民族国家的人民大众，把特定的经济利益和经济政策提升为国家利益和国家政策。借助民族主义，少数人——他们的雄心壮志被普遍混同于国家的雄心壮志——可以确保得到多数人热心而积极的支持。普通个人不会冒生命危险来促进自己的私利，但普通的民族主义者却乐意为了国家的利益而征战沙场。如今，平淡无奇的经济民族主义得到了迫切需要的诗情和理想主义。

一个民族群体，一旦发展出了民族主义，并实现了政治上的统一和独立，它便开始追求它的国家利益。例如，德意志帝国建立后不久，德国的制造商们便要求保护他们的"幼稚工业"，抵御外国——尤其是英国——的竞争，其理由是：这样会让德国更强大、更自立，他们得到了保护；与此同时，德国农场主和地主也要求保护，抵御俄国和美国廉价食品的进口，他们也得到了保护。此外，美国制造商和美国农场主出于同样的理由，要求关税保护，而且他们获得了关税保护；美国工人和美国农场主要求保护他们抵御外国移民的廉价劳动力，他们最终也获得了保护：完全禁止中国和日本移民，严格限制其他所有国家的移民。像关税保护和移民限制这样的公共政策，可能是由一个相对较小的群体发起，实际上可能只服务于群体利益，但在民族主义的影响下，人们普遍认为它们服务于国家利益；它们很快就具有了几乎是神圣的民族传统的特征。从此之后，国内任何一个批评这项那项"民族政策"的人都有可能被他的同胞视为缺乏爱国精神——如果不是缺乏理智的话。

一个已经建立起来的民族国家，追求国家利益或许是可欲的和值得称颂的；在一个民族主义时代，它肯定是自然的。但它也是危险的，因为它导致了一些国际麻烦。很明显，没有哪个民族国家可以促进它的所有国家利益，而不损害其他民族国家的国家利益，并且不危及自己与这些国家的和平关系。曾几何时，俄国与德国的皇室和统治阶级之间有着可能最友好的感情；曾几何时，日本与美国的政府和人民之间互相给予对方最大的感情尊重。毫无疑问，在这两个实例中，有很多因素对感情和态度的改变发挥了作用，但这些因素当中，最引人注目的是对国家利益的追求。德国的农场主和地主，为了获得民众的支持，来推动他们的关税保护政策，抵御俄国的竞争，在德国领导了一场针对俄国的民族运动，在德国人民的头脑里不断灌输这样一个观念——他们无力抵御俄国的进攻，灌输这样一个概念——俄国人是野蛮而粗鲁的亚洲佬，而不是有教养的欧洲人，是邪恶的、鬼鬼祟祟的斯拉夫人，而不是优秀、正直的日耳曼人。另一方面，俄国的地主被随之而来的损害他们自己利益——通常被解释为俄罗斯人的利益——的德国关税给激怒了，于是进行了报复；他

194

们帮助俄国工业家，为他们的"幼稚工业"获得关税保护，抵御德国工厂的廉价产品；形形色色的俄国人，被德国对他们自己的伤害所刺痛，以同样的方法猛击德国人，并衷心感谢沙皇对国家利益的捍卫。为了帮美国农场主和工人——尤其是在太平洋沿岸——消除那些习惯于较低生活标准的日本移民越来越拼命的竞争，必须鼓动全体美国人，起来抵御日本人的"威胁"；于是乎，日本人被描绘为诡计多端、极其邪恶的黄种人，完全没有资格享受美国自由和美国文明的福祉。这场运动是如此成功，以至于反日活动成了美国的国家利益和国家政策；而且，像在这些前提下通常发生的那样，反美情绪成了日本人的一个显著特征。

关税和随之而来的"关税战"并不必然导致武装冲突。通常，民族国家之间能够及时达成某种妥协，达成某种 *modus vivendi*（拉丁语：临时和解）——国家利益借此依旧得到了照顾，而国际和平在形式上得以维持。然而，在最近三四十年里，关税及关于关税和"关税战"的传闻往往没有促进德国与俄国的政府和人民之间同情和友好的关系；或者说，就这个问题而言，德国和英国、德国和美国或者其他任何民族国家之间的关系也都如此。值得记住的是，就在1914年的世界大战爆发之前，由于不断高涨的带有理想主义性质的民族主义，塞尔维亚与奥匈帝国之间的关系已经变得紧张，一场围绕猪而展开的关税战使之变本加厉，因为猪同样是塞尔维亚和匈牙利的国家利益之所在。而且，尽管围绕出境和入境移民的国家政策，日本和美国并没有发生实际的战争，但两个国家的国民心理都被带向了一种好战的心态。

关于国家利益，有一些显著的困难：首先，每个民族国家都是如此热切地追求国家利益，以至于更广阔的国际利益和普世利益被遮蔽了。其次，与追求国家利益相伴随的，较少是可以接受的个人理由，更多的是民众的民族主义情绪。第三，在背后为它们提供支持的，不是有可能调整和协调它们的国际良心和国际法庭，而是不同的民族国家——各自对其终极的、绝对的主权，怀着无限的自豪和珍惜。鼓励出境移民符合日本的国家利益，也符合意大利的国家利益，而阻止入境移民同样符合美国的利益。但这些民族主义国家没有一个能容忍自己的国内事务受到外国或国际社会的干预；每个这样的国家，只要实力上有可能，就必定会强力展示其有着贪婪欲望的主权，借此支持它的国家利益。大多数美国人、意大利人和日本人都被灌输了对各自主权国家的信仰，都全身心地致力于各自的国家利益，以至于他们完全不适合于把移民问题想像为一个世界问题，或者以一种明智而理性的方式来处理这个问题。

关于国家利益，还有另外一个困难。它们经常与民族自决的原则相抵触，并使领土收复主义问题复杂化。说到这个困难，有很多当代的实例。波兰的国家利益需要一个海港，

196

于是就从德国手里拿来了德国城市但泽和德国领土上从波兰到波罗的海的一条"走廊";波兰获得了前者的全部所有权和后者的特殊权益。意大利的国家利益需要亚得里亚海的霸权,于是奥地利和匈牙利被剥夺了海港,南斯拉夫不得不满足于一些劣等港口。法国的国家利益需要更多的煤和更多的铁,于是,法国不仅吞并了阿尔萨斯-洛林地区连同它宝贵的铁矿,而且还获得了开发德国萨尔河谷蕴藏丰富的煤田的权利。美国在加勒比海地区有它的国家利益,而且美国人还时不时地无视海地、圣多明戈或尼加拉瓜的自决权,借此保护自己的利益。

但是,这样一种描述只讲了故事的一半。因为在这里提到的每个实例中,军事力量都是确保国家利益的手段。此外,如果说波兰人的国家利益是在波罗的海拥有一个港口,那么,德国人的国家利益就是收复他们的波罗的海港口。如果说意大利人的国家利益是控制亚得里亚海,那么,马扎尔人和南斯拉夫人的国家利益就是获得至少要像意大利的出口一样管用的航海出口。如果说,"盎格鲁-撒克逊"美国人在加勒比海地区有国家利益,并借助军国主义的作用来实现这样的利益,那么,拉丁美洲人在那里肯定也有他们的国家利益,并且也可以——如果他们认为自己能够做到的话——通过诉诸武力和暴力来保护这些利益。经济利益从民族主义那里获得了一个几乎是神圣的、完全是好战的特征。

3

"民族权利"是"国家利益"的必然结果。首先，根据民族主义的规诫和实践，每个民族国家都有权追求其国家利益——以任何途径和任何方法，只要在它自己看来是合适的和正当的。这是民族主义信条的一个基本组成部分；现在，在这样的信条中，一个民族国家的每个公民都被教导：绝对主权是其民族国家的一项与生俱来的权利，任何损害或威胁损害主权的行为都是一种罪过，需要向老天爷——还有向他们自己——呼吁报仇雪恨。同一信条的另一个几乎同样基本的组成部分是：追求国家利益是国家主权的一项权利，对这一权利的任何外来干涉都是十恶不赦之罪。

一个民族国家不仅拥有理论上的主权权利，而且还有开展某些活动的权利，比如那些让主权变得切实可行的活动。它有权决定和随意改变它的政府形式。它有权制定法律，调整其领土范围内所有人的行为。它有权维持军备和发动战争。它有权强制实施法律，镇压国内叛乱。它同样有权保卫自己，抵御外国侵略，甚至有权为了补偿它所遭受的冤屈而进攻其他主权国家。

就像国家利益一样，民族权利可能是必要的和十分可欲的，但对世界和平来说，它们也伴随着某些危险。一个这样的危险源自下面这个事实：一个民族国家，在它无可置疑地行使其民族权利的过程中，可能制定一些迎合国内民意、却在国外制造敌意的国内法律。因为有很多表面上纯粹是限于国内的立法，实际上却牵涉遥远的异国。例如，美国征收保护性关税、限制入境移民或采用宪法第18修正案，完全是在其民族权利的范围内采取行动。但美国拒绝在它的港口接受酒精饮料，无疑损害了法国的国家利益；美国拒绝接受来自远东的移民，无疑与日本的国家利益背道而驰；美国对多种外国进口品的歧视，在它服务于美国制造商的国家利益的同时，却不仅让美国的消费者付出了代价，而且让很多外国付出了高昂的代价。如果法国人、日本人及其他受影响的民族群体敦促他们各自的政府，强烈要求证明其民族权利的正当性，那么一点也不奇怪。如果一个民族群体觉得自己强大到了足以采用军事的方式，它大概就会充分证明其民族权利的正当性。国内问题与国外问题之间的边界，只有在大炮火力和战舰探照灯的强光下才会保持清晰。

另一个危险源自一个民族国家的领土上还存在外国人。人类总是为了移动的目的而使用他们的双腿；而且，自工业革命以来，他们天生的双腿便得到了轮船、铁路、汽车和飞机这样的人造设备的补充。现如今，旅行很容易，旅行的激励并没有随着民族主义的兴起而有所减弱。对于一个喜欢冒险的人来说，去一个陌生的国度碰碰运气依旧像过去一样自然。就这一点而言，民族主义的兴起所做到的，是强化了移民与家乡之间的情感纽带；另一方面，在移民与收留他的国家之间建立起了一种古怪而可疑的关系。通常，民族国家渴望其所有居民都是相同民族群体的公民，因此移民应当尽可能迅速而完全地归化；而且，不管是不是已经归化，外国人都应当服从其所居住的民族国家的法律。与此同时，民族国家都渴望它们移居国外的公民保留他们最初的国籍和公民身份，不要归化外国；有些出境移民并没有归化，对这些人，就像对国内的公民一样，他们出生的民族国家声称有管辖权，至少是有权确保他们的民族权利。一个民族国家并不喜欢外国干涉它的任何一个居民，而同样是这个国家，却自相矛盾地渴望为了生活在外国的本国公民的利益而出面干涉。

由此发生了关于公民身份的民族权利的冲突。例如，英国长期以来坚持认为："一旦成为英国人，也就永远是英国人。"它拒绝承认英国臣民归化美国的有效性，这证明了它在拿破仑战争期间强征某些水手入伍是正当的，这些水手出生于英国，但居住在美国；借此，英国主张了它的民族权利，但是，出于同样的原因，它侵犯了美国人的民族权利，因为这些被强征入伍的水手已经正式归化为美国公民；很显然，捍卫其所有公民的民族权利是美国的责任，那些已经归化的公民和那些土生土长的公民完全一样。1812年的战争是美国和英国之间打的。那是一个多世纪之前的事了，但1812年的战争并没有解决这个问题。在民族主义的影响下，它可能很难解决。有一点倒是真的，英国和美国逐渐达成了友好谅解，而且，英国不再强征美国的水手入伍；但英国人民和美国人民几乎拥有共同的民族身份，美国如今是一个太强大的国家，不可能让它的公民身份被公开否认和藐视。但是，在其他民族国家中间，这个问题依然是件麻烦事。例如，法国和德国对公民身份的界定都和美国的归化法律相矛盾，这样一来，一个出生在德国或法国的人，如果已经归化为美国人，他就有可能同时是美国公民（根据美国的法律）和德国公民或法国公民（根据其母国的法律）。

准确界定公民身份很重要，因为，正如我们刚才评论的那样，每个民族国家都声称有权保护其所有公民——既包括国内公民，也包括境外公民——同样有权保护境外公民的人身和财产。1891年，在瓦尔帕莱索的一家地下酒馆里，当一位美国水手在一次打架中被杀时，美国政府认定这一事件是一次骇人听闻的暴行，不容分说地拒绝听取任何解释，要求智利支付七万五千美元的赔偿，并得到了这笔钱。同一年，当新奥尔良的一伙暴徒以私刑处死十一个被指控犯罪的意大利人时，意大利政府提出强烈抗议，要求支付足够的赔偿，最后接受了二万五千美元的财政赔款。此类事件多不胜数，往往不会促进民族国家之间的友好关系，尤其是当全世界每一个民族主义者都清楚地看到了这一事实的时候：美国为了一个美国人的生命从智利那里得到七万五千美元的赔偿，而意大利为了十一个意大利人的生命只得到了区区二万五千美元，这主要是美国能够投入更多的军事力量来支持它对智利的要求，而意大利则拿不出这么多的力量来支持它对美国的要求。

这些经常发生的索要赔款的最后通牒，并不纯粹是一个民族国家的政府与另一个民族国家的政府之间的例行交流。在我们现代这个民族主义的社会，它们始终伴随着新闻业的沙文主义（极端爱国主义）和公众的群情激昂。所有美国人都被他们所想象的智利人的野蛮残忍给搅动起来了，一个普通水手一夜成名，成为民族英雄和烈士；与此同时，所有智利人都对一次很不得体的对他们的国内和平和公共道德的扰乱深感憎恶，被一个远在他们北方的猪一般的"外国"民族粗鲁而野蛮的行径所激怒。美国人可怕的无政府主义行为引起所有意大利人的愤怒，后者立即把几个无知的公民同胞抬上意大利民族主义的祭坛；与此同时，美国人公开指责外国"拉丁佬"试图为了一帮顽固的罪犯而向他们发号施令。

在历史上属于基督教世界的民族国家之间——它们几乎处在相同的发展阶段，有着几乎一样的习俗和文明——对本国公民的民族权利的确保，引发了很多政府威胁和相当丑陋的民众情绪，但它很少直接导致武装冲突。"文明的"民族国家通常都有关于常住公民的外来居民法，它们在它们的法庭上行使审判权，对待一类人几乎——即便不是完全——就像对待另一类人一样不偏不倚。结果是，一个"文明的"民

202

族国家通常允许在另一个"文明"国家的本国公民服从于后者的法律和纪律，甚至接受法定刑罚，而自己只满足于一般性的监督（对于接受此类监督的国家，它充其量有点令人难堪而已）；在紧急情况下，如果它的公民受到歧视，或者以任何例外方式受到伤害，它会提出严肃的抗议，最后提出理由正当的赔偿要求，它的军事力量可能会出来提供保证。当然，一个本身是"强国"的民族国家，它会期望得到更多，也确实会得到更多，超过一个不幸沦为"弱国"的民族国家。1914年，奥匈帝国对塞尔维亚提出了要求，而塞尔维亚绝不会想到对奥匈帝国提这样的要求。1923年，意大利对希腊发出了最后通牒，而希腊从未想过对意大利发出这样的最后通牒。当然，奥匈帝国提出它的要求，是抱着这样一个可能性很大的希望：没有一个国家会对塞尔维亚施以援手，而塞尔维亚拒绝全部服从，仅仅是因为它合情合理地确信能够得到俄国的支持；希腊随后确信自己得不到外国的帮助，所以迅速服从了意大利的最后通牒。

"文明"国家在对付"落后"国家时毫不留情。前者认为——有时候是正确的——它们漂泊在外的公民，在后者的本地法庭上，根据本地的法律，不会像他们在国内或者在其他"文明"国家那样得到同样的公正或同等程度的考量。因此，一个接一个欧洲和美洲的民族国家——推测起来，让它们变得"文明"起来的，更多地是民族主义和工业革命，而不是基督教——举着它们的保护神盾，追踪着它们的公民，直至亚洲和非洲的穷乡僻壤，总是捍卫着它们的民族权利，一会儿从奥斯曼帝国，一会儿从波斯，一会儿从中国、日本和泰国那里，以"条约"或"治外法权"的形式，谋得特殊的妥协和关照。根据这些形式，一个"文明"国家的公民在一个"落后"国家的领土上获得了一个特权位置；他们可以随心所欲地在任何地方居住和旅行；他们可以自由地从事贸易；他们可以畅通无阻地践行和传播他们的宗教；他们被豁免于当地的法律和当地的审判，只服从于本国的大使、领事或其他官方代表的司法管辖权；总而言之，他们构成一个 *imperium in imperio*（拉丁语：国中之国），一个独立于他们所居住国家的外来群体。民族主义的发展加速了这一条约和治外法权体系的壮大，而军国主义的代理机构则确保了它的维持。毫无疑问，它有助于扩大那些强大民族国家的国家利益，增强它们的民族权利，但它也起到了激怒落后民族的作用，激发他们的抗议和暴力行为，最终将被证明是一个最有力的刺激因素，激发他们自己的民族主义的发展。

随着时间的流逝，正如我们已经看到的那样，民族主义的传播并没有局限于欧洲和美洲的民族，没有局限于历史上属于基督教世界的"文明"民族；近来，它渗透到了"落后的"东方和远东地区的人口族群当中。从西方那里，东方民族不仅得到了新的民族主义，而且还得到了它表面上看来不可避免的伴随物：新的军国主义。结果是，每个民族群体，一旦它变成了民族主义的，并建立了一个民族主义的国家，便决心要宣布并行使其充分的民族权利，摆脱任何不平等条约或治外法权——在不那么有利（也不那么民族主义）的年代，他们曾迫不得已地服从于这些条约和治外法权。接下来，一旦它发展出了足够的军事力量，它就会把它的决心付诸实施。到19世纪末，日本证明了自己是一个民族主义的强国，斩断了曾经捆绑它的治外法权的锁链；对此，欧洲列强也尽可能表现出良好的风度。最近，作为一系列胜利的民族主义战争的一个圆满结局，土耳其从不平等条约中解放了出来；中国如今正热切地追求相同的结局。就日本和土耳其的情况而言，有一点很明显：这两个国家不再被视为"落后"国家，因为，在民族主义和在军国主义上，它们都给出充分的证据，证明它们已经拥有那种对进步来说至关重要的高级文明——欧美人习惯于否认其他民族拥有这样的文明，声称这样的文明只属于他们自己。在那些以牺牲"落后"中国的国家主权为代价，而寻求促进其国家利益、确保其民族权利的"文明"国家当中，日本并不是最后一个。

有些"落后"国家就没有土耳其和日本这么幸运了。它们要么是自己没有接受民族主义的赐福，要么是没有能力让它们的民族主义以军事的方式立即发挥作用。无论如何，它们的民族权利一点一点地沦为强大国家紧迫需要的牺牲品，后者决心要确保它们自己的民族权利。这样的"落后"国家，这样不幸的偏远国家，可能首先同意某些治外法权措施，然后签署不平等条约；接着，在压力之下，他们可能承认经济上令人窘迫的让步；最终，在骚乱、造反或其他有损尊严的表演当中，它们可能被迫接受代表一小群常住侨民的外国政府的财政监护和政治控制。因此，在现代，为了追求国家利益、捍卫民族权利，自始至终永远有一些民族国家，凭借势力范围、遮遮掩掩的受保护国和明目张胆的吞并，榨干那些既"落后"又软弱的民族的民族权利。

民族权利，当它被一个强大的民族国家所主张，并得到其人民的狂热民族主义的支持时，就不会容忍国内和国外的任何侵犯。在国外，特别是在对抗那些"落后"民族时，它们甚至比在国内更加不容侵犯。但是，这个话题把我们带到了一种特殊类别的民族权利和国家利益——那些把民族主义与现代帝国主义联系在一起的利益和权利——这是一个需要我们特别关注的类别。

4

帝国主义——一个民族或一国政府的统治扩大到外国民族或外国领土——是人类历史上一个反复出现的现象。有时候，正如亚述人、罗马人、中国人、阿拉伯人和奥地利人的情形，其表现形式为对五花八门的民族群体的军事征服。而另一些时候，尤其是古希腊人、腓尼基人，以及 16 和 17 世纪的西欧人，它带有海外殖民扩张的性质。但是，不管它的结果是建立共同民族群体的扩张殖民地，还是缔造不同民族群体的政治统一，它始终涉及使用武力，不可避免地把征服民族或扩张民族的文化影响带到远远超出其最初栖息地的地方。

随着民族主义在现代的兴起，看来很有可能，帝国主义在劫难逃。毫无疑问，面对 19 世纪和 20 世纪狂潮般的民族主义自决战争和领土收复战争，军事帝国一个接一个地土崩瓦解——神圣罗马帝国、拿破仑帝国、奥斯曼帝国、奥匈帝国、俄罗斯帝国。就连海外殖民帝国也被撼动了根基，移植过去的欧洲人挣脱了母国的控制，建立了他们自己的民族国家——葡萄牙人在巴西，西班牙人在新大陆的一大帮共和国，英国人在美国。葡萄牙人、西班牙人和荷兰人的昔日帝国依旧剩下的，是一个纯属阴差阳错的时代遗存，而同时代的大英帝国，就其由欧洲移民组成而言，与其说是一个帝国，不如说是一个同盟或联邦，由一些本质上是国家的自治领组成——加拿大、澳大利亚、新西兰和南非。那些更古老类型的帝国主义被证明与民族主义水火不容。

然而，事实上，帝国主义依然与我们同在；吊诡的是，在当今这个强烈的民族主义时代，它是一种比从前更热切、更微妙、更加无处不在的帝国主义。为什么？原因很简单，满怀民族主义感情的强大民族国家对国家利益和民族权利的追求，与工业革命一起，引发了一次帝国主义的复兴和重新定位。民族主义本身，既是旧帝国主义的毁灭者，也是新帝国主义的制造者和启发者。

工业革命被恰当地认为是经济条件和经济需要的诱因。工业革命创造了制造商方面对大为增长的原材料和食品供应的需求，还需要大为扩张的市场，好让大量剩余的制造品能够在市场上有利可图地卖掉。工业革命还不断创造剩余资本，并因此创造出了资本家方面对更广泛的、能够赢利的投资机会的需求。但是，假如不是工业革命从一开始就与正在兴起的民族主义紧密联系在一起，这些需求恐怕很难产生出如今我们所熟悉的那种类型的民族主义帝国主义。正如我们在别的地方已经指出的那样，工业革命是从民族国家开始的，后来也主要被民族国家所利用。当民族主义开始鼓舞和控制这些国家时，它们的全体国民（少数例外可以忽略不计）把制造商和资本家的经济利益想象为国家利益，而且允许——即便不是鼓励——采用和促进有助于私人利益的公共政策，也就是自然而然的事了。因此，大多数工业化民族国家的政府在回应制造业和资本家阶级的请求时，伴随着人民大众的爱国主义支持，不仅为了"幼稚工业"的利益（以及"满满的饭盒"［译者注：这是 1900 年美国大选中共和党提出的竞选口号。］）而征收保护性关税和发放财政补贴，而且还在它们的权限之内竭尽所能地促进与"落后"民族之间紧密的贸易关系。因为，工业化社会所需要的很多原材料和大部分粮食都是那些工业落后的国家生产出来的；另一方面，此类"落后"国家为制造品提供了特别有销路的市场，为剩余资本提供了最有利的投资场所。当工业化民族国家之间的竞争越来越激烈，关税壁垒越垒越高，为自己的商人获得自由进入"落后"地区的通道也就越发符合各国的国家利益。

来自工业化民族国家的商人，以及他们的同僚探矿者和投资者，进入"落后"地区，经常遇到困难。或许，当地人并不十分欣赏带给他们的所有商品。或许，他们对于发放开发其自然资源的"特许状"格外谨慎。更有可能，他们不乐意从事纪律严明的艰苦劳作，而供应来访者所要求的橡胶、石油或棉花则需要这样的劳作。接下来还有，对于欧美人的种种法律和命令，他们似乎只有一点十分初级的知识。他们一直不大尊重一位容易受影响的酋长或苏丹庄严地授予外国人的特许权。有时候，他们故意毁坏外国人的财产，恶意杀死外国监工。他们习惯性地参与争执、抢劫及其他节庆消遣；从这些活动中，他们的外国客人——多少算是无辜的旁观者——常常遭受腰包和尊严的损失。他们极为缺乏个人效率和商业头脑——至少在别人（而不是他们自己）看来是这样。他们异乎寻常地无视"国家利益"，对"民族权利"反应迟钝。

然而，民族权利和国家利益，外国客人不仅拥有，而且知道如何利用。他勇敢面对与落后地区当地人打交道的困难，能够向本国的政府和人民求助；而且几乎肯定知道，他自己的利益会被解释为国家利益，（只要可能）将会作为民族权利而得到强制执行。如果政府行动迟缓，便会被民族主义报纸和爱国协会的明智棒喝所推动；无论如何，用不了多久，一艘从国内驶来的军舰便会抵达这个落后国家的海岸，水兵们会登陆上岸，或许有几个落后地区的人会被枪毙，在刺刀的刀尖下获得了额外的不平等条约，恢复了一定程度的秩序，工业革命——还有民族主义——的文明行军将会继续向前。确保国内每个公民的经济利益可能不是一个民族国家的义务，但有一个观念却成了民族主义哲学的老生常谈和习惯做法：身在国外（至少是落后地区）的公民，其利润关乎国家利益，作为公民权利的事项，必须不惜一切代价，借助国民政府充分的政治、外交、陆军和海军资源，予以确保。

　　与当地人打交道的困难，并不是来自一个工业化民族国家的商人、探矿者或投资者所面对的惟一困难。或迟或早，几乎可以肯定，他会遇到来自另一个工业化民族国家的竞争对手——其人和当地人之间同样有麻烦，同样要向本国政府和人民求助。不同外国人之间的经济竞争使他们与当地人之间的关系变得更加复杂，当然也导致了他们所代表的国家利益和民族权利之间的冲突。于是乎，很多落后地区便成了沃尔特·李普曼所说的"冲突的竞技场"⁽³⁾。

在这样的环境下，一点也不奇怪，那些拥有足够的民族主义和军国主义的工业化民族国家，便着手在落后地区获得特别有利的位置——不管是借助明目张胆的吞并，还是通过被保护国和势力范围这些更精致、更巧妙的手段。从 19 世纪下半叶开始，这种帝国主义得到了跳跃式的发展。英国的迪斯雷利和索尔兹伯里，法国的费里、阿诺托和德尔卡塞，德国的俾斯麦和威廉二世，意大利的克里斯皮，美国的麦金利、罗斯福和威尔逊，都是政治家当中著名的民族主义者；他们留意在落后地区的国家利益和民族权利的要求，沿着新民族主义帝国主义的路径指导他们各自的国家。

这些国家的人民紧随其后，而且是高高兴兴地紧随其后，不仅仅是因为他们当中少数人的肮脏的经济利益利害攸关，而且更多的是因为他们绝大多数人被光荣的、压倒性的民族主义理想所推动。从公立学校的民族主义教育、部队服役和"黄色"媒体上，一个民族国家的普通公民得知，关于他的民族群体，有一些东西是神圣不可侵犯的；而且，这些东西就像圣徒头上的光环一样，伴随和环绕着他的每一个公民同胞——不管什么时候，不管他们在野蛮人和其他"落后"民族——或者，就这个问题而言，在"文明的"外国人——当中走到哪里。在国内，他可能谴责某些公民同胞的政见和宗教、道德和生活方式，甚至当他们去国外时，他依然可能对他们的常识和内在的神圣在心里持保留态度，但他内心的信仰禁止他怀疑他们对外国人总体上的优越性，禁止他否认本国保护在国外者的生命和财产的至高无上的权利与职责。

这个流行的民族主义信念不仅适用于那些身在"落后"地区的商人、探矿者和投资者，而且还适用于传教士、探险家和科学家——实际上是所有国民同胞，不管他们所利用的是工业革命，是耶稣的福音，还是卡内基和洛克菲勒先生的捐赠基金。如果一个基督教传教士在非洲或亚洲被杀，他的国民同胞更多地不是把他视为基督教的殉教者，而是视为他所出生并拥有公民身份的那个民族国家的烈士；不满足于让他的血仅仅成为他所信奉的上帝的事和他所在教会的种子，他们哭喊着要求报仇雪恨，常常利用这个机会主张民族权利、扩大国家利益。不管一些激进民族主义者对国内基督教的某些形式持多么激烈的批评态度，他们都同心协力地支持身在国外的本国基督教徒的利益和权利。这里面不乏幽默的成分——也许还有令人怜悯的因素——法兰西第三共和国的政府在法国国内攻击天主教会，驱逐宗教团体，取缔天主教学校，与此同时，却勇敢地捍卫在土耳其、中国和非洲的天主教传教团和天主教学校；德意志帝国政府刚刚在德国经历了与天主教会的文化斗争，便迅速为两个德国天主教牧师在中国被杀而报仇雪恨，派出了一支海军远征军去远东，从中华帝国手里抢夺了一个战略港口，攫取了有价值的经济特权；

212

美国政府口头上最坚决地坚持教会与国家的绝对分离，却利用它的外交部门和炮艇对美国国籍的新教和天主教传教士展开人身营救。

在欧美强国当中，基督教传教团的民族化对新民族主义类型的帝国主义的促进，几乎像工业革命的民族化的功劳一样大。在"落后"国家，基督教传教士通常是商人和投资者的先行者，并为后者铺平道路。在基督教国家，有数不清的社团，为外国传教团的发展和维持筹集资金；它们印行了数不清的出版物，用来向每一个基督教背景的民族国家的人民大众强调其他民族的"落后"，以及后者对基督教文明的丰厚福祉的迫切需要—— 这样的强调总的来说很有说服力，即便在它的基督教方面不是这样，至少在它的民族主义含义上是这样。关于让他们卷入民族权利和国家利益对基督教传教团所产生的影响，有些真诚的基督教徒可能时不时地有一丝稍纵即逝的怀疑，但在民族主义强国，绝大多数自称的基督徒，在公开支持基督教文明方面，很少有人不怂恿他们各自的政府从事帝国主义行径，甚至是血腥报复。他们这样做，究竟是为了基督教，还是为了民族主义，他们自己都说不清楚；或许，他们的动机源自这两者的古怪混合。话虽这么说，但无论就民意而言，还是就政府政策来说，基督教传教团，连同贸易和投资，都成了国家利益和民族权利的合适主题；而且，就其本身而言，也是民族国家现代帝国主义的很方便的垫脚石。

在狭隘的经济考量和宗教考量之外，现代民族主义者还实实在在地获得了帝国主义的推动力。民族主义涉及一个没有直说、却十分明显的信念：在美德和勇敢上，在文明和"使命"上，自己的民族都优于其他所有民族。在满腔热情的民族主义者看来，本民族实现统一和独立，是人类历史亘古以来的巅峰和极致。可是，对于人类思维和人类精神的前进和升华，究竟是谁拖了后腿？如果本民族历经无数个世纪，遭受数不清的苦难，最终在上帝的指引下，作为地球上出类拔萃的被拣选民族脱颖而出，那么，它怎么可能由于自己成了一个光荣而强大的民族国家，就突然停下来呢？它为什么从此之后就要韬光养晦呢？古往今来，光就是用来照亮异教徒的，这难道不是很清楚吗？它难道不是有一项严肃的职责：要放弃它自己此时此刻自私而排他的满足，要为了强有力地履行其昭昭天命所赋予的艰难义务而约束自己吗？它难道不应该把自己与生俱来的一些勇气和美德传递给不那么幸运的民族吗？它难道不应该把它仁慈的统治和文明的影响延伸到那些落后民族吗？这些都显而易见！

假设这样一个幸运而高尚的民族国家有点人口过剩，因此每年都有数量可观的公民背井离乡，去国外定居——在那里，他们逐步堕落，从他们最初的遗产把他们提升到的更高层面跌落下来。有一些怀疑论者建议：如果祖国不那么沾沾自喜、自满自大，更愿意承认保证其公民平等分配财富的基本要求，出境移民就会减少，人口过剩的其他毛病就会得到救治。然而，满腔热情的民族主义者对怀疑论者没什么耐心，也不愿意听取激进的国内改革的建议。他们宁愿支持去获取一些居民稀少的地区，多余的人口可以去那里，并且没有中断或堕落，继续生活在伟大的熟悉的国旗下，说着伟大的原来的民族语言，珍视伟大的原先的民族传统和民族信仰。

种族的未来福利——更高文明的召唤，文化使命——白人的责任，昭昭天命——安置祖国剩余人口的需要，"清理"一片外国土地的需要：这些不仅仅是口号，而且是对一个广泛而深厚的信念的真诚表达——这一信念使得民族主义成为帝国主义的一个最忠诚的伴侣，使得英国与法国、德国与意大利、俄国与美国、比利时与日本能够在最近半个世纪内让东方"落后"地区数百万平方英里领土和数百万人民臣服于它们的统治。这种帝国主义的最初推动力可能主要来自资本家和商人的小群体，它所带来的经济利益主要归了他们，但它的力量和持久性则源自平民大众的民族主义——反过来，它又养育了民族主义。而且，正如当代帝国主义依靠民族主义获得它所需要的理想主义，它也依靠军国主义来赢得落后民族的臣服，来保护它们抵御其他帝国主义的民族主义强国。正如帝国主义提升了民族主义，而从事物的本性来看，帝国主义也提升了军国主义。

5

接下来还有"民族尊严"——它是某种超越了具体的国家利益和金钱权利的东西，某种看不见摸不着的、非物质的东西，某种非人间的、精神性的东西，某种无价的东西——它是民族主义的终极概念。民族主义者最流利地使用这个短语，来涵盖许许多多紧急情况和不测事件，但所有这些的最小公分母，直白地说，就是民族威望。一个民族国家的爱国公民，确信在人间一切民族群体当中，他们拥有最高级的文明和最伟大的天命，决心要让其他国家和民族对他们的国家和民族群体表现出恰当的尊重。他们坚持认为，别人应当像他们尊重自己一样尊重他们。这倒不是说他们指望别人在这样的尊重上完全真心诚意，因为别人可能会想象——虚荣而愚蠢地想象——自己拥有更高的文明和更伟大的天命。这就是说，无论如何，别人必须极其严肃地玩一场假装相信的游戏。对海地的民族主义来说，至关重要的是，海地的一位海军上将应当受到美国人和英国人的尊重，要有表面上的礼貌和尊敬，就像英美人期望海地人对他们的海军上将所表现出来的态度一样；否则的话，海地的民族尊严就会受到玷污，海地这个主权民族国家就会失去威望。

如果一个民族国家的一位公民在外国——不管是"文明"国家还是"落后"国家——遭受了侮辱或伤害，对他的国家来说，问题的性质立即就变了：不仅寻求补偿是一个国家利

216

益和民族权利的问题，而且获得补偿还是一个民族威望的问题，事关民族尊严。随着民族尊严的概念被注入，形势马上就带有了决斗的性质。受害方要求"赔偿"，亦即正式的道歉和足够的赔款；如果没有赔偿，就必须拔剑、必须开枪、必须流血了。无论对于挑战者，还是对于被挑战者（如果被挑战者是一个民族主义强国的话）来说，在危急关头，评估风险，或者计算补救或报仇可能让物质利益付出代价的比例，就不再是它们的责任了。在这种情况下，动机便迅速从物质利益和法律权利的立场，转变为民族尊严的精神立场了。民族尊严并不总是带有正直、诚实、平等、自由和无私的含义。它总是把国家带入战争或战争的威胁之中。

可以援引很多实例来证明，在我们这个民族主义的时代，比起简单的人身权利或财产权利的侵犯，对民族尊严的冒犯总是招致更深远、更无保留的民愤。这里只提一个实例，美国在 1917 年与德国交战，更多的不是为了保护美国人的生命和财产，而是为了确保民族威望，为民族尊严被冒犯而复仇。从 1914 年世界大战爆发起，欧洲交战国的两个同盟争相努力，试图获得美国的帮助；它们都尝试过威胁恫吓和哄骗劝诱，都妨碍过美国人的财产和人身权利；但是，德国厚颜无耻、明目张胆地对美国旅行者与商人使用威胁和暴力的手段，而英国和法国，即使同时参与了对美国商业权利持续不断的侵犯，却始终如一地对美国的自尊奉行一种恭敬的态度。最后，正如每个人都知道的那样，美国在战争中花费的金钱和牺牲的生命都远远大于保持中立可能造成的损害，但它维护了自己的民族尊严。

民族尊严"很容易遭受损害，方式五花八门，因此，撇开侵犯一个国家的商人们的人身或财产不谈，还有可能产生成果丰硕的怨恨；例如，疏忽或无视对外交往中约定俗成的礼仪细节；一些无礼或侮辱性的言论，涉及国旗、国家官员本人——尤其是那些只有装饰性作用的官员——或此类官员所穿的服装；还有，不遵守特定场合为展示民族尊严而规定的典礼仪式。当民族尊严正式受到侵犯，可以借助同样的非物质手段，正式地使之重新变得完整；例如，念念有词地背诵一段恰当的客套话，以鸣礼炮的方式隆重地消耗一定数量的弹药，给一枚勋章'施浸礼'，以及诸如此类——当然，这套程序可能只有一种魔法功效。简言之，民族尊严是在魔法的王国里活动，触碰到了宗教的边界"[4]。

尽管民族尊严基本上与经济没什么关系，但实质上，它很可能补充了带有经济性质的国家利益和民族权利，在民众的头脑里提供了一个精神上的理由——证明某些阶层获取经济好处是合理的，甚至证明新帝国主义的扩张是合理的，正如我们已经评论的那样，这种新帝国主义一半是经济的，一半是民族主义的。任何事件，不管多么琐碎或多么偶然，一旦披上民族尊严的正当盔甲，就往往会产生惊人的后果。

1827 年，法国政府与阿尔及尔总督之间正在公平而友好地进行谈判，为的是解决法国前政府欠两个阿尔及利亚犹太人的一笔债务；正当此时，在瞬间的愤怒中，鲁莽轻率的总督用一把像扇子一样的苍蝇拍轻拍了一下法国领事的头；现在，这明显是给法国的民族尊严当头一拍，于是，原本对这场财务纠纷无动于衷的法国人立刻拿起了武器，阿尔及尔被法国舰队给封锁了，数量可观的阿尔及利亚人被杀，总督被流放到了一个更寒冷、更僻静的地方——苍蝇拍在那里不怎么时兴；最后，整个国家被征服，并被并入法国。借此，法国的民族尊严得到了补救，一片富庶之地向法国的银行家和商人们敞开了大门。1898 年，在西班牙和美国为和平解决古巴问题而进行的大有希望的谈判当中，一艘美国军舰在哈瓦那港被炸毁；这明显是对民族尊严的冒犯，而且如此骇人听闻，以至于和平谈判再也不可能继续下去了，甚至没有寻求一个公正的裁决——这艘军舰究竟为什么被毁，如何被毁；而是必须代之以战斗的严酷考验。于是，美国为了维护它的民族尊严（也是为了促进文明），在与西班牙的战争中牺牲了大约二千五百位公民的生命，为她的国家利益获得波多黎各、菲律宾和关岛作为其帝国领地。

如果如托斯丹·凡勃伦先生所言，民族尊严"触碰到了宗教的边界"[5]，那么，它还向后渡过了民族权利和国家利益的大海，触碰到了军事科学的边界。事实上，它是作为一种宗教的民族主义和作为一门技艺的军国主义之间的桥梁。任何时候，只要偏狭民族主义的上帝遭到外国人的亵渎，或者，他们所亵渎的是上帝的象征物、牧师或神圣的器皿，热情的民族主义者便会立即做出反应，抓起棍棒和石块，以及体力上能够利用的其他任何器具；在极度兴奋中，他时刻准备挺身而出，用暴力为民族尊严报仇，维护国家声望。国家利益有时候可能要服从国际仲裁，民族权利偶尔通过国家间的协议作出妥协，但民族尊严决不会这样！

6

军国主义，在陆地和海上维持庞大的军备，是现时代民族国家的一个突出特征，如今比过去任何时候都更加如此。很显然，一个民族群体越是进步、"文明"（与民族主义的），它就必定越加军国主义化。就在最近一年——国际"和平"的一年——紧跟在"终结战争"的世界大战之后的一年——二十个民族国家总共把超过二十五亿美元花在了它们的陆军和海军上；而且，比较它们的支出来判断，英国是最文明、最进步的（也是最民族主义的），美国其次，法国第三，接下来依次是意大利、德国、俄国、波兰、西班牙、墨西哥、荷兰、希腊、瑞典、阿根廷、南斯拉夫、巴西、比利时、土耳其、日本、罗马尼亚和智利⁽⁶⁾。

为什么有这些花销？为什么有这些军国主义？有人说，

这是因为，有利益、有影响的资本家和商人出于自己的经济目的提出要求并获得了它。毫无疑问，这样的说法里有一定的事实根据。在每个工业化的民族国家，都有经济上的军国主义支持者：那些要求本国政府"保护"他们的国外贸易并得到了这种"保护"的人——不管是以空想的"担保"形式，还是带有夸大其辞的"广告"性质；那些恳求本国政府"保护"他们在外国、尤其是在"落后"地区的投资，并得到了这种"保护"的人；那些借钱给本国政府的人，他们认为，如果政府因军备得到巩固和加强，他们的债务人就有更好的条件偿还债务；那些要求军事力量镇压国内动乱和骚乱——既包括政治异议，也包括经济罢工——的人；那些为陆军与海军生产军火和军需品的人。你几乎不要指望德国的克虏伯家族、法国的勒克佐工厂、英国的阿姆斯特朗公司、甚至美国的杜邦和马克西姆公司会热情鼓吹削弱军国主义；你也几乎不可能谴责这些诚实正直的绅士，因为他们有那样的远见和天才来建立这样一些庞大而赚钱的工业企业。

你也不可能稍稍谴责那些在墨西哥、南美、远东或土耳其拥有或希望拥有广泛财产权的美国公民——仅仅因为他们偶尔看到一艘美国军舰或一支美国海军陆战队就很高兴。正如美国海军部的艾伦·韦斯科特先生令人敬佩地指出的那样，美国对土耳其的出口额从 1913 年的三百三十万美元增长到 1920 年的四千二百二十万美元，"很大程度上是通过美国驻土耳其最高司令官布里斯托尔海军少将与商业利益集团的巧妙合作而造成的……不久之前，还有很多人反对国会里把商业代理人放在军舰上的议案。如今，驱逐舰正在进入土耳其港口，'旅行推销员'是它们的常规乘客，它们的船舱里堆满了美国的货物样品。一艘美国驱逐舰以三十节的速度进行了一趟专门的航行，把美国石油勘探者送到一个新近开发的油田"[7]。

但无论是"和平"时期的军国主义，还是战争时期的军国主义，有一点都极其可疑：任何国家的平民大众会不会仅仅是为了石油勘探者或"旅行推销员"的金钱利益而投身于军国主义。让当代军国主义被平民大众普遍接受的，不是大企业或军国主义的经济学——根本不是经济学——而是民族主义的情绪。民族主义难分难解地与军国主义交织在一起。根据民族主义理论，每个民族国家都绝对独立自主，对其他每一个民族国家都充分平等，尽管实际上各民族国家非常不平等，即便是它们当中最强大的，也没有强大到足以维护自己的独立——假如其他国家联合起来对抗它的话。然而，在大多数情况下，每个民族国家的行为都仿佛它是自给自足的，仿佛它自己的私利就是它的最高指导原则。换句话说，民族主义的社会是无政府主义的社会。主权民族国家不接受任何立法者，不承认任何法律高于他们各自的选择和设计；而且，尽管它们声称它们在处理彼此之间的关系时，依据的是"国际法"和国际外交的传统惯例,符合"文明"和"人道"的规定,但在民族主义的社会,就像在无政府主义的社会中一样,争吵是不可避免的:在它们当中,武力和实力间接地——即便不是直接地——是最终的仲裁者。一个并不委婉的说法是:每一个这样的民族国家都被称作"强国",少数几个民族国家凭借其装甲板的厚度和重量,以及通常与它们的力量展示相伴随的威望,而被归类为"伟大强国"。民族主义以一群互斥的民族国家为前提;正是这个事实,往往导致每个国家的人民最终依靠军国主义,来实现它自私的(和利他的)目的。

在军国主义中,正如我们在别的地方已经指出的那样,民族主义也有一个实用主义的检验。民族自决权通常借助军国主义来获得;而且,正是借助军国主义,尚未收复的民族领土被收回了。此外,如果没有军国主义,如何保护民族权利,如何促进国家利益,如何维护民族尊严呢?个人的财产权和经济利益本身并不值得为之武装和战斗,但是,一旦提升到民族权利和国家利益的情绪和情感层面,它们就证明了每个民族主义者全心全意地努力为他的"强国"增添重量和力量是合理的;而且,如果它们碰巧被抬到了民族尊严这个直冲云霄的更高层面,那么,就会驱使他赶忙奔向最近的征兵站,不会停下来问"为什么",而只是渴望去"战斗,并死去"。(译者注:这里引用的是丁尼生的诗句。)

对民族主义者来说，军国主义的吸引力十分强大。在海陆军的制服中，在阅兵的壮观场面中，在对爆炸的炸弹和呼啸的子弹的想象中，有着民族主义的自豪感。世界上每一个民族群体令人肃然起敬的英雄传说都是战争传说；过去的大多数英雄人物都是军事英雄；民族的伟大程度主要由他们的战斗力来衡量。维吉尔为之歌唱的，正是古代帝国罗马人的军事理想：

> 最好让别人浇铸流动的金属，
> 塑造栩栩如生的铜像，
> 让大理石的脸庞柔化为血肉；
> 让他们更好地抗辩于法庭；
> 让他们描绘繁星坠落和升起时的天空。
> 但罗马！只有你，有着惊人的支配力量，
> 统治人类，让世界服从，
> 以你自己威严的方式，处理和平与战争；
> 让傲慢者驯服，让奴隶得自由：
> 这是帝国的技艺，你当之无愧。

但是，吉卜林、巴雷尔或我们这个时代任何一个民族主义文学家，都能吟唱几乎一样的歌，在公众心里引起的共鸣甚至比维吉尔在一千九百年前所引起的还要多。古罗马的

精神连本带利传给了现代民族主义。正如戴维·S.马齐教授所言:"整个欧洲历史上的一切艺术和文学,一切工业和商业,一切人类的进步,其底下依旧是罗马的理想。当……各民族谈到爱国主义时,他们指的是对他们光荣战争的记忆……不只是德国颂扬它的铁血英雄——从奥托一世,到奥托·冯·俾斯麦。法国人也庆幸有拿破仑的传说。他们有他们的 Grand Monarque(伟大君主)的战争。他们在亨利四世的白羽毛面前鞠躬致意,对罗兰在龙塞斯瓦列斯吹响的号角的回声感到兴奋莫名。英国人有他们自豪的回忆:阿金库尔战役、布伦海姆战役、克雷西战役和滑铁卢战役,颂扬他们的纳皮尔们、纳尔逊们和小'鲍勃'们。所有这些民族……都有他们光荣的战争传说,各民族都可以在基督教时代以来连续不断的杀戮过程中找到足够的胜利,来证明自己不可战胜的勇猛——不,甚至是证明它统治其余民族的神圣使命。"(8)

让军国主义在我们这个时代比维吉尔那个时代更受欢迎的是这样一个事实:如今所有文明民族当中的民族主义者都孜孜不倦地颂扬光荣的军事传统和军事理想。不只是在一个帝国,而是在大量独立的主权民族国家,这些传统和理想被反复灌输给平民大众;而且,现如今几乎普遍是借助强制义务教育新奇而强大的手段、大范围的军事训练和"黄色"媒体灌输给他们的。军国主义成了民族主义不可分割的组成部分;很自然,被灌输了民族主义的民族也应当被灌输了军国主义。

当你想到军国主义的广泛流行，然后回忆起现代民族主义社会——有五十多个主权"强国"——的无政府主义特征，你就不难理解，现代军国主义是竞争性的，其程度古罗马人闻所未闻。有一个民族主义的信念是：一个民族国家，为了维护它的独立和主权，必须始终有一支陆军，通常还要有一支海军；而且，为了提高它的威望，随着人口和贸易的增长，必须时不时地扩大其军备。那些极力主张增加军备的人，因为他们的爱国主义情怀而受到赞扬，与此同时，那些建议缩减军备的人则受到谴责，他们被认为缺乏爱国精神和没有热血；简言之，就是所谓的"和平主义者"（对民族主义者来说，这个词有着十分邪恶的隐含意义。）。

但是，一个民族国家的军备增长很可能让另一个民族国家的爱国公民感到惊慌，他们可能想象，这次增长是针对他们及他们的利益和权利；因此，这些人必定要通过增加他们的武装力量，来证明他们的血是红色的，来证明他们的民族信仰的品质。于是乎，现在轮到第一个国家热血沸腾的民族主义者躺在床上瑟瑟发抖；在疯狂的噩梦中，看到他们的国家遭到侵略和毁灭，他们的女人遭到强奸，他们的婴儿遭到屠杀，他们的整个民族遭到奴役，除非马上给陆军增加几个师，给海军增加几艘战舰。但是，如果第二个民族国家的公民对第一个国家最初的武装力量增长感到惊慌，他们肯定也会对随后的军备增加感到恐惧，因此，他们通过扩张其陆军和海军获得了片刻——仅仅是片刻——想象中的安全。当然，如果枪炮堆得太高，它们往往会在最近的时间里派上用场。例如，德国的枪炮在1914年堆积如山，它们被发射出去了，也没有明显增加德国的安全，或世界的安全。

每个民族国家的武器，表面上是为了"防御"。但是，流行的民族主义并没有这样的信条：自己的国家应当准备或发动进攻性的战争。自己的民族心灵太纯洁、行为太正直，不可能真正进攻任何人。不过，民族主义者脑子里有一个古怪的执念，就是：自己国家的武器仅仅是为了防御，而其他所有国家的武装都是为了进攻。结果，如果某个民族赢得了政治上的独立和统一，其成员就会觉得他们没法解除武装；如果说，他们从前是为了自由而不得不和一个强大帝国战斗的话，那么从此之后，他们就必须加倍地从道德上和身体上做好准备，来捍卫他们的自由，抵御那些心怀嫉妒的民族强国几乎可以肯定会发起的攻击。自豪于本民族的高尚目标，自夸本民族实现这些目标的能力，这些通常会在其他民族当中引发担忧和恐惧；这反过来会产生出一个普遍无法抗拒的要求："防御性"备战，也就是民族军国主义。

每个民族国家都有一个职业军国主义阶层，他们持续不断地利用本国公民的民族主义情绪，特别是利用国民对外国人的担忧和恐惧，并长期强调民族军国主义的竞争性。这个阶层包括为数众多的军官，尤其是已经退役的军官，他们有大量的闲暇和热情——这些人都是"专家"，他们的职能如今就是要为本国可悲的毫无准备而扼腕哀叹，赞扬它的军事天命。这一阶层同样包括很多激情似火的平民，他们组织起了陆军联盟、海军联盟、国家安全联盟，等等，雇佣发言人和作家，激励政府和人民践行"专家们"所建议的备战和天命。有一点很明显：军事权势集团越庞大，职业军国主义者阶层也就越庞大，越有影响力。还有一点也很明显：这个阶层越有影响力，民众对更多军国主义的要求也就更迫切、更成功。职业军国主义者始终是桀骜不驯的民族主义者。他们的职业就是备战，他们的业余爱好就是搜寻国家的损害或国家的冤屈。在诉诸平民大众时，他们通常赞成"防御"，但他们的论证往往充斥着自夸和威胁，以至于在国内被认为是"防御"，而在国外却被解释为"进攻"。

在关于国家利益、民族权利和民族尊严所引发的一切国际分歧和争端中，全世界的民族主义者几乎都不可能公正而客观地区分进攻和防御——因为，对于一个国家的民族主义者来说是防御，而对于另一个国家的民族主义者来说就是进攻。在国际争端中，民族主义者通常局限于断言他们自己国家的事业是正义的，并要求本国政府在捍卫自己的事业上更加好战一些——更多地展示武力。

因此，在外交上，以及在各种国际交往中，一个民族主义的世界表面上必定最终被军国主义、并且是被竞争性的军国主义所统治。这就是为什么一些民族群体在实现政治上的统一和独立之后并不总是其他所有民族可资效法的正义和宽容的典范以及世界和平的支柱的原因之所在。恰恰相反，这正是它们为什么继续养育和珍视军国主义，为什么试图通过战争或战争威胁来满足它们眼下自私自利的野心、有时候甚至以牺牲世界的健康与幸福为代价的原因之所在。

【注释】

（1）民族主义的某些辩护者——他们的愿望超过了他们的判断力，他们的偏好倒是符合他们的历史知识——认为，民族国家的建立有助于和平。就连著名历史学家 J. 霍兰·罗斯博士也声称："在实现公民自由和民族团结之后，民族主义的本能——它因为反对而加强，在适当满足之后而弱化——应当融入更宽广、更高贵的人类友爱之情中，它只是实现这种友爱的一个预备阶段。"（《现代史中的民族主义》，第 202 页。）我猜，罗斯教授当时说这话时，更多地是作为一个处在第一次世界大战的情绪当中的英国民族主义者，而不是作为一个面对事实的客观的历史学家。尽管民族主义本能或许"应当融入……"，但事实明显不是这样。

（2）《爱国主义与超级大国》（*Patriotism and Super-State*，1920），第 71~73 页。

（3）沃尔特·李普曼：《外交赌注》（*The Stakes of Diplomacy*，1917），第七章。

（4）这段引文，还有本节中的一些思想和短语，均取自托斯丹·凡勃伦先生颇有思想的著作《和平的性质及持久和平的条件研究》（*An Inquiry into the Nature of Peace and the Terms of its Perpetuation*，1917）。关于这个主题，还可参看利奥·佩拉的著作《何为民族尊严？》（*What is National Honour?*, 1927），会受益匪浅。

（5）同上引书，第29页。

（6）大英帝国耗费了652 696 789美元（不包括印度和各自治领）或835 196 789美元（包括印度）；美国是554 372 018美元（257 274 768美元用于陆军，297 097 250美元用于海军）；法国是220 403 601美元；意大利是117 093 411美元；德国是107 100 000美元；俄罗斯是105 752 070美元；波兰是85 102 964美元；西班牙是76 601 243美元；墨西哥是63 238 095美元；余不一一。这些数字是1923~1924年一个财政年度的，由美国战争部统计局编制，由纽约的J.P.摩根公司换算成美元，并由美国基督教会联邦委员会研究与教育部信息处在1925年7月8日发表。

（7）"争夺地中海的斗争"，载《我们的世界》（*Our World*），第二卷第5号（1923年2月），第17页。

（8）《爱国主义的威胁》（*The Menace of Patriotism*），伦理文化协会（纽约，1916），第4~5页。

七　民族主义与不宽容

1

我们必须承认，宽容——"自己活，也让别人活"的精神——并不是所有人长期的品质和理想。不管什么时候，只要宽容显而易见，人们就把它和极少数精英分子令人愉快的通情达理联系在一起，或者更经常把它和群体所表现出来的冷漠、怀疑或疑虑联系在一起。在后面的实例中，群体可能对他们已经失去兴趣的东西宽容，但这并不是说，他们因此一般而言在原则问题上变得宽容；同时他们可能在那些他们已经有了重大利益的事情上极不宽容。源自冷漠的宽容是一种特殊的宽容，它和由理性信念而产生的普遍宽容只有遥远而微弱的关系。

人们常说，宽容——普遍的而有原则的宽容——是"进步的快速冰溃"的组成部分，而"人类事务的平底雪橇"[1]越来越快地——在我们的时代则格外快——从上面滑过，滑向完美的健康、快乐和理智的目标。相信这个说法当然令人欣慰。但是，只要一点点反思，只要我们自己有一点点理性思考，我们就会对接受这样一个信念十分谨慎，不管它看上去多么令人欣慰。对于人类来说，完美的健康、快乐和理智无疑是一个颇有吸引力的目标——它们一直是迷人的——但我们是不是能够肯定：我们比古希腊人离这个目标更近了一些？难道这些目标不总是带有一点乌托邦的色彩吗？如果是这样，"进步的平底雪橇"难道不是仅仅为华丽的修辞？无论如何，我们在断言真正的宽容取得了稳定进步之前，不妨停下来，提出诚实的怀疑。

　　流行观念认为，今天的世界比过去任何时候都更加宽容了。这个观念是事实与想象混合的结果。事实是：对宽容——正如对每件事情一样——抱持乐观态度是现时代的一个典型特征；但是，在我们看来，认为所有这样的乐观都不无道理则纯属幻想。还有一点大概也是事实：在改进施加给不宽容受害者的惩罚和刑罚上，确实取得了一些进步。一个确凿无疑的事实是：某些特定的不宽容明显减少了。异教徒不再把基督徒扔给狮子，并以此为乐了。天主教徒不再在火刑柱上烧死异端分子了。新教徒不再在绞刑架上吊死天主教徒或把他们血污的头颅悬挂在城门旗杆上了。但有一个假设纯属幻想：对异教徒或基督徒、新教徒或天主教徒已经变得更宽容的人，对其他事情也变得宽容了，尤其是对于那些如今对他们来说在利益和感情上都攸关重大的事情。不宽容的对象变了，但不宽容本身依旧存在；结果，尽管基督徒和异教徒像这样在宽容上取得了一些真正的进步，但无数其他的人——甚至包括基督徒和异教徒——在不属于基督教或异教的方面所取得的进步很少，甚或根本没有。

民族主义如今是绝大多数人的切身利益之所在；它是一种富有感情色彩和令人感动的利益。它在学校里被讲授，通过军事训练来灌输，被媒体和讲坛所鼓吹，体现在民族国家中，被国旗所象征，触及了现代人的生活——从摇篮到坟墓。它是人民大众所相信的一种信条，是人民大众所践行的一种崇拜。它是人类理想主义的一个新奇表达。它激励着高尚的行为和英勇的牺牲。有时候它被证明不容怀疑，不容异议，还有什么比这更自然的吗？

我们已经看到，民族主义产生了许许多多战争——民族自决战争、领土收复战争和帝国主义战争——它促进了一种新的、特别持久的军国主义。如今，民族军国主义和民族主义战争本身与不宽容密切相关。它们在很大程度上是由一个民族对另一个民族的不宽容所导致的；随着这些过程和结果，它们通常巩固和强化了国际间的不宽容。总而言之，它们显示了一个人类群体消灭另一个人类群体的欲望和冲动；无论这种欲望多么合理，这种冲动多么理想，它们都预示了一种当代的、大众化的不宽容，本质上与亨利八世时代、托尔克马达时代或尼禄时代的不宽容并无不同[2]。毫无疑问，现代的国际不宽容，记在它们账上（欠账或被欠账）的受害人，已经远远多于古代或中世纪宗教间的不宽容。异教徒或基督教徒（或穆斯林）的不宽容可能已经走到或正在走向及时的、无人惋惜的终结，但国际不宽容的终结还看不到端倪，而且，如果终结的话，民族主义者多半会感到惋惜。

在民族主义者看来，系统性地、大规模地消灭外国人是如此光荣而有益，以至于国际不宽容的这一最高形式的任何减少，必定会引发最伤心的惋惜。正如一位有点阴郁却非常雄辩的民族主义教授所言："战争和战争权是人类的一件财产，应当把它的价值看得高于宗教，高于工业，高于社会福祉；战争中有一种人类看重的力量，把生命提升得超越于生命之上，为人的精神所掌握，去追求理想……国家间的友谊是一个空洞的名字；和平充其量不过是时间战场上的休战而已。"[3] 或者，正如另一位同样有才华的哲学家和教授所证明的那样："一场胜利的战争可以让一个国家彻底重生——道德活力被唤醒，罪恶被抑制，生命得到保护，教育兴盛，卫生普及，国家以科学重建，繁荣不断增长，节制和律己盛行，家庭生活在新的富足中不断扩大。"[4] 为了维护这两位教授从国际战争中采摘的幸运果实，一位十足是民族主义权威的马汉将军留给我们一篇严重警告——几乎是作为他最后的文学遗产——他警告我们不要让民族间的不宽容有任何减少。"至关重要的是，"他写道，"欧洲各国必须充分保留民族自主权——民族群体的情感［民族主义］是它的精神，军事武装是它的化身；惟有如此，惟有借助各国力量的激烈竞争，欧洲的整体力量才能依靠其自身而得以维护，并最终因吸收外部的反对力量而削弱。"[5]

所以，如果我们听从那些最有能力的人代表民族主义提出的告诫，我们就应该不断增强我们的民族军国主义，不断发动民族主义战争，并必然变得对外国人越来越不宽容。几乎不可能沿着这个方向铺就人类进步之路，让进步的雪橇滑向完美的健康、快乐和理智的目标。不过，如果沿着这个方向，我们就不会以沾沾自喜于我们正变得越来越宽容来取悦自己。

然而，与国际战争和民族军国主义相伴随的不宽容，只是民族主义不宽容的一个方面，尽管或许是其最重要的方面。另外一些方面看来与每个民族国家的内部关切有关。如果说，在国际关系紧张时期，民族主义鼓励整个民族群体或一个民族国家的全体公民组成统一战线，对某个外族或外国展示集体的不宽容，那么，在所有时期，民族主义始终会驱使一个民族群体内部的某些个人或群体想当然地认为他们就是标准，是本民族百分之百的爱国者，并采取适当程度针对性的不宽容，对付那些天资稍逊的本国同胞。民族主义这种专门的对内不宽容，实际上可能不像集体对外不宽容那么要命，但它们有着各种不同的重大意义，其比例也不断增长，因此需要进行一定的审视。讨论民族主义在国内事务上的这种不宽容趋势时，方便的做法是从以下几个方面对它们进行区分：（1）国际性宗教的虔诚信徒；（2）源于外国的社会和经济运动的追随者；（3）外国或"劣等"种族的成员；（4）本国少数持异议者。

2

一点也不奇怪，民族主义与"世界性"宗教之间存在冲突。每种伟大的国际性宗教——佛教、基督教、伊斯兰教——都宣扬人类的平等和友爱，而不管他们的民族身份；相反，民族主义总是在一个特定民族中反复灌输本民族的优越感。而且，世界性宗教划定了宽阔的文化区域的边界，比如西方、近东、中东和远东，在每个这样的文化区域，风俗习惯的共同体与民族边界部分重叠；另一方面，民族主义试图为每个民族群体提供一种截然不同的文化，并把它提升到高于更宽阔的宗教区域的文化之上。

其次，国际性宗教也有某个中心权威，对它们各自的信徒拥有或大或小的实际权力，并通常在任何特定民族群体的外部行使权力，而民族主义则警惕地守护着每个独立民族国家绝对的和最终的主权，提防它受到任何真实的或幻想的侵犯。就国际性宗教的情形而言，中心权威可能是一本书（《圣经》或《古兰经》）的权威，也可能是一个人（教皇、大主教、达赖喇嘛或哈里发）的权威。一种国际性宗教的首脑人物，很少有能力或愿望把自己的宗教职能和精神服务与世俗关切分离开来；这样一种宗教中最神圣的经书并不只是包含宗教规诫，而且还有政治的、社会的、甚至经济的指导，它们可能违背一个民族国家的原则和法规。对世界性宗教的虔诚信徒来说，宗教权威所认可的良心命令必须遵循，不管它们是不是违反国家的法律。对民族主义者来说，民族国家的法律必须遵守，不管它们是不是遵循了神圣经文的规诫，是不是符合一个神圣之人的告诫。

民族主义者不喜欢本国公民三心二意的忠诚——他们时而服从于国家，时而服从于一个外国教会；每当协调这两者成为一个问题时，他们都保留个人判断的权利。因此，满腔热情的民族主义者总是努力让教会服从于国家，尽可能多地把前者的职能转移给后者。在每一个被灌输了民族主义的国家，都有一个明显的趋势：本国政府从国际性宗教的本地机构手里接管人口统计重要资料的保管、家庭关系的调整以及公共慈善与公共教育的管理，而且，在某些实例中，还拒绝给予这些机构以组织和宣传的充分自由，并监督——即便不是切断——他们与本国宗教狂热分子的交往，甚至还有他们与其他国家宗教首领的交往。这个过程被委婉地称作"去宗教化"，或曰"世俗化"；直白地说，它就是"民族主义化"。尤其是围绕教育，过去一百年里民族主义者与国际宗教信徒之间爆发了冲突。教育究竟是应该继续留在一个国际组织的活动范围之内并受它的控制，还是应该被民族国家民族主义化并受国家的主宰？争论双方都知道，其信仰的未来很大程度上取决于对年轻人的恰当教导。

总的来说，民族主义者在他们努力减少世界性宗教威胁的斗争中取得了显著进步。民族国家的强制性对教会的自愿性的优势给了他们极大的帮助。今天的人民并没有被迫属于一个教会或缴纳养活教会的什一税；如果他们被强迫这样做的话，民族主义者肯定会愤怒地抱怨宗教的不宽容。但人民必须属于国家，必须缴纳维持国家的税赋；他们必须服从法律，否则的话就会被判处罚金、监禁，甚或被处死；对此，民族主义者丝毫不觉得有任何不宽容。此外，民族主义者所赢得的每一次胜利都给他们提供了巨大的帮助。当一项接一项世俗职能从教会转移给国家时，平民大众开始一步一步地把国家而不是教会看作家庭的守护者、慈善的分配者，以及教育和文化的促进者。最终，随着实际上的渐进过程——扩大国家职能和建立法国人所说的 *étatisme*（法语：国家主义），民族主义持久而高效的宣传得以完成：把它宣传为一种情感力量，一种精神"使命"，一种其他宗教的替代品——即便不是宗教本身。结果是，一个现代民族国家的公民能够从他们呼吸的空气中吸收民族主义，一种国际性宗教名义上的信徒实际上成了民族主义的忠实追随者。这一发展极大地减轻了那些自称坚定民族主义者的劳动，他们反反复复地从他们的

"敌人"那里得到帮助和安慰。

我们完全可以详细地描述民族主义与佛教之间或者民族主义与伊斯兰教之间冲突的性质，并具体地说明日本和土耳其的极端民族主义者对那些碰巧是佛教或伊斯兰教——或者基督教——信徒的本国公民的不宽容。然而，为了简明扼要起见，更可取的做法似乎是：在这里，我们仅仅局限于简短描述和扼要说明欧美民族主义者的不宽容——这种不宽容首先影响到基督徒，其次影响到犹太人。

基督教一直纠缠于耶稣的精神和教义。所有种族、所有民族群体和所有人的平等和友爱，对所有人公平和仁慈，与尘世间一切善良的人们和平相处，谦卑、自我牺牲、温顺和长期受苦受难——这些概念和规诫，作为一个恒久不变的中心主题，反复出现在四福音书中，出现在圣保罗的《使徒书》中，出现在神父们的护教辩护词中，出现在圣托马斯·阿奎那的著作中，出现在圣方济各的诗歌中。说到这些观念如何直接地与极端民族主义——靠剑为生的民族主义——的精神针锋相对，从19世纪一位极有才华的作家的下面这段话中可以管窥一二："你在旧时代听到有人说，温顺的人是有福的，因为他们将继承土地；但我要对你说，勇敢的人是有福的，因为他们将让这土地作他们的王座。你曾听人说，虚心的人是有福的；但我要对你说，心灵伟大、精神自由的人是有福的，因为他们将进入忠烈祠。你曾听人说，缔造和平的人是有福的；但我要对你说，制造战争的人是有福的，因为他们将被奥丁神的孩子们——即便不是耶和华的孩子们——所召唤，奥丁神比耶和华更伟大。"⁽⁶⁾尼采本人并不是一个民族主义者，而且，有一些温和而仁爱的民族主义者也否认他对力量和勇敢的大声赞美。另一方面，很多名义上的基督徒的行为却仿佛他们同意查拉图斯特拉的说法，而不是"登山宝训"。然而，极端而严格的基督教与极端而严格的民族主义之间，不可能有妥协。一方的忠实信徒不可能与另一方的忠实信徒谈判。这是一场你死我活的战斗；这样一场战斗必定涉及迫害和不宽容。

基督教不像儒教那样纯粹是一套道德说教。它过去是、而且一直是一个组织化的社会，有主教、牧师和助祭，有使命去教导所有民族遵守其创立者的任何命令，尤其是有一项特殊的命令：让恺撒的东西归恺撒，让上帝的东西归上帝。在区分什么是上帝的东西、什么是恺撒的东西时，在履行它自己的使命时，以及在确保它自己的这个有形社会的统一和独立时，基督教有各种各样的机会与现代民族主义发生冲突。

正如我们在前面已经指出的那样，基督教承认民族群体的原则，并经常对它作出一些不大重要的让步。在某些情况下，基督教的仪式用民族语言来主持；一个民族群体比另外一个民族群体更尊敬某些基督教圣徒；每个基督教民族通常都有它自己的下级教会组织，有本民族的大主教和本民族的主教，以及本民族的宗教会议。有时候，统一的基督教所拒绝承认的东西——为了民族群体的利益——则通过反叛教会权威、以牺牲基督教的连续统一和完全独立为代价而获得。以这种方式，早在现代民族主义出现之前，亚美尼亚人、科普特人、希腊人、塞尔维亚人、保加利亚人和俄罗斯人当中就已经出现了本民族的基督教会。也是以这种方式，在现代之初，日耳曼人、斯堪的纳维亚人、荷兰人、英格兰人和苏格兰人当中就出现了本民族的基督教会，甚至在基督教普世教会的残余领地之内，对几个民族群体给予了额外的让步——法国人、西班牙人、葡萄牙人、意大利人，等等。而且，正如我们在前面已经指出的那样，组织化基督教的这种渐进民族主义化，不管是通过东欧的正教分裂，北欧的新教反叛，还是通过南欧的天主教改革，对于现代民族主义的兴起都是一个很重要的贡献因素。本国教会对民族群体的原则作出了很大的让步；反过来，本民族的爱国者也颂扬它们——与他们对外国教会或普世教会的态度截然不同——并越来越多地利用它们，充当民族主义的传播媒介。

毫无疑问，一切民族教会，无论是正教还是新教，如今在解释基督教福音时，往往都会抵制极端民族主义，并在用基督教解释民族主义这个方向上，对它们的信众发挥一定的影响。因此，它们很容易招致极端民族主义者的不快或激起他们的敌意——这些人致力于傲慢、自私而好斗地吹捧他们各自的民族群体或民族国家。例如，像新教中的贵格会和正教中的杜霍波尔派，是如此不容置疑地致力于和平、友爱和宽恕的基督教理想，以至于拒绝拿起武器，拒绝参与战争；贵格会教徒和杜霍波尔派教徒都受到了民族主义同胞的公开谴责和残酷迫害。特别是杜霍波尔派教徒，遭受的苦难尤其惨烈。沙皇尼古拉二世治下的俄国民族主义者以数不清的方式处罚他们，很多人移民加拿大，不料在第一次世界大战期间，激发了来自加拿大民族主义者的怀疑、厌恶和迫害。然而，尽管有这些例外，还是可以断言，一些主要的新教和正教教会与现代民族主义并没有发生非常严重的冲突。这些教会的起源，在公众的头脑里，也和民族主义的发轫紧密相关；它们的组织主要是民族的；它们的宗教信仰与民族主义的宗教信仰的融合，有可能更进一步。不管是新教，还是东正教，在普通的民族主义者看来似乎都不是什么危险。

3

在天主教那里，情况则有所不同。天主教尽管传统上尊重民族群体的原则，后来还对民族情感作出了让步，但它依旧是一种国际性的宗教，有一个国际性的组织，有表述其思想的权威方式——其思想经常与民族主义的思想不一致。民族主义者，不管他们对新教多么漠不关心或者多么友好，他们对天主教从不漠不关心，也很少友好。在天主教中，他们所察觉到的，不仅仅是多少有些乌托邦色彩的关于友爱和平等的布道，也不仅仅是多少有些敷衍的国际和平、正义与博爱的说教，而是一个非常真实、非常有效的国际组织，以及一种至关重要的影响力——从一个核心人物（罗马主教，教皇）发出，越过民族国家的边界，辐射到国家政策和民族教育的领地。"三心二意的忠诚"并不是对新教和正教基督徒的平常嘲弄；它是狂热民族主义者对天主教徒的日常责骂。

随着民族主义在 19 世纪和 20 世纪无所不在的兴起，一场被称作"反教权主义"的反天主教运动出现在每个传统上的天主教国家。这种无所不在的反教权主义，其根源并不是民族主义的，而是源自对基督教启示真理的普遍怀疑，源自对耶稣的神性和教会的神圣的怀疑，源自科学与神学之间的假想冲突，源自对神职人员具体行为和言论的理性反对与情绪抵触。相当数量的人认为，天主教是迷信的和骗人的，或者说是落后的和愚昧的；这些人肯定会欢迎它的衰败和早死，他们在思想和意图上都与民族主义相去甚远。但几乎不用怀疑，民族主义者利用了反教权主义，通过它对平民大众日益增长的民族主义的吸引力，获得了大众化的推进。迄今为止，非民族主义的反教权主义者所取得的成功，与其说是扑灭"迷信"或开始一次新的"启蒙"，不如说是帮助民族主义者火中取栗。有意也好，无意也罢，所有反教权主义者都参与了对天主教会的攻击，常常伴随着民族主义的不宽容，最引人注目地走向了民族主义。

　　法国大革命攻击、随后几乎是取缔了天主教，只是当教皇同意被没收的教会财产毋需归还、牧师应当是领薪水的政府官员、主教应当根据法国政府的提名来任命时，天主教才在拿破仑一世治下的法国得以重新确立。整个19世纪，国民政府不断侵蚀法国天主教会的职能和自由，尤其是宗教教育的自由。1901年，法国政府取缔了很多宗教协会，把它们的成员赶出了法国。1905年，它废除了拿破仑与教皇之间的协定，收回了对神职人员的财政支持，没收了教会自大革命之后获得的所有财产。在采取这些措施时，法国政府受到了抱持各种不同观点的很多反教权主义者的鼓掌欢呼：有人认为，出于政治理由，这些措施是必要的；另一些人认为，它们对知识的或文化的目的来说是可取的；还有人认为，它们对社会的和经济的目标来说是有益的。但事实情况是，引人注目的法国反教权主义立法提倡者都是纯正的法兰西民族主义者，比如革命时期的爱国者，以及后来的M.M.基佐、甘必大、费里、比松、康比斯、维维亚尼和克列孟梭。还有一个事实是，尽管多半只是一个巧合，法国天主教会的每一次削弱，都伴随着和紧跟着法国民族主义的一次增强。

　　在所有传统上的天主教国家，类似的反教权运动产生了类似的结果。正如在法国一样，过去一百年里，在意大利、西班牙、葡萄牙、比利时、奥地利和一些拉丁美洲共和国，

244

或多或少，天主教会都被剥夺了权利和特权，与教皇的关系被中断或受到审查，教会的财产被宣布为国家财产，修道士和修女被驱逐出境，天主教公民在选举或任命公职上受到歧视，要不然则遭受一些小规模的骚扰——如果不是迫害的话。其中一些不宽容的证据，被这几个民族的新需求证明为不无道理，这一点几乎没有疑问。很大程度上，它们是新兴民族主义的原因和结果，这一点则没有任何疑问。当然，在意大利，教皇主要作为民族统一之敌而受到攻击；自马志尼、加里波第和加富尔时代，直到松尼诺、奥兰多、邓南遮和墨索里尼时期，意大利的反教权主义一直是意大利民族主义的前锋。

在大多数天主教国家，天主教都是一个太过悠久的传统，依旧太过强大地控制着平民大众，不可能立即而彻底地被打垮。事实上，所有这些国家的爱国者群体都试图给天主教贴上他们特定的民族主义商标，使之服务于他们的政治利益。因此，在法国，最近五十年的保皇主义者，作为一个在民族主义上并不比他们的共和主义同胞稍逊一筹的群体，一直是天主教会可靠的资助人；但是，必须补充一句，他们所资助的天主教会与其说是普世教会，不如说是法兰西民族的天主教会：高卢派教会。在意大利，墨索里尼先生后来也表现出了这样一种趋势：倾向于把意大利天主教会和教皇在罗马的存在看作是意大利民族主义的资产，而不是负债。但是，这里就像其他地方一样，民族主义者对天主教会的帮助，很大程度上跟越来越普遍的不宽容一样，有着相同的动机和效果。可以肯定，这些帮助来自民族主义者，而不是天主教徒；它们对民族主义而非天主教更有益，更会带来成效。

在一个像捷克斯洛伐克那样的国家——其人口传统上是天主教的，但也有伟大却并不成功的反叛教皇的传统——民族主义者从不错过机会把从前的"殉道"异端提升为神圣的民族遗产，把天主教会贬低为外国制度。捷克斯洛伐克共和国第一任总统和"元老"托马斯·马萨里克是一个热心的民族主义者和国家主义的坚定倡导者，尽管在基督教方面是一个不可知论者和"自由思想者"，而且是一个公开宣称的反教权主义者，但他一直对扬·胡斯表现出极大限度的尊重和崇敬，竭尽其政府的全部力量和他的个人声望，来建立和培养独立于罗马的本国基督教会。绝大部分捷克人和斯洛伐克人都依旧与罗马交往，拒绝加入本国教会；仅仅这一事实，无法阻止政府坚持开展一场对天主教会的迫害和不宽容运动。

在一个其人口中忠诚大致均衡地分布在天主教和某个其他形式的基督教的国家，对于民族主义的不宽容，首当其冲的通常是天主教。例如，尽管德意志民族至少有一半人、德意志帝国有三分之一以上的居民在信仰和传统上是天主教的，尽管德国的天主教徒并不缺少德意志爱国主义，但是，德国的统一是 1866 至 1871 年间在一个新教政府的统治下实现的。渴望维护和巩固民族统一的俾斯麦和他的同事们立即采取措施，让德国天主教会从属于国家。结果就是所谓的 *kulturkampf*（德语：文化斗争）。政府在新教徒、反教权主义者和民族主义者的帮助下，制定了一系列法律，规定只有在德国公立学校接受过初等和中等教育、在国立大学读过三年书并通过了德国历史和德国文学的国家考试的人，才能担任天主教会的职务；接收男孩子们的教会神学院被取缔了，其他所有培训神父的学校都被置于政府的控制之下。经教皇批准，德国的天主教主教谴责了这些法律，敦促德国天主教徒不要服从它们。接下来，政府以更严厉的措施进行报复：任何犯有不服从本国法律之罪的神职人员都被剥夺公民权利，被命令生活在特定的地区，或者被判处罚金、监禁或流放；德国政府与教皇正式断交；未经政府授权，任何人不得履行教会的职能；某些宗教团体，尤其是耶稣会，被驱逐出境；而且，在继续拒不服从的情况下，将收回对天主教教士的财政支持。这些措施的执行是如此严厉，以至于在短短一年之内，就有六位天主教主教遭到监禁，超过一千三百个教区停止了天主教崇拜。然而，大多数德国天主教徒联合起来捍卫教会；最后，文化斗争的不宽容法令要么被废除，要么被允许暂不执行。

然而，德国天主教徒直到今天继续拿出充足的证据，证明本国公民同胞对他们的不宽容态度，以及五花八门的民族主义社团的不宽容活动。尽管德国天主教徒一样拥有那种把所有德国人卷入世界大战的爱国主义情感，尽管他们在这场艰巨斗争中做了自己的分内之事，但后来，不止鲁登道夫将军一个人指控他们是背叛德国的叛国者，对德国战败负有责任。对天主教政治家埃茨贝格尔先生的谋杀，是那些受到反天主教思想——这和他们的反和平主义不相上下——激励的年轻民族主义者们的最高成就。在马克斯博士与兴登堡将军竞选德意志共和国总统的选战中，天主教对一方有害处，就像民族主义对另一方有帮助一样。

正如德国见证了新教民族主义者对天主教公民同胞的不宽容，今天的南斯拉夫也正在目睹东正教民族主义者对天主教同胞的不宽容。目前的南斯拉夫实际上是塞尔维亚王国的扩大，后者传统上是东正教的，长期以来拥有一个本民族的教会，它如今扩大到了包括整个南斯拉夫民族群体，其很大一部分成员从前属于奥匈帝国，是天主教徒。因此很自然，塞尔维亚民族主义者把本民族的教会看作民族主义的纪念碑和堡垒，必定让所有南斯拉夫人区别于其他民族群体；他们应当与斯洛文尼亚人和克罗地亚人——这些民族更多地是民族主义的，而不是天主教的——通力合作，削弱南斯拉夫的天主教会。甚至就在眼下，一场文化斗争即将降临在塞尔维亚人、克罗地亚人和斯洛文尼亚人的王国。

然而，有些国家在宗教渊源或传统上主要是非天主教的，

248

但有人数可观的天主教少数族群，在这些国家，天主教徒遭受来自民族主义不宽容的苦难最多。在沙皇的俄罗斯，以及在布尔什维克主义者的俄罗斯，天主教都被攻击为外来的和异族的，是"波兰的"或"奥地利的"，是"西方"自由主义和民主的伪装，或者是"西方"资本主义和帝国主义的工具；一连串无休无止的针对天主教的歧视和迫害法令得以颁布。在今天的罗马尼亚，东正教政府和多数民众在对待新教徒、尤其是特兰西瓦尼亚地区的天主教少数派上，表现出了明显的不宽容；他们决心要把这些少数派彻底"罗马尼亚化"，而"罗马尼亚化"在逻辑上涉及一个民族采用同一种信仰，也就是大多数罗马尼亚人对本国东正教会的普遍接受。

在说英语的国家，反天主教长期以来就是特别盛行的民族主义纲领中一个显眼的条目。自伊丽莎白女王时代以来，一代接一代英格兰人、苏格兰人和美国人都有这样的感觉和发自内心深处的信念：天主教徒不可能是好公民。这种感觉不仅在 17 世纪和 18 世纪的刑法中，而且在戈登暴乱、"反天主教"示威、英国肯塞特分子的活动以及一大堆美国社团——一无所知党、美国保护协会、三 K 党，等等——的反复宣传中得到了表达。一个不偏不倚的学者很难——实际上是不可能——在最近三百年的历史中发现有任何时候，这些民族主义者当中的天主教少数派在履行公民义务上落后于他们的公民同胞；在他们各自国家的民族主义战争中，他们总是很乐意承担鲜血和财产损失中的相应份额。然而在今天，英格兰、苏格兰和美国的天主教徒，尽管在法律上得到宽容，却一直是民众猜疑的对象，有时候甚至沦为社会排斥和政治及教育歧视的受害人，始终是职业巡回演讲者和广泛流通的廉价出版物诽谤中伤的靶子。正如英国人至今依然认为，保留下面这条法律规定很重要：他们已经没有实权的国王必须是一个"忠实的新教徒"。同样可以指望有足够多的美国人团结起来，时刻警惕，防止美国总统的巨大权力被一个美国天主教徒所拥有。（译者注：迄今为止，美国的历任总统只有肯尼迪一人是天主教徒。）

在专门提到美国的反天主教不宽容时，梅克林教授最近指出："当然有一些表面上的刺激，比如那种心胸狭窄的嫉妒和恐惧——涉及罗马教会的权力和威望，天主教徒出了名的抱团排外，对神父与政客之间密谋控制社会的指控，以及天主教徒对公立学校的所谓敌意。但比所有这一切更深刻的原因在于这样一种模糊的感觉：相对于新教来说，罗马天主教会的权威中心在美国社会之外，并高于美国社会……"[7]正是民族主义和民族主义者对"三心二意的忠诚"的担心，把美国和英国所有反天主教的感觉和情绪的趋势集中了起来。正是新教对民族主义的认同，使得英国和美国的很多新教徒成为不宽容的代理人——这种不宽容是反天主教的，尤其是民族主义的。

4

像某些形式的基督教一样，犹太教也是当今时代民族主义不宽容的一个对象。但民族主义者对犹太人的不宽容，其解释稍稍不同于对基督徒的不宽容。不像基督教，犹太教本质上并不是一种世界性宗教；就信条与法规、起源与历史发展而言，它是希伯来民族的一种部落宗教。如果大多数希伯来人留在巴勒斯坦，他们到今天就会继续构成相当同质的人口，说希伯来语，信奉犹太教，他们的部落宗教就会十分适合全世界当代民族主义的格局；每个地方的民族主义者今天都会承认犹太教是希伯来人的民族宗教，正如他们有点大惊小怪地承认神道教是日本人的民族宗教一样。然而，希伯来人长久以来几乎不再是一个民族群体；绝大多数人已经从巴勒斯坦移居国外，在不同的遥远国度安家落户，疏忽或忘记了希伯来语，学会了他们所定居的地方的民族语言，并接受了它们的民族群体。惟一有一件东西，他们走到哪儿带到哪儿，这就是对犹太教宗教传统的忠诚，或者至少是情感上的尊重。就这样，通过犹太人的漂泊流离，人们发现，犹太教尽管并非严格意义上的世界性宗教，却在下面这个意义上成了一种国际性的宗教：它为大量民族群体和民族国家中一个有影响力的少数民族提供了宗教、文化和道德的背景。

分布广泛的希伯来人当中的宗教社群，长期以来致力于促进他们当中独特的抱团排外，使得他们明显区分于相邻的基督徒和穆斯林。只要这些居民都是狂热的基督徒或穆斯林，犹太人在其中成了一个宗教少数派，那么，尽管天主教主教和穆斯林哈里发都为了后者的利益而鼓吹宽容，但犹太人经常遭受各种打着宗教名号、普遍的迫害；所以，他们选择或被迫强化他们特有的抱团排外，并作为其他民族群体内部的且与之分离的一个民族群体而存在。但是，随着宗教宽容的增长，尤其是随着18世纪"启蒙运动"和"人道主义"的进步，对犹太人的迫害减少了。希伯来人走出了他们的聚居区，在"解放"的阳光下感到舒适；他们进入了那些解放并收留他们的民族群体的公共生活和私人生活。逐渐地，在大多数情况下，他们不再是"希伯来人"，而是成了"法国人"、"意大利人"、"英国人"、"德国人"，甚至是"波兰人"、"俄罗斯人"或"美国人"。他们大多数人在宗教上依旧是犹太人，至少在形式上是这样，但是，在开明的时代，宗教被认为是一件非常私人化的个人事务。

一个犹太人为什么不该是个好公民呢，就像既是法国、意大利、英国或德国的一个爱国者，同样又是一个基督徒或无神论者一样？事实上，他的犹太祖先比本国同胞的基督徒祖先更早定居在某些国家；如果爱国主义指的是对故土家园的爱，那么，可以有把握地说，犹太人天生就有各种权利对他出生的土地比对其宗教所起源的那片土地更有爱国心。基督徒把巴勒斯坦看作是圣地，但这并没有阻止他们对他们各自祖国的神圣土地致以更高的敬意。

所以，在 19 世纪和 20 世纪，犹太人通常成了他们所生活的那个国家的自由公民，在大多数方面与他们的公民同胞没有什么区别。他们如今都是国民，共同享有民族权利，关注国家利益，警惕地守护民族尊严。一点也不奇怪，一些杰出的犹太人在法国、意大利、英国、德国、美国及其他地方都成了杰出的民族主义者。犹太人与民族国家的其他公民同样接受公立学校、国家军队和"黄色"媒体的民族主义教育；正是他们的解放，加速了他们对各种民族主义刺激的反应；他们当中很多人从温和的民族主义中感觉到了一种有用的东西，可以挫败早先的宗教不宽容，从民族国家中感觉到了最好的和最安全的担保，可以保证他们继续解放。在过去一百年里，一次又一次，犹太人积极地与反教权的法国人和意大利人合作，或者与德国新教徒合作，与天主教战斗，巩固民族国家——以及民族主义。

当犹太人越来越成为各个现代民族群体不可分割的组成部分时，他们的国际团结和抱团排外减少了。现如今，他们互相之间差别巨大。在他们当中，正如在其他人当中一样，存在着贫穷与富裕、保守与激进、美德与恶行、鸿儒与白丁、天才与笨蛋的两极。他们在智性上、文化上和国民性上反映了他们不同的生活环境。在他们自己当中，西班牙犹太人和葡萄牙犹太人自以为比德国犹太人高出一筹，而德国犹太人则瞧不起俄罗斯和波兰的犹太人。他们肯定没有种族统一；根据最可靠的人类学证据，他们在体型上有着广泛的差别；在这方面，就像其他人一样，他们往往接近于他们生活于其中、并在民族身份上构成了其组成部分的各个民族⁽⁸⁾。即使就他们的宗教而言，他们也没有单一的中心权威；并且，他们自己之间也在所有方面都有所不同，从正统会堂的犹太教和对摩西律法的严格遵守，到"改革"犹太教的无数变种，直至"伦理文化"或最先进的怀疑主义；少数人信奉基督教科学教派或基督教惟一神教派。从所有这些情形看来，犹太人似乎纯粹是现代民族主义不同组织内部的一个宗教教派，或各教派的大杂烩——有犹太法国人或犹太德国人，其方式恰如有加尔文教派的法国人或路德教派的德国人。

然而，很多当代民族主义者并不这样认为。尽管犹太人自己之间差异悬殊，尽管他们几乎普遍采用了他们的非犹太邻居的民族身份，尽管他们在很多情况下明显忠诚于民族主义，但他们依然被认为是持异议的少数派，是一个分散在其他民族群体当中的民族群体，是完全彻底的民族主义的一个障碍。民族主义的兴起，连同与之相伴而生的不宽容，造成了这个悖论。民族主义在很大程度上把他们从宗教迫害中解放了出来，却把自己的迫害精神施加在他们的头上。因为普通的民族主义者都热衷于保护自己的民族国家，使之免遭任何外国影响的侵蚀，热衷于促进本国公民的统一性，不仅有语言的统一，而且还有习俗和观念的统一。如今，普通的犹太人，不管他是"正统派"还是"改革派"，是"保守派"还是"激进派"，都倾向于结交犹太同胞，而不是其他公民同胞，抱持犹太祖先传给他的观念，遵守犹太祖先传给他的习俗——这些都不符合任何民族群体中占支配地位的多数派的习俗和观念——而且，他还倾向于对希伯来传统和世界上不同地区的其他犹太人至少是抱有情感上的尊重。因此，普通民族主义者总是对普通犹太人侧目而视，在后者身上看到了一个国际主义者，一个"外国人"，一个在民族生活和民族经济中的不和谐成分。

民族主义者对犹太人提出的指控有很多：他们抱团排外；他们是普世主义者；他们是特别不择手段的资本家；他们是特别暴力的社会主义者；他们很狡猾；他们很怯懦；他们在军队服役只是为了把一个国家出卖给另一个国家；他们是颠覆现代文明的主要阴谋家；最重要的是，他们不是、也不可能是真诚的爱国者或好公民。民族主义者还做了大量的工作，来传播下面这些流行观念：犹太人是一个截然不同的"种族"——闪米特"种族"——他们拥有巨大的国际凝聚力和团结感，他们说着一种半秘密的共同语言，他们作为一个单位，根据某个中央权威的指示统一行动；一言以蔽之，他们是这样一个民族群体——下定决心要不择手段在其他所有国家的废墟上建造他们自己的民族国家。在强调此类指控和通俗化此类观念上，民族主义者常常得到了有些人的支持；这些人并非狂热的民族主义者，但他们出于宗教或经济的理由，对特定的犹太人有着或真实或幻想的怨愤。例如，在法国和奥地利，反犹（反闪米特）运动代表了民族主义与天主教的一次临时结盟；在普鲁士、英国和美国，它们代表了民族主义与新教的一次联手，而在俄罗斯和罗马尼亚，则代表了民族主义与东正教的一次有效联合。在所有这些国家，经济考量也在民族主义的反犹主义中扮演了一个重要角色。

民族主义者对犹太人的实际上的不宽容，在过去五十年里十分明显。在俄罗斯和罗马尼亚，它采取了普遍的残杀——种族大屠杀——以及政府行动的形式：取消他们的公民资格，要求他们生活在特定区域，限制他们受教育的机会，禁止他们从事某些职业，并且以数不胜数的方式去骚扰他们。通常，反犹主义采取了某种社会放逐的形式，在商业、公职、教书职业、大学、俱乐部和度假胜地等方面歧视他们。针对他们采取了一些明确的民族主义运动，比如法国与爱德华·德尔蒙特先生的名字、与德雷福斯事件联系在一起的运动，或者奥地利由已故的维也纳市长鲁格尔先生资助、由"基督教社会党"发起的运动，或者德国由皇帝陛下威廉一世和威廉二世的福音派宫廷牧师施特克尔主持的运动。

反犹主义在 19 世纪晚期的传播，导致有些犹太人越来越怀疑犹太人在非犹太民族群体中同化的可能性或可欲性，并开始为希伯来民族发展政治的民族主义。如果他们现有民族国家的公民同胞决心要把所有犹太人当作一个截然不同的民族群体来对待，那么，他们就很可能会接受这样的情境，承认自己是一个民族群体，而不仅仅是一个宗教教派，不再寻求被其他民族群体所同化，并通过复兴希伯来语和希伯来传统，努力在所有犹太人当中促进共同的希伯来民族的意识。这最终将会鼓励犹太人普遍逃往巴勒斯坦，在那里建立一个希伯来民族国家。这就是犹太复国主义，作为一场明确的运动，它是维也纳的西奥多·赫茨尔博士在1896年创立的，迅速得到了一些著名的犹太文学家的拥护，比如马克斯·诺尔道博士和伊斯雷尔·赞格威尔先生，并（在1910年）被整个欧洲和美洲超过三十万犹太人所追随。

犹太复国主义在第一次世界大战中赢得了一场胜利：设法让英国政府正式宣布⁽⁹⁾，他们"赞成在巴勒斯坦建立犹太人的民族家园，并尽力为这一目标的实现提供方便"；并且，借助于阿拉伯人的鲜血和犹太人的财富，一位英国将军成功地从奥斯曼帝国手里夺取了巴勒斯坦。但是，战后越来越多的犹太人移民巴勒斯坦，以及英国政府通过犹太事务高级专员给予他们的支持，在阿拉伯人当中激起了愤恨——他们占到了巴勒斯坦居民的绝大多数，如今自己也成了民族主义者——并同样招致了基督徒和穆斯林的批评。

全世界只有很小比例的犹太人对犹太复国主义十分感兴

趣，绝大多数犹太人没有表现出抛弃他们已经成为其公民的国家、动身逃往巴勒斯坦的意向。然而，多亏了日益增长的反犹主义和随之而产生的犹太复国主义，每个地方的犹太人都在发展他们自己的民族意识，并因此为继续发展的反犹主义提供了一定的基础。看来，由于急于对抗反犹主义的民族主义不宽容，犹太复国主义更加热情地鼓吹希伯来民族主义；这反过来会证明它自己也是不宽容的，并可能加重了反希伯来民族主义对犹太人的不宽容。

无论如何，自第一次世界大战之后有了利用民族主义的机会，反犹主义变得比过去更加显著。在罗马尼亚、波兰、捷克斯洛伐克和南斯拉夫这样一些新近统一的民族国家，都爆发了反犹民众暴动。鲁登道夫将军最近把犹太人与天主教徒并称为德国灾难的始作俑者；在天主教徒埃茨贝格尔被杀的同一年，年轻的德国民族主义者谋杀了犹太裔政治家拉特瑙。法西斯党最近把犹太人与社会主义者联系在一起，视之为意大利民族灵魂的破坏者。在美国，亨利·福特先生和他的《德宝独立报》（*Dearborn Independent*）对犹太人发泄怒火；三K党作出了英勇而持久的努力，试图从犹太人和天主教徒手里拯救美国。即使在英国，号称是宽容的天堂，《伦敦邮报》（*London Post*）也传播了最恶毒的、最具煽动性的反犹宣传。在这些狂暴民族主义的日子里，属于一个有国际联系的宗教少数派，就有可能令人担惊受怕。

5

国际性宗教绝对不是民族主义不宽容的惟一对象。某些社会或经济性质的运动，尤其是当它们源自外国并被少数人所接受的时候，对民族主义来说就明显是不爱国的和颠覆性的，它们的追随者经常得到相应的对待。主要是出于经济的理由，社会主义，无政府主义，以及当今这个时代劳工骚乱的其他各种五花八门的广泛表现，无疑都遭到了大资本家和许多中产阶级业主的反对。但是，那些在经济上有很多东西可能由于社会主义或工团主义的胜利而失去的人，都有能力通过强调这些运动的外来特征和反民族特征，从而招募到大量公民同胞，参与他们自己的防守事业——激发这些人响应号召的，更多的不是经济，而是民族主义。

民族主义与诸如马克思主义的社会主义和革命的工团主义这些社会、经济运动之间的冲突，其根源甚深。这些运动，只要它们是某个民族群体内部的少数派运动，都是对民族群体内部经济和社会条件吹毛求疵，并因此敌视民族主义反复灌输的优越感。在民族主义者看来，不证自明的是：本民族已经实现了与人性和谐一致的最大幸福；他自吹，他所生活其中的经济条件是高度有益的国民福利体系必不可少的组成部分；他很欣喜，他的国家，照现在的样子，是最卓越的国家，为所有人提供了绝好的机会；对于一些激进的演说家和小册子作者对本国和本民族的诽谤，他自然感到愤怒，并试图打败他们关于社会不满的阴险宣传。

接下来，这些运动，只要它们是少数派运动，还往往会反对现行政治秩序，亦即现行政府和现行政府的民族主义政策。对于一个民族国家来说，维持军备和促进帝国主义可能符合、也可能不符合社会主义的原则，但是，对社会主义少数派来说，反对一个他们千方百计要取而代之的政府特有的军备和帝国主义，则是社会主义战术策略的典型特征。一点也不奇怪，民族主义者指控社会主义者缺少爱国主义；在过去五十年里，每个民族国家立法机构里的社会主义代表几乎总是投票反对扩军，反对殖民事业，反对关税、奖金和补贴，反对所有那些在民族主义者看来对国家利益、民族权利和民族尊严必不可少的政策。

此外，这些激进的社会、经济运动，在下面这个意义上通常是国际性的：它们在各个民族群体都有少数追随者，有些是国际组织和国际合作的形式，有些是原则、理想和战术方面的国际计划。这些运动的成员举行国际会议，通过跨越国界的建议和金钱互相帮助和鼓励；而且，一般而言，其言说和行动都在民族群体之外和之上。另外，它们的宣传经常通过那些出生于外国或属于异议民族群体的人，在移民当中传播；四处漂泊的犹太人在马克思主义社会主义的创立者和领导人当中以及在普通追随者当中的突出声望，强化了民族主义者对犹太人和社会主义者同样的不宽容。最糟糕的是，他们的宣传主要对准了全世界的一个特殊阶层——工人阶级——不管他们的民族身份；社会主义者和工团主义者都在每一个民族国家宣扬社会分裂，都使用1848年的《共产党宣言》中的套话——"工人没有祖国"，"全世界无产者联合起来！"难怪民族主义者义愤填膺，深感惊恐；难怪他们从这些运动的发展中感觉到了民族主义被夹在普世主义和阶级斗争这两块磨石中间被研磨。民族主义者说，民族群体是人类社会的组成单位；社会主义者说，阶级是人类社会的组成单位。民族主义者断言，每个民族群体内部一切阶级的个体成员必须和谐地一起工作；社会主义者断言，所有民族群体中同一个阶级的个体成员必须互相合作。民族主义者坚持认为，国际冲突是正常的，每个民族国家的全体公民都应当同等地为冲突做好准备；社会主义者坚持认为，冲突一般是阶级之间的，所有民族国家的工人阶级都必须接受特殊的教育。一方会破坏世界工人的团结；另一方会摧毁每个民族群体和每个民族国家的团结。他们之间，可能有被迫的停战，但不会有真正的和平——也不会有真正的宽容。

为保护自己免遭颠覆，每个受到民族主义影响的民族国家都试图遏制马克思主义的社会主义、革命的工团主义，以及其他激进的经济与社会运动。每个地方都制定了针对革命暴力或暴力威胁的法律；一般说来，社会主义者和工团主义者都受到了比其他罪犯更严厉的对待——这样的对待，既来自国家法庭，也来自平民百姓。哪怕在不涉及暴力时，民族国家也常常会制定法律，限制激进主义者的活动和宣传，指导带有民族主义特征的原则和政策的公共教育，与带有社会主义或工团主义性质的原则和政策针锋相对。除了积极的政府立法之外，带有民族主义情绪的民众对"赤色分子"的反应是如此强烈，以至于经济激进主义者——即使他们是最微弱的"粉红色"，作为公立中小学或国立大学的教师，作为国家陆军或海军的军官，或者作为给新闻媒体撰稿的作家——很少有人得到宽容。

在某些国家，职业民族主义者针对"激进主义者"发动了一些尤其积极的民众运动，有时候还导致了一些尤其严厉的立法。在沙皇俄国，民族主义者站在了布尔什维克及其他激进经济运动的敌对阵线的最前列，而政府在民族主义者的支持下，长期使用它的秘密警察和恐怖主义方法，刺探和惩罚社会主义及无政府主义的倡导者和追随者。在俾斯麦时期的德国，在民族主义对天主教会的"文化斗争"之后，紧跟着民族主义对马克思主义者的社会主义的斗争；1878年的反社会主义法禁止借助书籍、报纸或公开集会宣传社会主义，授权警察驱散集会和压制出版，授权随意逮捕和惩罚社会主义罪犯。在美国的某些州，尤其是在帝国州纽约，不仅禁止社会主义宣传，而且比德国还要激烈，按正当程序当选的社会主义者被剥夺了在民主立法机关的席位。

在某些情况下，民族主义者试图通过让工人阶级的福利成为民族国家的特殊关切，从而抵消激进运动的冲击。帝制德国明显就是这样的情形；过去五十年里一些民族国会制定的很多社会立法都是被民族主义者的勃勃雄心所推动的，他们不仅要确立民族国家在经济和社会领域的最高权力，而且还要挫败社会主义者，削弱其大众宣传的效果。

　　必须说，就经济激进主义者而言，就像就国际性宗教信徒而言一样，他们与民族主义的斗争并没有取得引人注目的成功。民族主义者对激进主义者拥有几个优势：民族国家的成员身份是强制性的，而一个社会主义政党或世界产业工人联盟（I.W.W.）的成员身份则是自愿性质的；民族主义有更强烈的情感色彩，因此比经济有着更广泛的影响；普通个人仅仅出于自己的经济收益并不愿意扛枪打仗，而为了精神理想却满腔热情地驰骋沙场，战斗到底；而且，尽管有很多激进主义者把他们的激进主义弄成了一种名副其实的宗教，并在马克思主义者的社会主义或者革命的工团主义中找到了更多的情感福音和理想主义的"使命"——它们完全像民族主义的使命和福音一样令人信服——而不是理性的经济计划，但是，其他很多激进主义者在高压和紧张时期更容易倾听本民族的召唤，而不是本阶级的召唤，并且为了非常实用的民族主义，而牺牲多少有些不切实际的国际主义。在第一次世界大战中，社会主义者陷入令人绝望的四分五裂；只有一小部分人——少得可怜的一小部分——依旧绝对忠实于他们的原则，拒绝与他们在其他国家的同志刀兵相见。社会主义者，以及所有经济激进主义者，主要是沿着国界线分裂；在大多数国家，绝大多数人忠诚地支持他们各自的国民政府，尽职尽责地参与对国家敌人的杀戮。在民族主义者当中，那些背弃情感性的激进主义、走向更有情感性的民族主义的个人，对和平主义者及其他激进主义者表现得尤其不宽容。

此外，不难预料，一场激进的社会和经济运动，一旦它不再是一场纯属少数派的反对行动，而是正式与一个民族国家联系在一起，从此之后，它就会采用民族主义的精神，通过给先前的社会经济条件贴上外族的标签，来赢得民众的支持。在引发 1917 年的俄国革命、建立俄罗斯苏维埃社会主义共和国的过程中，不管决定性的因素可能是什么，几乎用不着怀疑，布尔什维克党人掌权是因为——除其他原因之外——他们让俄罗斯的人民大众相信，布尔什维克主义如今是抵御外国资本主义、外族帝国主义和"西方"剥削的一支防卫力量。毫无疑问，掌权的布尔什维克党人已经显示出他们自己就像沙皇时代的前任一样对国内异议不宽容；像世界上任何一个民族国家的任何民族主义者一样，以不宽容的态度致力于他们所认为的民族权利、国家利益和民族尊严。民族万神殿中的雕像换掉了——列宁取代了彼得大帝——但俄罗斯的万神殿，在布尔什维克党人治下就像在沙皇治下一样，依然是民族主义的。如果有什么不同的话，俄罗斯的民族主义不宽容如今比从前更加明显。

俄国之外的布尔什维克党人没有掌权，因此，在俄国之外，民族主义的力量被动员起来反对布尔什维克主义。比方说在美国，1924年春，六十一个全国性组织接受了美国退伍军人协会的邀请，派代表出席一次"全美会议"，准备打"一场进攻战，以消灭革命的、破坏性的激进主义"。会议在华盛顿联邦政府内政部的礼堂举行；据一篇新闻报道说，代表两千多万美国爱国者的会议代表们采纳了下列决议：

1. 反对一切形式的苏维埃宣传，不管是在政治活动中，在工会中，在公民与社会群体中，在政府中，还是在学校或教会中。

2. 反对美国政府承认苏维埃俄国。

3. 祝贺美国劳工联合会重申其反对反民主的、破坏性的激进主义的立场。

4. 拒绝把美国参加并领导这场战争视为一个可争论的问题，而是要继续像战争期间一样有力地坚持这一路线，直接打击众议员贝格尔的众议院决议和参议员希普斯特德最近的演说中所包含的那些言论。

5. 要求美国中小学讲授没有搀杂、没有注水的美国历史，而不是现在如此普遍引入的被阉割的历史——从美国精神中剥夺了很多重要的东西，从民主中剥夺了它大多数宝贵的遗产。

6. 谴责一个友好国家的外交代表最近干涉一个纯属美国政治的问题。

7. 谴责参议员博拉终止关于他的承认所谓苏联政府的决议的听证，要求他无限期地继续这场听证。

8. 为了保护美国的制度，要求限制入境移民。

很多组织派出了代表参加这届"全美"苏维埃，想必还为这些决议背书；这份名单很长，但它表明，各种不同的成分可以在民族主义的旗帜下聚到一起，与一场带有社会和经济性质的"外来"运动进行斗争。名单如下："美国退伍军人协会，美国劳工联合会，美国国防协会，美国图书馆协会，美国退伍军人协会妇女会，报纸广告执行协会，美国军医协会，改善美国联盟，麋鹿保护法令组织，《独立宣言》签名人后裔协会，老鹰兄弟会，妇女俱乐部总会，共和大军，希伯来难民与移民救济会，哥伦布骑士会，外国出生的公民联盟，美国现代林业人员协会，美国电影制片人和导演协会，美国国民理事会，美国战时母亲全国委员会，国家天主教福利委员会，全国公民联盟，全国母亲代表大会与家长教师联合会，全国天主教妇女理事会，全国教育协会，全国地理学会，全国农民协进会，全国女性选民联盟，国立殖民学会，美国革命之女全国协会，1812 年战争美国之女全国协会，基督教妇女戒酒联合会，东方之星兄弟会，美国残废退伍军人协会，基督教青年会国际委员会，南部邦联退伍老兵协会，联盟国之女联合会，以及美国商会。"⁽¹⁰⁾

上述探讨的目的并不是要为布尔什维克主义辩护，也并非暗示这次"全美会议"的行动没有理性的根据。我们可以承认，□□□□□主义和□□□主义者的□□主义 *，以及革命的工团主义，都有着极其严重的缺陷——它们所导致的，是人类精神的奴役，而不是解放；他们所代表的"进步"，与其说是前进，不如说是倒退。不过有一点非常值得怀疑：普通的民族主义者，往往有着强烈的情感倾向，习惯于用行话取代定义，容易突然爆发出不宽容，他是不是明显有能力理解和辨别所有被贴上"反民族"标签的运动，或者说，他是不是明显有能力用理性的论证和理性的行动来应对邪恶的运动。我们的头脑里潜藏着这样一个怀疑：很多谴责布尔什维克主义的美国民族主义者对它知之甚少，甚或一无所知，他们只是很乐意把任何一个他们所痛恨的人或任何一件他们所憎恶的事归类为"布尔什维克主义的"。就这一点而言，我们抱有另外一个怀疑也就情有可原了：民族主义里面有某种东西，不仅使其信徒们在诸如布尔什维克主义这样的"外国"现象上容易上当受骗，而且还非常成功地把他们与任何信息

---

* 编者按：此处空十字。

流或逻辑隔绝开来，而这些原本可能对他们有所启发，使他们不那么容易上当受骗。例如，他们被告知，布尔什维克主义很坏（它可能确实如此），它是社会主义（只是部分正确），它正在美国迅速传播（这个缺乏证据）；接下来，他们被告知社会主义是反美的（这取决于你如何定义"社会主义的"和"美国的"）；而且，一部被提议中的童工法就是社会主义的（这再次取决于定义），这个时候，他们便突然得出结论：必须反对这部提议中的法律，因为必须把美国从布尔什维克主义手里拯救出来。他们带着一种高尚的热情来做这件事，完全无视严谨逻辑学家的"中项不周延"及其他 bête noirs（法语：黑色怪兽；眼中钉）。任何一个美国人，如果胆敢准确解释布尔什维克主义是什么，提出它在俄国流行的理由，或者怀疑它对美国是一个威胁，他的民族主义公民同胞都有可能指控他自己就是个布尔什维克主义者，本身就是一个鼓吹立即暴力颠覆美利坚民族、美国政府和美国家园的人。

社会主义，无政府主义，布尔什维克主义——这些对今天大多数国家的普通民族主义者来说是三个可怕的威胁。但是，还有另外一场社会运动，至少是有另外一个单词，对狂热的民族主义者来说，就像那些旨在经济革命的运动，即便不是一样危险，也是一样可恨。我这里指的是"和平主义"，更多地是指这个单词，而不是事情本身（因为，人民大众，甚至绝大多数民族主义者，都说他们渴望和平）。对百分之百的民族主义者来说，"和平主义"这个单词听上去很不吉利；它暗示了有这样一个公民同胞：他批评国家利益，贬低民族权利，古怪地对民族尊严毫不敏感，敦促裁减国家军备，而且，说起来很可怕，他竟然原谅外国人，甚至赞扬他们。此外，这个词经常被使用，当一个公民把另一个公民称为"和平主义者"时，他是在向民族主义者明确证实：他自己是一个心智健全、品格纯正的爱国者，而他的对手则是一个罪犯，一个疯子，或者一个傻瓜。

还有一种类似的不宽容，各处民族主义者群体偶尔对任何国际运动的支持者表现出这种不宽容。国际性的工会运动，国际性的女性主义运动，甚至国际性的共济会，都是民族主义者怀疑和谴责的目标。在美国，国际联盟的鼓吹者被指控渴望创立一个世界性组织——它会削弱美国的主权，阻止美国在拉丁美洲和远东履行她的"昭昭天命"；他们在不同的场合被指责为"国际主义者"和"和平主义者"。

6

关于"种族"，近来人们有过很多言论和著述。其中有一些颇有科学价值，但是，有很多这样的论述，尤其是在狂热民族主义者当中最流行的那部分，则主要是胡说八道。我们知道，白种人（高加索人）、黑种人（黑人）与黄种人（蒙古人）之间存在身体上的遗传差异，但是，没有一个人明确地知道，这些种族之间在心智或精神能力上的差异是什么——如果真有什么差异的话。我们知道，高加索人可以分为圆颅人（阿尔卑斯山人）、浅肤色长颅人（北欧人）和深肤色长颅人（地中海人），但没有一个人能够肯定，这些"种族"是"纯的"，或一个种族在智力天赋上优于另一个种族。我们知道，每个民族群体都代表了某种程度的种族混合，但下面这个说法更多地是一个假说，而不是已被证实的事实：某个特定的种族混合比不同的混合产生的大脑更大、更优良。还有一个纯粹的猜想：一个民族群体的智力与其种族的相对纯洁性成正比。

如今，如饥似渴地阅读这些关于"种族"的伪科学文献——至少在美国，它们如今像早点一样大量发行——的民族主义者发现，他和他的民族主义患上了一种可怕的消化不良症；而且，他通常会接受江湖郎中的诊断和处方。如果有人告诉他，他的大多数本民族同胞都是浅肤色的长颅人，特别是如果他本人就是一个浅肤色的长颅人，那么，他往往就会泰然自若地欣然接受这样一个喜人的、初步的消息：在勇气上，在智力上，在高贵品格上，在身体、心智和灵魂上，浅肤色的长颅人都极大地优越于全世界的其他所有人。可是，打击接踵而来。有人告诉他一个让人伤心的信息：在过去的某个时期，他的祖先懵然不知"劣等种族"难以消化，竟然允许那些浅肤色或深肤色的圆颅人或者深肤色长颅人的群体加入他的民族群体和他的民族国家，这些人像兔子一样繁殖，而浅肤色的长颅人则像绅士一样繁殖；这些人如今在很大程度上成了多数，令人绝望地稀释着他和同类的鲜红血液，由此把整个民族群体的智慧和勇气减少到了接近消失的程度。要自救，要恢复本民族的健康，他该怎么办？很明显，他必须根据医生的建议采取行动，而且是迅速地采取行动。他首先必须唤醒所有本民族同胞——他们足够幸运，至今依旧拥有长头颅和浅肤色——让他们充分认识到他们可怕的困境，然后必须和他们一起，采取措施，把有毒的外来群体从民族的有机体中驱逐出去；或者，如果施加这样严厉的补救措施为时已晚的话，至少要节制饮食，戒绝接收"劣等种族"的其他成员，把那些已经和他在一起的成员隔离开来，放弃试图消化他们的一切努力。医生们尽管对于"种族"问题可能是冒充内行的江湖郎中，却是很棒的心理学家；他们严肃地摇了摇头，阴沉地暗示"只有一线妙手回春的机会"，隐瞒了几乎没有完全康复的希望；因此，他们的服务需求很大，而他们的患者怀着赌徒的绝望，决心要孤注一掷，赢得这场漫长而艰难的战斗，打败民族的消化不良症，以及那种"精疲力竭的感觉"。

要为圆颅人和深肤色的人辩护，也有话可说，而且已经有人说了不少——尤其是他们自己。在一个阿尔卑斯山人占绝对优势的民族——比如捷克斯洛伐克人——当中，或者在一个地中海人占压倒性多数的民族——比如希腊人——当中，普通的民族主义者不会承认本国同胞劣于瑞典北欧人或苏格兰北欧人，不管伪科学家们说什么，或者北欧人做什么。他自己会表现出某种"种族自豪"，并坚持认为，他的民族曾经有过光荣的过去，到达令人羡慕的今天，而没有借助于任何大量北欧人的血液。而且，正如经常发生的那样，如果一个民族群体有部分北欧人、部分阿尔卑斯山人和地中海人，后者往往并不喜欢北欧人为了对他们进行民族歧视而提出的设想或要求。事实上，他们并没有表现出集体自杀或移民国外的趋势；正相反，他们倾向于忙自己的事，以他们自己的方式，给这片土地添丁加口，越来越多地侵蚀北欧人的纯洁性。这更加刺激了北欧人中的民族主义者。

民族主义者在很多地方，披着很多的伪装，表现出种族上的不宽容。自法国戈宾诺伯爵论述"人种不平等"的幻想作品在1853～1855年间发表以来，"北欧民族主义"便打着这样或那样的名号，持续不断地引人瞩目。众所周知，先知无不受到敬重，除了在他自己的国家之外。事实证明，跟他的德国邻居比起来，他的法国老乡——倔强的他们更喜欢这样的观念：法国人多半不是北欧人——更加不接受戈宾诺伯爵的理论，而德国人很感谢他为他们自认的优越性提供了一个令人满意的人种学根据。很多英国人也逐步拜倒在日耳曼人北欧神话的符咒之下；他们为他们当中很多人的黑头发和黑眼睛辩解，并坚持认为，作为一个整体，"伟大种族"已经在他们身上开花结果。英国的北欧人不管走到什么地方，都会带上他们施过涂油礼的种族的福音，把它带到澳大利亚、南非、加拿大和美国。但在英国，北欧民族主义者想当然地认为，北欧人在全部人口当中已经占压倒性多数，以至于毋需法律保护他们免遭"劣等"种族的侵害，而在大海那边说英语的国家，他们要求并获得了针对"次要"种族的歧视性立法。正如麦迪逊·格兰特先生在他的著作——戈宾诺伯爵的北欧民族主义的20世纪版本——第四版序言中所说的那样："就其最初的形式而言，按照作者的设计，《伟大种族的消失》（*The Passing of the Great Race*）就是要唤醒美国同胞，使他们认识到种族的巨大重要性和'民族熔炉'理论的愚蠢——即使以引发激烈的论战为代价。这个目的已经完全实现了；本书及其出版之后的讨论所阐述的学说，其最深远的影响之一，便是美国国会决定对那些不受欢迎的种族和民族的移民采用歧视性的限制措施。"[11]

格兰特先生骄傲地提到的那些措施，就是美国最近通过的限制外国移民的法律。这些法律出于各种不同的理由而被制定出来，既有经济的理由，也有民族主义的和"种族的"理由。这些法律规定，来自所有外国的移民应当同样限制在从前各国移民实际人数的某个特定百分比或配额以内——就这一点而言，很难说它们是歧视性的或不公平的。但是，其中最后的一项法律规定，各国配额的计算，不是根据美国最新的人口普查数据（1920年的人口普查），而是要根据1890年的人口普查数据——这一法律既是歧视性的，也符合某些"北欧种族"的美国民族主义者不宽容的先入之见。因为，大多数外国移民都是在1890年之前从英国、德国和斯堪的纳维亚半岛——推测起来应该是北欧国家——进入美国，而1890年之后的大多数移民来自南欧和东欧，居住在这些地区的主要是地中海人和阿尔卑斯山人；因此，通过拿1890年的人口普查数据作为计算配额的根据，美国如今正式歧视"阿尔卑斯山人"和"地中海人"，而青睐于"北欧人"。澳大利亚也对"北欧"民族主义作出了回应，对外国移民有了类似的限制。如今，对澳大利亚、美国或任何其他民族国家来说，为了一个白种外国人而歧视另一个白种外国人或许是可欲的，甚至是必要的，但是，根据"种族"理由这样做，必定会助长一个"种族"的自豪感，而激发另一个"种族"的怨恨。

此外，种族问题由于下面这个流行趋势而复杂化了：人们把每个民族群体看作是一个截然不同的"种族"。照一般的说法，作为一个整体的德国人是一个"种族"，英国人、爱尔兰人、意大利人、波兰人和犹太人都是如此。这种无知的谈论和思考现代民族群体的方式，产生了很多稀奇古怪的结果，其中相当重要的是民族主义不宽容的"种族"刺激。例如，由于犹太裔美国人或意大利裔美国人有某些习俗和生活方式不同于英国血统的美国人，后者当中的民族主义者于是便推断，犹太人或意大利人的特性就是种族的特性，亦即，这些特性完全是遗传的，因此是消除不掉的，而且任何试图"美国化"犹太人或意大利人的努力都不可避免地必定失败。有时候，有人解释，丰富多彩的宗教节日，报复心重的家族世仇，以及喜爱通心粉和干红葡萄酒——据称这些是所有意大利人的特性——是"地中海人"血脉不可避免的结果，是深肤色长颅人命中注定的行为习惯；更经常的情况是，人们纯粹是想当然地认为，它们是意大利"种族"的永久性标志。有时候，有人声称，戒绝猪肉和上犹太会堂，做生意很精明，喜欢炫耀珠宝和毛皮——这些都被归于所有犹太人的特征——是"闪米特人"血脉不可救药的结果，是大鼻子们必不可少的伴随物；更常见的是，人们索性说，它们是犹太"种族"与生俱来的品质。换句话说，在某些美国民族主义者看来，意大利人和犹太人、"地中海人"和"闪米特人"的血液中存在污染；否则的话，这些民族的行为就立刻会完全符合新英格兰清教徒或弗吉尼亚农场主的偏好。

没有人喜欢自己的祖先遭人非难——至少在现代是这样；然而，现如今有很多"种族"民族主义者对整个民族群体、整个宗教群体或语言群体的祖先妄加非难。马扎尔人的民族主义者长期以来宣称，他们作为优等"种族"的成员，拥有多少是神授的权力，统治劣等的斯拉夫"种族"。德国民族主义者称法国人是一个堕落的"种族"，如今又把波兰人称为一个婴儿般的、不负责任的"种族"。英国民族主义者表达了这样一个遗憾：在爱尔兰人当中，应该是有一些最不体面的"尼安德特人"的残存。这样称呼"种族"名称的结果是两个方向的民族主义不宽容的加剧。一方面，它增加了一个民族国家对另一个民族国家的国际不宽容——匈牙利对捷克斯洛伐克和南斯拉夫不宽容，德国对波兰不宽容，英格兰对爱尔兰不宽容，由此帮助制造了有利于国际战争的心态。另一方面，它在任何一个存在异议少数民族的国家增加了国内的不宽容，比方说在美国，定居时间很长的人对相对晚近的移民表现出敌意，由此创造出了有助于国内冲突的情境。

如果一个白人种族群体中的民族主义者对另一个白人种族群体表现出不宽容，那么，他们对黑种人或黄种人群体表现出的不宽容该会多多少！如果"北欧人"的民族主义者觉得他们的民族群体不可能舒舒服服地同化"地中海人"和"阿尔卑斯山人"、"闪米特人"和"斯拉夫人"，那么，他们着手消化日本人、中国人和黑人的意愿又会少多少！对于一个欧洲人来说，把黄种人和黑种人想象成不同于他自己的存在，并对他们抱有某些偏见，并不是什么新鲜事；但在现代民族主义出现之前，明显的身体差异通常被视为气候或大自然的古怪反常而有趣的结果，流行偏见尚没有大到足以在新世界阻止白人移民——尤其是来自葡萄牙、西班牙和法国这些传统上天主教国家的移民——与印第安人、甚至黑人之间程度可观的融合。在整个现代，荷兰人和英国人更挑剔一些，但正是在 19 世纪——民族主义兴起和盛行的世纪——种族偏见和种族不宽容普遍扩大了。

对此，奴隶制无心插柳地做出了贡献，尤其是对于黑人。当然，对人的奴役是一种极其古老的现象，而且，从历史上看，它未必涉及奴隶主方面的这样一个臆想：他们在身体、心智或灵魂上优于他们的奴隶。在古代时期，白人经常被白人奴役，例如，在希腊和罗马，一个奴隶阶层与一个相同种族和民族的自由人阶层并存。奴隶制当时被认为是胜利的战争所带来的一个很便利的经济结果，而不是种族优劣的标志。在中世纪，在基督教的影响下，白人奴隶几乎从欧洲消失了；在 18 世纪和 19 世纪，很多欧洲人——还有美国人——被人道主义的和道德的考量所打动，要求废除一切形式和种类的奴隶制。当时，正是黑人奴隶的拥有者，求助于这样的论点：即使一个人不能奴役他的本族同胞，他也有充分的理由奴役那些不是其同胞的人；黑人是一个完全不同于并且劣于高加索人的种族。黑人奴隶制在大多数国家借助立法手段、在美国则是借助军事手段实际上被废除了。但是，那些在 19 世纪上半叶由伪人类学家最初提出的并被奴隶主们据为己有的论点，被民族主义者的群体抓住了，从此之后被用作在一个民族群体内部歧视黑人的根据。

277

西印度群岛和美国的黑人就民族身份而言不是"非洲人";根据不同的情况,就他们所说的语言、他们所熟悉的宗教和文化,以及他们所珍视的传统而言,他们是"法国人"、"英国人"或"美国人"。弗吉尼亚或牙买加的普通黑人,完全就像弗吉尼亚或牙买加的白人一样,他们立即认识到,一旦来到廷巴克图或刚果,自己就是"外国人"。因为,必须记住,美国黑人作为一个整体,属于新世界"最古老的家庭";他们不是新来的移民;如今,倘若不是美国人,他们就什么都不是,他们像大多数白人一样对美国拥有所有权。但美国的白人民族主义者——比方说——决意相信白人在美国民族群体内部至高无上,并因此依赖于政治和公民歧视、社会放逐与偶尔的恐怖主义,美国黑人或多或少与美国白人保持着不同;单一美利坚民族被分为两个种族部分,一个是白人优等种族,另一个是黑人劣等种族。任何黑白混合物都立即成了黑的和劣等的。"劣等人"方面的任何胡闹,通常都会遭到"优等人"的拜访,随之而来的就是那种在美国被描述为"私刑"的暴民屠杀。十分值得怀疑的是,犹太人在中世纪的几百年里遭受暴民暴力的人数,是不是比得上美国黑人在最近半个世纪里被美国白人同胞私刑处死的人数。

美国对黑人的不宽容,或许是现代民族主义的种族不宽容的最高点。但对黑人的不宽容并不像白人民族主义者对蒙古人的不宽容那么危险,至少在国际方面是这样。后者毫无疑问已经发展出了伟大的文化和文明，现在他们在日本拥有了一个民族主义强国，在中国拥有一个人口和资源的巨大宝库。诚然，"黄祸"主要是欧洲和美国的白人民族主义者幻想出来的，但是，如果白人民族主义者继续在美国和澳大利亚把它援引为种族歧视和种族不宽容的一个借口，它很有可能成为别的什么东西，而不仅仅是一个令人厌恶的东西。因为，从西方向远东传播的民族主义可能准备好了把激进的不宽容一并带到远东，同时带去的还有国际战争——这样的战争在西方已经成为民族主义的典型特征。

7

在今天这个民族主义的世界上，很少有民族国家由单一的同质民族组成。一个异质民族群体在一个优势民族群体政治轨道内的存在可以归因于三个历史进程之一：（1）军事征服——正是通过这个过程，很久之前威尔士被并入了英格兰的民族国家，最近蒂罗尔的日耳曼人和伊斯的利亚及达尔马提亚的南斯拉夫人被纳入了意大利的统治之下；（2）旷日持久的政治联系——正是通过这个过程，布列塔尼成了法国的组成部分，加泰罗尼亚人成了西班牙的组成部分；（3）移民和殖民——美国是这个过程的最好说明。

如今，不管一个臣服民族或一个异质民族最初如何受到外族的统治，当今这个时代有一个明显的趋势，那就是：它往往会保留和发展自己的某种民族意识。在极端情况下，尤其是在军事征服的情况下，这个趋势可能导致领土收复主义和叛乱。在这种情况下，民族感情引发了民族主义，自觉的团结一致得以加速，不满变得盛行。接下来，通常会发生这样的情况：多数民族当中热情的爱国者被异质民族主义的发展和对领土收复主义的担心给吓坏了，便对少数民族采取了不宽容的态度，极力通过社会压力和立法行动，摧毁它的团结，扑灭它的不满。然而，此类爱国者通常只在激化异质民族的不满、巩固他们的团结上取得了成功。因此，在很多情况下被描述为一个不断扩大的恶性循环：领土收复主义，不宽容，更强烈的领土收复主义，更强烈的不宽容，再更加强烈的领土收复主义，如此等等。

凡是一个民族群体的移民自愿在另一个民族群体当中定居的地方，正如美国那样，移民当然会带来他们自己的语言，以及本民族的传统和习俗——这些东西可能在一段时间内把他们与他们定居其中的多数民族清晰地区别开来。在这样的情况下，我们会注意到，只要不使用法律强制，异质民族总是表现出这样一个自然趋势：在保留对故土家园某种模糊的情感依恋的同时，采用多数民族的语言、传统和习俗，成为热心的民族主义者，支持收留他们的国家。然而，在当今这个时代，优势民族的很多民族主义者被他们心中熊熊燃烧的信仰所诱惑，忍不住对异质少数民族使用法律强制。他们觉察到了单一语言和单一传统的直接好处：对商业、工业和新闻业，对公立学校体系，对民主的一致性，对完整民族统一理想的实现，都有好处。因此，他们对一个纯社会性熔炉的文火慢炖越来越不耐烦。他们要么怀疑这个大熔炉实际上不会熔化什么东西，要么怀疑他们自己投进去的优质肉会被其他人贡献的垃圾所污染和糟蹋。结果很有可能，在多数民族的一方，是对"外国人"的不宽容态度，几乎总是伴随着立法限制移民和入籍；而在异质民族的一方，则是更加抱团排外，这反过来对民主政治的运行产生有害的影响。

人们作出过很多努力，试图迫使异质民族顺从优势民族的民族主义。1871～1924 年间，德国人相当系统地推行德国化异质民族波兰人、丹麦人和阿尔萨斯人的政策：他们强制在中小学、甚至在宗教机构使用德语；他们没收异质民族的农业土地，分配给日耳曼殖民者；他们在民事和军事服务中施行有利于日耳曼人的歧视。这种"德国化"或"普鲁士化"，在其他国家也有类似的做法，比如"马扎尔化"、"俄罗斯化"、"奥斯曼化"，等等。而最近在美国十分明显的"美国化"，即便没有使用"普鲁士化"的所有方法，但在设定的目标上是类似的。在最好的情况下，它可能会产生有益的结果；而在最坏的情况下，它是一种狂热的民族主义不宽容，其最终结果是国内冲突和对外战争。

8

民族主义的不宽容有很多不同的层次和程度。在爆发国际大战的时期，在现代民族主义圣战的时期，作为整体，一个交战国的平民百姓与另一个民族国家的民众竞相不宽容。在"和平"时期，各个民族国家的教育过程起到了这样的作用：给整个民族灌输一种至少是潜在的敌意，敌视"外国的"或"异族的"一切。

尽管一个民族国家的大多数公民——不管他们的政治、经济、种族和宗教如何——都很爱国，尽管他们认为自己是"好公民"，表示愿意为捍卫他们的国家而流尽最后一滴血，有时候会对其他民族国家的公民表现出一种集体不宽容，但是，有一定数量的精英公民，普遍宣称他们自己抱持的是更高级的爱国主义，是至高无上的民族主义。这些公民并不满足于战争时期国民行动的统一，他们必须确保和平时期国民言论、思想和习惯的统一，而他们所瞄准的这种统一，当然涉及所有公民同胞都采用特殊而独有的民族主义商标。如果这种采用不是自愿的，那么就必定是强制的，因为，对这些"百分之百"爱国者的头脑来说，不允许在一个国家内部存在任何语言、宗教、种族或历史传统的选择余地；一切都必须统一，仿佛他们就是一个人。正是这种民族主义的不宽容，集现代其他所有不宽容于一身，并激发了国内的纷争和冲突。依靠民族主义不宽容，真实的爱国主义——正如平常所定义的爱国主义——所向披靡。

例如，在德国，有一些公民群体，不仅相信高地德语是本民族的语言，德意志帝国是本民族的国家，而且还相信，北欧人种是本民族的人种，新教是本民族的宗教，个人主义是国民经济的基础；他们搞不懂，一个圆颅人、一个天主教徒、一个犹太人或一个社会主义者怎么可能成为一个真正的德国人和一个爱国同胞。德国社会主义者、德国犹太人、德国天主教徒和德国"阿尔卑斯山人"是不是热爱他们的故土家园，是不是对祖国宣布他们的爱国主义，是不是在德国的战斗中战斗并死去，这些一点都不重要。第一次世界大战刚刚结束，鲁登道夫将军便成了德国一个有影响力的民族主义教派的代言人，不仅猛烈抨击所有法国人和所有波兰人，而且还抨击那些在头型、教条神学或政治经济学上与自己稍有不同的德国人。

一个类似的民族主义教派在美国兴盛一时。其成员在不宽容上并不专门针对谁；他们广泛而全面地对所有在经济学、神学、传统和种族上与他们相左的美国同胞不宽容。这些美国宗派主义者都是——或者自认为是——北欧白人种族、英国血统、福音新教、普利茅斯岩石、独立宣言、个人自由、公立教育、"昭昭天命"的独特传统的独家继承人以及神圣的指定监护人。他们始终是口炮党，偶尔诉诸暴力。他们从布道坛和演讲台上发言。他们出版数不清的小册子和杂志。他们组成秘密社团。他们渗透美国人的公共生活和私人生活中。他们侵入政治、军队和教育等领域。他们决心要让美国成为一个白人国家，一个北欧种族的国家，一个说英语的国家，一个新教国家。他们连续不断地、不加区别地猛烈抨击黑人、天主教徒、犹太人、社会主义者、意大利人、斯拉夫人、日本人、中国人，以及他们认为在任何方面不同于他们自己、因此敌视美国民族主义观念的其他任何人——不管是外国人，还是本国人。

这些极端民族主义者的失控和不宽容，在任何一个现代民族国家都可以援引令人反感的例证。对我们来说，一个例证就完全足够了。那是美国广泛发行的一期半月刊，除了很多类似性质的其他内容之外，它包含了下面这几段话：

我们不得不承认，美国今天的理想和制度本质上源于北欧人，源于盎格鲁—撒克逊人。一千年的发现者莱夫·埃里克松，1620年的朝圣者先驱，1776年的殖民地建国先贤，都是北欧人；拉丁主义、天主教、哥伦布主义都是敌对的外来入侵者。

日本人并不属于这里，不可能影响我们的法律，绝不可能成为我们的一部分，必须完全拒绝他们进入，并把那些已经在这里的人驱逐出去。

我们以基督的名义宣布，根据我们美国的法律，罗马天主教徒在美国不能担任公职，也不能行使美国公民的权利，因为他们与外国君主——罗马教皇——结盟。

因为美国如今是惟一真正的基督教国家——它的国旗终将统治所有盎格鲁—撒克逊人的王国——因为真正的美国人都渴望正义，因为美国是通过基督重临来实现预言的地方——因为这些理由，犹太人……和罗马天主教徒……都再也不能留在这里。美国的捍卫者们都知道，这是基督的土地，而且他通过他的人民，将把所有外族人从我们的海岸赶走[12]。

我们不妨马上承认，这样的宣传在美国或其他地方的知识分子和见闻广博的人当中没有什么市场。但事实依然是，在当今这个时代，在每一个民族国家，都有大量这样的人：因为他们学会了阅读，却没有学会思考，从而成为任何宣传的潜在受骗者，尤其是打着爱国主义和民族主义名号的宣传。从不思考的平民大众只被告知了关于他们自己国家的美好事物，很大程度上对其他国家和民族的美好事物懵然无知，他们很可能自豪和自夸——还有不宽容——就像他们的无知一样。影响这些不宽容、自夸和无知的人，让他们支持那些自称"百分之百"的爱国者所鼓吹和宣传的极端民族主义，相对比较容易。

在每个民族国家的内部，这样的宣传一般而言都是自夸、不宽容的民族主义的自然结果，但它经常有一个稀奇古怪的后果：让它自己的目标化为泡影。它并没有把对民族生活和民族抱负中一切美好的、有成效的特征的普遍尊重灌输给一个特定国家的所有公民，而是夸大了差异，不仅在最初的攻击者当中，而且也在与之相对的被攻击者当中，导致了特定的群体忠诚让人害怕的惊人发展。例如在美国，倡导"白人的、非犹太人的、新教徒的"美国主义的群体，正在引发另外几种美国主义——黑人美国主义，犹太人美国主义，天主教美国主义，意大利人美国主义，爱尔兰人美国主义，等等。不断增长的对黑人的不宽容，对于近来激发某种类似于黑人民族主义的东西贡献甚大。越来越多的对犹太人和天主教徒以及对少数民族的不宽容，有希望加强——而不是削弱——每个这样的群体的抱团排外。美国每个这样的群体正在变得越来越坚持认为，自己代表了最纯、最好的美国主义。任何一个了解美国中小学体系的人都知道，每个宗教群体、每个种族群体和每个亚民族群体是怎样固执地竞相争取官方承认他们作为"美国人"的与众不同的身份。通过极端民族主义者干劲十足的煽动，美国这个大熔炉成为一口不能熔化的狂暴民族主义的沸腾大锅的日子有可能到来。

如果民族主义继续不受遏制、自豪而不宽容，它就注定要产生更加凶险的国内冲突。有一点已经很清楚：在每一个助长民族主义的国家，源自谦恭礼让和通情达理的个人自由和宽容正在迅速衰落。

【注释】

（1）这两个短语是 H.G. 威尔斯的，它们出现的那部作品（《世界史纲》[*The Outline of History*]，第二卷，第 391 页）整体上至少在一个读者的脑海里留下了一个令人困惑的怀疑：威尔斯先生究竟是把他的"平底雪橇"指向千禧年的目标，还是向后滑向他所害怕的穴居人及其"猩红眼睛"（第一卷第 377 页）的方向。

（2）应当记住，这几位先生——以他们各自不同的方式——都是理想主义者，而且，他们每个人都可能证明自己的不宽容是有道理的，让他们自己满意，让他们的大多数同时代人满意。

（3）J.A. 克拉姆:《德国与英国》(*Germany and England*，1914)，第 67、147 页。

（4）雨果·闵斯特伯格:《战争与美国》(*The War and America*，1914)，第 195 页。

（5）A.T. 马汉:《军备与仲裁》(*Armaments and Arbitration*，1912)，第 9~10 页。

（6）参见 F.W. 尼采:《查拉图斯特拉如是说》(*Also sprach Zarathustra*)和《反基督》(*Der Antichrist*)。J.A. 克拉姆教授的意译见《德国与英国》，第 130 页。

（7）J.M. 梅克林:《三 K 党》(*The Ku Klux Klan*，1924)，第

158 页。

（8）尤其可参看哈佛大学的罗兰·B.狄克逊教授对这个问题的论述，见他的著作《人类种族史》（*Racial History of Man*，1923），第162～175页。狄克逊教授发现，那种被通俗地称作"犹太鼻"或"闪米特鼻"的特定形状的鼻子，在西班牙犹太人和葡萄牙犹太人当中最为普遍，尽管只出现在他们当中大约三分之一的人身上。他的结论是："从种族的观点看，如果有可能把今天的北方阿拉伯人或贝都因人看作早期说闪米特语的民族（他们是最初希伯来人的组成部分）最好的现代代表，那么，今天绝大多数犹太人只是在语言上是'闪米特人'，他们真正的祖先更大程度上不是追溯到巴勒斯坦和阿拉伯半岛，而是追溯到安纳托利亚和亚美尼亚的高地、高加索和中亚草原，今天依然可以在这些地区找到他们关系最近的亲戚。"

（9）即所谓"贝尔福宣言"，1917年11月2日。

（10）《纽约时报》，1924年5月17日，第2版，第2栏。

（11）《伟大种族的消失》（1921），第28页。

（12）《美国标准》（*The American Standard*），第一卷，第8号，1924年4月15日。

八 民族主义：是福是祸?

1

在那些追踪了前文论证的读者看来，本章的标题似乎多余；从已经讨论过的内容必定会得出这样一个结论：民族主义对人类来说只是祸，没有福。另一方面，在某些有批评思维的人看来，那种被人骂为祸害的民族主义，不过是对真正的民族主义凭空臆造的漫画式讽刺，而真正的民族主义对目前发展阶段的人类来说，只有福，没有祸。

关于后面这个观点，我们不妨坦率地承认，很大程度依赖于术语的定义。我们完全知道，尽管我们认真努力说得准确，避免模棱两可，但我们自己也使用民族主义这个词来指称两种完全不同的东西。我们曾用它来指称一个实际的历史过程，亦即确立民族群体作为政治单位的过程，从部落和帝国构建现代民族国家制度的过程。我们还用同一个词来描述一种当代的大众信仰，也就是相信你自己的民族群体和民族国家有着固有价值和卓越之处，以至于需要你把超越其他一切事物之上的忠诚奉献给它，并特别给予它最高的宗教崇拜。

作为一个历史过程的民族主义究竟是祸是福，我们不想发表意见。我们读过不少历史，足以让我们变得胆怯——即便不是谦卑的话——对巨大的和长期持续的历史过程，不敢作出道德判断，或者不敢以其为基础进行哲学思考。作为一个历史过程的民族主义，是巨大的和长期持续的，为它感到遗憾和对它加以责难，对我们来说纯粹是学术消遣；就算我们愿意，我们也不可能把它撤销；我们肯定不可能把所有那些五花八门的因素——个人的和社会的，经济的和政治的，宗教的和文化的——推倒重来，而如今这些因素在过去许多个世纪里已经无可挽回地把城邦、封建国家和帝国转变成了民族国家。这种民族主义不是赞扬或责怪的恰当主体；它只是一个事实，而且是一个不应该祝福或诅咒的事实，就像人有两条腿、地球围绕太阳转这样的事实一样。

　　但作为一种信念的民族主义，则属于另外的类别。对于每一个善于思考的人来说——只有彻头彻尾的宿命论者除外——批评这种民族主义就像批评其他任何流行信条一样合适，比方说基督教、社会主义或自由主义。对于我们这一代人以及我们的后代来说，重要的是：我们判断一切活着的、正在生长的树，都应当根据它们结出的果实；就算合我们的口味，任何一棵树，只要结出恶果，就应当设法把它砍倒，或者至少是要在这棵树上嫁接善果。正是针对作为一种当代流行信念的民族主义，我们才提出这个问题：它究竟是祸是福？回到本章的第一段话，我们将会毫不犹豫地断言：根据它所结出的不宽容、军国主义和战争的果实来判断，我们已经指出的那种作为一种信念的民族主义是邪恶的，应当予以诅咒的——并且要加以救治。

当然，还是有这样的可能：使用民族主义这个词——就像某些作者那样——来表示"健康有益的民族爱国主义"，来描述民族生活中并不激发战争、军国主义和不宽容的某些规诫和实践。但是我们不要通过言辞上的诡辩来回避这个问题。只要承认存在一种失控而无耻的民族主义，它会结出恶果，是一种祸，我们就会很高兴地承认，可能有一种温和友善的民族主义，它会大量结出善果，对所有人来说都是慰藉和祝福。

尽管对于认为我们"漫画式夸张"民族主义的指控，我们都应当坚持不懈地作"无罪"辩护，并始终带着清白的良心，但我们乐意承认，我们对民族主义信仰和工作的阐述，到目前为止几乎完全只涉及它恶的一面。公正而公平的做法是，在我们结束这项研究之前，我们应当问自己：民族主义是不是有——或者说是不是能获得——善的一面？即使迄今为止所讨论的民族主义是一种祸，是不是可以对它进行改革，使之成为一种福？

2

我们喜欢也好，不喜欢也罢，某种形式的民族主义很可能会无限期地继续下去。今天的民族主义，正如我们已经劳心费力地解释的那样，是一种新奇的、最近才出现的现象，但它的根远远延伸到了过去。其中一个至关重要的成分——民族群体的成分——与人的栖息地一同扩张，比任何成文历史还要古老。原始部落是民族群体，古代城邦在民族群体之内发展，古代帝国囊括民族群体，中世纪文化区包含民族群体，现代国家是用民族群体建造起来的。在人类经验中，民族群体以及一定程度上的民族意识无处不在，十分普遍，一直如此，而且十之八九还会继续如此。因为，民族群体和民族意识是群居性的两个方面，对人类来说是一种十分自然的、而且连续不断地在人类身上产生效力的本能，或诸多本能的综合体。就像任何本能一样，群居性也可以加以控制和引导，但不可能被压制；尽管民族群体的群居性可以转变为阶级或种族的群居性，但这样的事件可能性甚小。

千百年来，民族群体是人类群居性的一种恒久不变的表达，这使得我们对于在公元 20 世纪用其他形式的群居性取而代之的机会不可能感到乐观。它承载了人民大众太过珍贵的感情、愿望和情绪。正如范亨讷普教授所指出的："事实依旧是，在我们这个时代，某种观念、情绪和愿望的组合构成了一个特殊的现象，我们称之为民族群体；这一现象不可能通过任何论证或任何程序予以消除，哪怕是通过经济借口和经济成就也不能。直接的观察结论证明，只要自由选择得到确保，物质条件达到正常标准，经济利益便会屈从于情感。爱情是这样，民族主义亦复如是；情感排在第一位，只有在一次打击之后，你才会试着对它进行理性思考……只有对民族群体的赘生物，有意识的控制才可以发挥作用。"[1]

据大多数研究这个课题的当代学者说，民族意识不仅是自然的和本能的，而且是有价值的和有用的，应当促进，而不是压制。即便我们能做到，我们也不要希望摆脱它。用约翰·奥克史密斯先生的话说，民族爱国主义"不仅作为一种民族情感是可以理解的，而且作为一种理性信仰也是有道理的"[2]。许许多多民族群体和民族意识的捍卫者提出两个主要论点来支持他们的立场：首先，民族群体拥有巨大的精神价值，因为它抵御了物质主义的普世主义；其次，民族群体拥有很高的文化价值。第一个论点最雄辩、最令人信服的倡导者无疑是阿尔弗雷德·齐默恩先生，我们不妨用他自己的话恰当地展示他的论点：

事实上，正确地看，民族主义不是一个政治概念，而是一个教育概念。它对自尊是一种保护，抵御着物质主义的普世主义的潜在进攻。它是欠发达的弱小民族手里的弹弓，抵抗着物质进步这个巨人歌利亚。……民族主义之恶是沙文主义，我们当中总是有一些善良的自由主义者准备好对沙文主义的彰显伸出警告的手指。国际主义之恶是个性的衰落和彻底消失，终结于一种类型的性格和社会生活——善良的保守主义者本能地痛恨它，但很少有足够的耐心来描述它。幸运的是，我们有马克·赛克斯先生。他是个政治写作者，有一种特殊的天赋：把他的憎恶裹在他生动活泼的描述性作品中；在他关于近东的著作中，英国读者可以找到一些精神堕落的最佳实例（可能与来自其他大陆——尤其是美洲大陆——的实例不相上下）——这种堕落发生在那些追求"进步"和普世主义的人的身上，他们失去了与自己的自然精神遗产的联系。……在落后和弱小民族当中，最紧迫的任务莫过于明智地促进民族主义，维护民族传统和共同生活，作为一所培养品格和自尊的学校。[3]

正是对于这个关于无根之人的问题，民族群体提供了一个解决办法。对于这些人来说，民族群体是一种社会力量，能够维护他们与过去的联系，让更高生活的火花和无可替代的自尊在他们身上保持活跃——如果没有这些，一切宣称的美好理想都只是发出响声的铜管乐器或叮当作响的铙钹。它是一种能够做到这些事情的力量，因为它的吸引力是本能的和普遍的……民族群体不只是一种信条、学说或行为规则，它是一种本能的归属；它唤起一种氛围：一些珍贵的记忆，消失的父母和朋友，古老的习俗，敬畏，家园，以及一种生命短暂、转瞬即逝的感觉。这种氛围，作为古往今来代复一代的联系纽带，向后和向前延伸。"人们可以改换他们的衣服，他们的政见，他们的妻子，他们的宗教，他们的哲学，"一位犹太裔美国作家说，"他们不可能改换他们的祖先。犹太人、波兰人或盎格鲁—撒克逊人，要想不再是犹太人、波兰人或盎格鲁—撒克逊人，就只能不再存在。"[4]

齐默恩先生的结论是："通向国际主义之路经过民族主义，不是通过把人们降低到灰色模糊的普世主义，而是通过诉诸各民族集体遗产中最好的成分。"[5]

或许，可以换一种方式，来表述民族主义是抵御精神堕落的一种保护这个论点，那就是简单地说："博爱始于家门。"有的人爱一般意义上的人，而鄙视个体的人，我们有理由不信任这样的人——他们空谈太多自己对人类的责任，以至于没有时间帮隔壁邻居的忙。民族群体可能是一个足够明确、范围有限的领域；在这里，个人可以训练自己运用某些长处——这些长处可以直接服务于身边的同伴，而从长远来看也有助于种族的利益。同样也有可能，正如齐默恩先生所暗示的那样，民族群体是抵御物质侵犯的一种精神保护——随着时间的推移，它越来越多地鼓励所谓"落后"民族，并使之能够终结他们所遭受的经济剥削，最终会拯救整个世界，使之免于沦为资本与劳工冲突的战场。

关于民族群体的文化价值，过去一百年里人们有过大量著述。这一价值在很大程度上被透支和夸大了。文学家，甚至还有学者，经常陷入这样一个错误：将一种独特文化的构成归因于民族群体——把它归因于国际性宗教的影响，或者世界性的工业技术革命，可能更恰当一些。但是，在酌情考虑错误和夸大之后，我们还是要承认，古往今来，民族群体一直是人类差异的伟大保存者；这些差异体现在建筑、文学、雕塑、绘画艺术、音乐、舞蹈以及人类文明的一切审美表现上，还体现在丰富着人类存在的思维方式上，以及美化着人类生活的风俗习惯和行为方式上。对于这一世界文明的公共储藏，几个有自我意识的民族群体毫无疑问做出过、而且至今还在做出重要的特殊贡献；还有一点也毫无疑问，由于做出贡献的民族群体之间过去和现在的文化竞争，这一世界文明的公共储藏变得更加巨大。

此外，我们当中有些人喜欢差异和对比，而我——仅就我而言——由衷地赞同那些对单调乏味的一致性前景深感厌恶的人：从纽约到新加坡、从赫尔辛基到瓦尔帕莱索的生活方式、风俗习惯和文学艺术千篇一律。我并不乐意希望看到，我在国内已经习以为常的每个文明的标志，都可以在法国、荷兰、俄罗斯、土耳其、印度、阿比西尼亚和日本，如同拍照一样复制出来。我一点也不喜欢绝对的统一，如果一边是一致性，另一边是当今这个时代某些普世主义商人所说的"无效率"，那么，我的赞成票可以计在"无效率"的那一边。尤其是今天，当工业革命到处摧毁地方色彩，与在欧洲和美洲一样，在亚洲、非洲堆起同样的砖块和钢筋水泥，当世界各地的酒店以同样的方式端上从开胃小菜到咖啡都一模一样的正餐，当人们普遍穿着同样丑陋的服饰行头，正是在这样一个时代，民族主义依然在坚持，依然在履行它令人愉快、有益健康的职能——鼓励文明和文化上一些至少是次要的差别——这的确令人欣慰。

鉴于民族主义的文化和精神价值，鉴于其本能的和普遍的特征，那么，宣扬普世主义和帝国主义取代民族主义似乎就不仅仅是毫无意义的乌托邦幻想了，而且是彻头彻尾的执迷不悟和判断错误。某种类型的国际主义或许是可欲的和可获得的，但是，如果我们同意民族群体之友们的意见，并用现有民族群体、甚至是现有民族主义的积木，来搭建我们未来的国际主义，那么，我们应该要理性、务实一些。

民族群体的品质和特性，构成了某种形式的民族主义为什么很有可能无限期地持续下去的一个理由。另一个理由是当代民族国家政治制度的活力。不像民族意识，这一制度既不是本能的，也不是永恒的。它主要是现代的发明创造，明显是当今时代的一种时尚。在整个错综复杂的人类历史上，它的出现是如此偶然，以至于我们不可能像对待民族群体那样，以同样程度的信念，断言只要人性依然不变，它就会一直持续下去。但是，当代民族国家在扎根历史、深入人性上所欠缺的，在其分枝广泛、花繁叶茂上得到了补偿。近来民族国家的生长是如此茁壮蓬勃，以至于没有一个人能在一天之内把这棵大树砍倒。我们如今完全生活在它的树荫下，以至于大概也没有一个人希望砍倒它。

那些导致民族国家逐步发展的因素依然在发挥作用；政治统一给一个说共同语言的民族带来的方便和好处依然很明显。对各国政府来说，用单一的语言处理它的事务肯定是一种方便和好处，很难看出，在一个由很多五花八门的民族群体构成的国家，我们倾心以待的政治民主怎么能有利地施行。一直存活到1918年的老哈布斯堡帝国是一个雄辩的证据，证明了政治民主与民族分裂的不相容性。很难想象，全民正规教育——我们如今一视同仁地把我们的信任寄托于它和政治民主——在一个多语言的帝国如何迅速有效地确保。要实现全民识字和人民主权的当代理想，民族国家远比这个世界所知道的其他任何政治制度都更加合适。

民族国家的另一个力量之源属于经济环境。正是新兴的民族国家，最充分地利用了16世纪的商业和金融革命，以及年代更近的工业革命；在今天，普通的制造商、商人、银行家、农场主和工人都指望民族国家对经济加以引导和控制。很有可能，到最后，工业主义的国际主义方面，甚至普世主义方面，将会压倒性地凌驾于其民族主义方面之上，而且，接下来，世界范围的经济发展将会超过和摆脱像民族国家这样一种约束和限制的政治制度，不过至少在我看来，这样一种发展似乎很遥远。当代劳工运动不是普世性的，而且，它只是在一个纯精神的意义上才是国际性的；在思想和行动上，它基本上是民族性的。即便是马克思主义者的社会主义，尽管有国际性的计划和普世性的口号，但它本质上是民族性的：它在民族国家的框架内传播它的学说；它与民族主义者合作，一起摧毁帝国；当它登上政治权力的宝座时——就像在俄国那样——它就会提升、而不是贬低民族国家。布尔什维克俄国只不过提供了国家主义的一个最近的和最极端的实例——它追随民族国家，光荣地扩大了民族国家。民族国家提供了必不可少的服务，不只是对于今天的大众教育和政治民主，而且对于明天的社会化趋势和经济平等主义，也是如此。

此外，在当今这个时代，各种各样的爱国主义所聚焦的，正是民族国家。某种性质或种类的爱国主义自史前时期以来就一直是人类的标志。它始终是一种有着巨大力量和强度的情感因素。事实上，它是忠诚的一个方面，是那种备受珍视的人类属性的一个方面；正是这一属性，使人类的群居性变得更加便利，并把人的生活和存在社会化了。正常人一直忠诚于、而且无疑还会一直忠诚于自身之外的某个东西或某个人。爱国主义就像性一样，很容易滥用，但它对种族的生命来说是必须的，它能够激发最美好的情感和最高贵的行为。

在现代，爱国主义这一巨大的生命和情感的力量应当完全被民族国家占用——这既是赞颂民族国家当前的吸引力，也是颂扬它未来威力的预兆。民族爱国主义可能比地方爱国主义更具人为性；可能需要想象力的巨大延伸，才能让你爱一个距离你的出生地三千英里之遥的地区，就像爱你的故土家园一样。但是很明显，现代人的想象力可以极大地延伸，人为性不是对抗有效性的最终证据。事实把这样一个观点强加给了我们：爱国家如今意味着爱所有臣服于这个民族国家的土地，爱国家体制如今表示爱这个民族国家的政府，爱你的同胞如今指的是爱这个民族国家的所有公民同胞。一言以蔽之，在我们这个时代，爱国主义已经成了忠诚于民族群体和民族国家的同义词。这种爱国主义的极致是一个终极证据，证明了民族主义不可能——即便它应该——马上废除；而且，正相反，某种形式的民族主义将来还会无限期地继续下去。

3

在民族群体原始的流行原则中，在现代民族国家强有力的政治组织中，民族主义已经牢固地确立，不可能被马上击退或彻底击溃。然而，除非我们沉着镇静地期望看到一个变得更加糟糕的世界，否则我们就应当热切地期望民族主义的某种缓和。因为在当今的民族主义中，存在着严重的滥用，除非予以消除或补救，否则几乎可以肯定，这种滥用会让各个民族群体和各个民族国家陷入疯狂和毁灭。

民族主义中有一些恶，很多批评者都承认这一点。莱基和阿克顿勋爵都成长于自由主义的传统，都在19世纪第三个二十五年里著述，都引人注目地为辽阔帝国有益的教化影响辩护，害怕一个分裂为碎片式民族国家的世界所导致的"狭隘思维"和不宽容；如果说，他们当中一个人主要是害怕大英帝国出现一次民族主义的解体，那么另一个人的主要动机则是出于民族主义对奥匈帝国的威胁；两个人都把民族主义看作是一项危险的、破坏性的原则，将会让帝国变得不可能，把政府降低到荒唐的程度，最后以普遍的混乱而告终。然而，今天的大多数自由主义者强调的是另外一些恶，其中一些与莱基和阿克顿勋爵所发现的恶直接针锋相对。现如今，最让人担忧的，不是政府的削弱，而是政府不恰当的加强，不是帝国主义的终结，而是帝国主义的产生，不是普遍的混乱，而是一连串的国际战争，高度组织化，高度有效率，越来越具有毁灭性。

然而，那些在我们称之为民族主义的整个复合体中觉察到这些恶的当代批评者并不同意把这些恶主要与复合体的确切部分联系在一起。西德尼·布鲁克斯先生认为，战争——民族主义最大的祸害——是民族群体与爱国主义联姻的结果。"爱国主义或民族群体，"他说，"从来都不曾比今天更加顽固和猜忌……对那些相信一个普遍和平的时代正在到来、并为此梦想、为此工作的人，我要说：'民族主义，这里面有敌人。'……和平与爱国主义之间存在一个根本性的矛盾。……通过不断侵蚀和消灭民族情感，并因此用博爱共存取代爱国主义，或借助道德价值、判断和人类本能的转变——舍此别无他途——普遍和平可能作为世界范围的专制主义的结果而出现。"[6]另一方面，约翰·奥克史密斯先生坚持认为："说民族主义是战争的原因是对术语的公然滥用；那是有病的和堕落的民族主义。它是骄傲、野心、自私和过度的权力欲。和平与爱国主义之间的所谓矛盾并不存在；存在的是激情与自制之间、疯狂与理性之间、智慧与愚蠢之间的永恒矛盾。"[7]

与奥克史密斯先生针锋相对、但与布鲁克斯也略有不同的是，J.M.罗伯逊先生和诺曼·安吉尔先生认为，民族情感的根源在于一切民族间的敌意。他们一个声称这种情感纯粹是一种幻觉，另一个认为它是一种缺乏控制的非理性本能。托斯丹·凡勃伦先生和J.A.霍布森先生把民族爱国主义与战争的经济原因联系在一起，认为它被用作一种理想主义的伪装，来掩盖经济帝国主义的发展，以及促进特定阶级和特定人员的私利。

然而，齐默恩先生颂扬民族情感，赞美某种类型的民族爱国主义，然后主张：只有当它完全脱离国家并局限于社会和教育领域时，民族群体才是一项安全而明智的原则。J.L.斯托克斯指出，齐默恩先生是作为一个犹太人在写作，心里装着犹太人的问题，随后补充道："毕竟，爱尔兰人和印度人从穆勒和马志尼那里得到的慰藉比从马克思和齐默恩教授那里得到的更多。对于阻止欧洲战争，饶勒斯的理性民族主义比德国社会主义者理论上的反民族主义贡献更大。如果我们的国家太大，就让我们试着让它们变得更小一些；如果它们太过自豪，就让我们试着刺痛它们的傲慢。但任何人如果试图无视民族主义者所宣称的真理，都将一无所获，这个真理就是：政治边界必须主要由相关居民的愿望和偏好来决定。"齐默恩先生对民族群体的赞扬我们或许会认可，但对我们来说，更难同意他所提议的民族群体与政治分离是切实可行的。在断言民族主义之恶源自民族国家的政治制度上，他可能是对的——G.洛斯·狄金森先生和伯特兰·罗素先生简明有力的著作倾向于证明他的观点——但民族国家是今天的一个事实，就像民族群体这个更古老的事实一样令人印象深刻。不管我们多么渴望把民族群体局限于教育和社会的领域，我们根本不可能做到。民族群体在政治和经济中；总而言之，它如今和现代国家——民族国家——的存在理由难分难解地交织在一起。

我们用不着进一步追踪这些批评者的观点了。更多地介绍他们的著作中提出的问题，只会让我们偏离我们的主要探索——民族主义的恶和滥用——而陷入一项令人困惑的、非常次要的研究：这些恶与滥用的确切来源。眼下这项研究的主要目的是要证明：民族主义是民族群体、民族国家和民族爱国主义的复合体。对我们的思考方式来说，这些成分没有一项本身是道德的或不道德的，是好的或坏的；每个成分都可以让它发挥好的作用，也都容易被滥用。从本质上说，今天赋予这项或那项成分——或许是所有三项——以邪恶外表的，是它们在民族主义的这个新三位一体中的密切关联。认识不到这个事实，大概是一个最貌似有理的解释——这解释了最近论述这个主题的批评者和学者之间的分歧。民族主义——在我们这个时代发挥影响的民族群体、民族国家和民族爱国主义的复合体——是严重的滥用和罪恶的不可分割的来源。

概括起来，这些严重的罪恶和滥用是什么呢？首先是排外和狭隘的精神，民族国家通过国立中小学、国家军队和国家新闻媒体的教育，通过民族爱国主义的社会压力，在其公民当中反复灌输这样一个幻想：他们自成一个世界，自给自足。民族国家还向他们宣扬：他们是一个被拣选的民族，一个特殊的民族；比起他们作为人类所拥有的东西，他们应当更加珍视他们作为一个民族群体所拥有的东西。这种排外和狭隘的精神，之所以茁壮成长，靠的是——反过来也养育了——一种荒唐可笑的自鸣得意，一种很危险的无知，以及一种毫无批判力的骄傲；只有——如果真有什么方法的话——痛揍一顿，才能减少这种骄傲。

其次，民族主义鼓励千篇一律。它规定了民族的艺术模式、民族的思想规范和民族的行为准则，而且它预期每个民族国家的所有居民都会遵守这些。个体差异，阶级差异，宗教差异，都同样被认为是不幸的；有天才的个人是可疑的，尤其是如果他的天才表现在批评民族一致性上的话。如果说，民族群体对于阻止整个世界沦为单调乏味的千篇一律有所贡献，那么，民族主义在一个民族群体之内做了更多的工作，用它自己的单调灰色覆盖地方色彩。

第三，民族主义增强了平民大众的顺从。作为接受国民培养和毕生民族主义教育的结果，他们往往很少质疑他们的民族、国家、政府或他们所生活其中的经济环境的幸运特征。只要有一位领袖就民族爱国主义事业向他们发出呼吁，他们就准备毫不怀疑地、坚定不移地追随这位领袖，着手进行他决心要做的任何事情。打着民族权利、国家利益和民族尊严的名号，他们愿意放弃他们自己的个人权利，牺牲他们自己的个人利益，甚至抛弃他们自己的个人尊严。他们乐意以本民族自由的名义剥夺本国公民的自由，夺走其他民族群体的自由。他们有着最高程度的意愿去相信民族主义的宣传，而且这种相信的意愿使得他们很容易受到此类宣传的欺骗，从而支持帝国主义和战争。

第四，当前这种形式的民族主义把民众的注意力集中在战争和备战上。战争是一个民族群体的这样一项历史传统：

在当前条件下，民族国家尽最大努力让它在其公民的头脑和心灵里依然保持活跃。在民族的先贤祠里，军事英雄高居于科学、艺术和学术英雄之上。棒球、板球或麻将可能是某个特定民族的全民游戏，但是，民族战斗则是全世界所有民族主义者最大、最好的运动。人民为了这场伟大的战斗运动受到的训练越多，他们就越是神化军人；越是珍视对祖先英武勇猛的记忆，他们也就越不愿意投入时间和思考，用于社会改革和持久和平的准备工作。众所周知，民众对某个教育或经济问题的兴趣，在遭遇民族主义军事"防御"的火热激情时，总是多么迅速地消失得无踪无影。

从上文提到的民族主义总体上的恶与滥用，便得出了前面几章详细讨论过的那些具体的恶与滥用——不宽容、军国主义和战争——的推动力。或者，如果你喜欢的话，你完全可以重新组织这几章的材料，从中推导出民族主义的第五、第六和第七宗恶，分别是沙文主义、帝国主义和不宽容。

对同胞不宽容的态度和行为；深信本民族的帝国使命，而以牺牲其他民族、尤其是落后民族的利益为代价；动辄挑衅并击倒其他民族的习惯；对过去的战争津津乐道、念念不忘，热火朝天地为未来的战争作准备，无视当下的国内问题；乐意被自封的爱国者领导和指引；对于在思想或行动上不同于本国同胞感到缺乏自信甚或是恐慌；由于对别人的全然无知和对自己及本民族的过度自豪而导致的排外和狭隘的精神；

这些全都是当代民族主义普遍盛行的方面。如果民族主义不在这些方面有所弱化，它对子孙后代将绝对是一个祸害。

4

民族主义的适当弱化是可欲的——也是可行的。事实上，为了这个目的，今日世界的某些力量正在发挥作用，或者可以让它们发挥作用——尽管对于这些力量可能多么容易或迅速地抵消那些构建和维持民族主义的力量，我们千万不要太过乐观。尤其是，我们千万不要如此不可救药地乐观，以至于想当然地认为，只要借助盲目的自然力量的相互作用，毋需我们有意识的努力或引导，就可以实现最可欲的民族主义的弱化。

有一种观念在某些地方一直很流行，这就是认为人类完全不必对降临在自己身上的事情负责，并把功劳——尤其是责任——记在不同对象的名下：天意，上帝，大自然，命运，进步，或者（公元 1926 年的模式）婴儿情结。与这一普遍时尚相一致的是，一些饱学之士大量谈到自然进化和不可避免的进步：借助这个过程，一个部落自动进化成一个城邦；接下来，一个城邦自动进化成一个民族国家；也是借助这个过程，而且同样是不可避免地，民族国家必定会进化成一个世界国家；整个进化过程是一种稳定向前和向上的进步。例如，诺维科夫教授武断地宣称："部落、国家和民族是三种主要的社会进化程度……当我们称之为知识精英或社会大脑的那个特殊器官完全被区分出来时，当它恰当地履行移交给它的职责时，我们便发现自己就在一个民族群体的面前。"⁽⁸⁾诺维科夫教授的形而上学被 J. 霍兰·罗斯教授带向了一个乐观的结论——即便不完全合乎逻辑；据他说，"民族本能"在得到充分"满足"之后，便开始衰老和萎缩，而那个民族主义已经耗空的"社会大脑"则由此重新装载"国际主义"⁽⁹⁾。所有这些，可能都是真的；所有这些，也可能都是废话。谁知道呢？就算有进步的"自然法"控制着人类社会的变化，我们怎么知道它所产生的就是诺维科夫和罗斯所指出的那种顺序呢？有没有同样充分的证据，证明弗朗茨·格里帕泽所提出的那种变化顺序："从人性，到民族性，再到兽性"？关于人类不可避免的进步，我壮起胆子充其量只敢说：如果我们变成宿命论者并悠闲地袖手旁观的话，民族性或许会导致兽性；如果我们努力尝试，我们或许可以让民族主义成为通向国际主义的一块垫脚石。

　　几乎不用怀疑，工业革命为我们提供了很多力量，可以用来弱化民族主义——只要我们有这样的想法。一个引人注目的事实是，最近，就在我们的学校、军队和媒体反复灌输这样一个观念——人类可以分解为一些由自给自足的民族所组成的小战斗群体——的历史时期，一场意义深远的经济变革让我们所有人都拥有了蒸汽船、蒸汽机车、电动机、汽油发动机、汽车、电报、电话和无线电收音机。伴随着大规模机器生产、庞大的世界贸易和国际金融，这些东西出现得如此普遍，如此迫近，以至于我们很少有人充分认识到它们的重要性。这个问题的真相是，工业革命奠定了世界公民的经济基础。它如今要求我们——除非我们消亡，除非我们摧毁一切工业和贸易——把我们的政治上层建筑与它的经济基础协调起来，把我们的民族国家观念与世界公民的要求协调起来。

　　诚然，工业革命一直被民族主义所利用；正如我们在前面已经指出的那样，它一直是民族主义发展中的一个重要因素。但它如今已经到了这样一个阶段，可以越来越多地被国际主义所利用，应当被证明是弱化民族主义中的一个最重要的因素。在现有的经济条件下，没有哪个民族群体可以完全自给自足，没有哪个民族国家可以不依赖于世界的其余部分而真正独立自主。过去一百年里，地球已经被铁轨、铜线和电流所捆绑和收缩，正迅速缩小；到如今，一个加利福尼亚人与欧洲、亚洲和非洲做生意，比18世纪一个新英格兰人与一个弗吉尼亚人交往起来更加容易，也更加必不可少。事实上，地球已经收缩得如此之小，以至于孩子们都可以对付它；而且，如果我们打算指导我们的子女，把在他们一生中对谋生来说可能最有用的东西教给他们，那我们就应该教会他们懂得：所有国家、所有民族和所有种族在经济上是互相依赖的。把这个教给 20 世纪的孩子们，比起教会 18 世纪的孩子们在他们各自不同的地区认识民族的统一和团结，算不上什么壮举。

工业革命不仅为商品和资本、而且为观念创造了世界性的市场。从来不曾有哪个观念是一个民族群体的专有财产。观念始终有这样一个趋势：不管你走到哪里，它们都会伴随着你；不管你和谁接触，它们都会影响他。特别是现在，地球已经被电报和电话线所环绕，到处都撒满了书籍和报纸，观念的传播前所未有。

这一事实意味着大多数观念——在民族主义的教育体系下，它们看来是某个特定民族所特有的——实际上是人类的共同财产。例如，美国人说起话来依旧仿佛他们是世界上惟一理解并践行政治民主的民族，尽管法国人、英国人、芬兰人、荷兰人及其他大多数民族群体都提出了同样的主张——这个说法就其一般应用而言是真的，但就其独家专有的方面而言是荒谬的。因为，一般而言，政治民主如今在全世界都被人们理解和赞美。它几乎和共和主义的观念、自由的观念以及平等的观念是一样的。

宗教观念与此类似。工业革命在加速一般观念传播的同时，特别促进了宗教观念的传播，在迄今为止闻所未闻的规模上刺激了传教事业。完全很有可能，世界几大宗教体系能够在下一代重新扮演它们的历史性角色：凝聚民族群体，强

310

化人类精神上的兄弟友爱。

科学也发挥了建设性的统一作用。在我们这个工业时代，把实验科学和应用科学局限于任何特定的民族群体都是不可能的。第一艘成功的蒸汽船由一个爱尔兰血统的美国人发明，第一部电话由一个苏格兰血统的美国人发明，第一架成功的飞机由两个英格兰血统的美国人发明，但如今飞机、电话和蒸汽船在所有文明国家发挥作用。汽油发动机在德国被发明，最早在法国用于马车，但如今美国制造的汽车超过了其他任何国家。美国人知道，或者认为他们知道，生殖细胞是什么，而且大多数美国人似乎都很喜欢收音机；他们对前者的认识要感谢一个法国科学家，而对后者的享受要归功于一个意大利人。政治民族主义有过一次美好的、富有成果的中断：不久前，一些美国女人购买极其昂贵的镭，并为了科学的目的把它送给一位正在法国生活并为人类而努力工作的著名波兰女人。传授科学，这会成为狭隘民族主义的一剂解毒药；当科学被这样对待时，就它为几个民族国家的消亡和毁灭打造引擎而言，它可能被证明不是那么有用，但几乎可以肯定，它将被证明对整个人类更是一种赐福。

工业革命不仅极大地加速了商品的国际运输，而且还加速了世界范围的观念交流——科学、宗教、哲学、经济和政治的观念。它创造了民族之间和个人之间新的相互依赖。它同时提供了弱化民族主义的必要性和手段。必要性没有被完全无视，手段也没有被完全忽略。在过去一百年里，有大量已经活跃起来和正在变得活跃的国际合作——事实上太多了，多到没法在这里详细列举的程度。稍微提及几项就足够了。

民族国家的联合行动正变得越来越盛行。三十个国家组成了国际电报联盟（1875年）；二十三个国家采纳了关于共同使用公制度量衡的协定（1875年）；六十个国家加入了1878年创立的万国邮政联盟，总部设在伯尔尼；五个国家组成了管理可互换货币的拉丁货币同盟（1865年）；十九个国家批准了使专利法标准化的1883年的《伯尔尼公约》；十五个国家签署了1887年的《伯尔尼公约》，规定了几乎统一的版权法。这些是19世纪下半叶为了经济目的而联合行动的实例。此前和之后，有一个由外交代表组成的团队持续不断地活动；其成就当中，特别值得一提的是许许多多国际条约的谈判——这些条约控制着商业、入籍和引渡，偶尔规定了争端的仲裁。

欧洲强国当中还发展出了一种"协同行动"。尽管一直是非正式的，而且有时候由于战争及国内民族主义的其他影响而无所作为，但它通过强调国家之间的利益，通过试图防止战争或减轻战争痛苦，而履行了很有价值的服务。因此，列强的代表和土耳其的代表为了结束克里米亚战争而开会，签署了所谓《巴黎宣言》——为的是保护战争时期中立国的贸易——还授权成立一个国际委员会，管理多瑙河下游的航行。

1864 年，列强在日内瓦签署了一份公约，依据这一协议组建了国际红十字会，在所有欧洲国家设立分支机构，有一面国际性的会旗。1882 年，很大程度上是通过克拉拉·巴顿的热情和干劲，美国批准了《日内瓦公约》；后来，土耳其和日本都成立了红十字会的本地分支机构，不过它们的会旗略有修改，以迎合其非基督教人口的宗教顾虑。

为了停战，欧洲协同行动的原则被反复援引。1878 年，为了防止俄土战争引发一场规模更加庞大的战争；1885～1886 年，为了恢复塞尔维亚与保加利亚之间的和平；1897 年，为了阻止土耳其侵略希腊。正是在协同行动的庇护下，巴尔干国家 1913 年在伦敦起草了它们与土耳其之间的条约，建立了自治的阿尔巴尼亚公国。东南欧并不是列强协同行动的惟一场地。在中非和中国，所有国家的贸易自由得到了国际协定的保护。中非被友好地分割了，其中部建立了共同担保的刚果自由邦。在中国，包括美国和日本在内的列强，在一次镇压义和团叛乱的远征中联合了起来。

与此同时，1881 年，美国国务卿詹姆斯·G.布莱恩邀请新世界几个独立国家参加华盛顿召开的一次会议，"目的是考量和讨论防止美洲各国之间爆发战争的方法"。这次会议由于各种不同的理由而被推迟到 1889 年秋天举行，会议起草了一份强制仲裁一切争端的计划，不管争端的缘由是什么。它不能应用的惟一例外是这样一种情况：在对任何当事国的裁决中危及它的独立；即便在这种情况下，仲裁尽管对受到这种裁决影响的国家是可选的，但对它的对手却是有约束力的。这项计划并没有得到普遍批准，但起草这项计划的会议被证明是一系列会议的先驱——1901年在墨西哥城，1906年在里约热内卢，1910年在布宜诺斯艾利斯，等等——它们所起到的作用是强调了美洲共和国渴望共同的和平发展，巩固了泛美团结的情感。阿根廷和智利在1902年缔结了一份解决它们之间一切争端的仲裁条约，共同在其安第斯山脉边境的高山顶上建造了一尊雄伟的基督雕像。

1899年和1907年在海牙举行了两次更全面的国际会议：在前一次会议上，有二十六个国家派出代表；在后一次会议上，有四十四个国家参加——这一次几乎是整个世界了。海牙会议没能裁减军备，也没能"让普遍和平的伟大理念战胜麻烦和纷争的成分"(10)，但它们建立了国际法庭，国家之间的纷争可以提交到国际法庭，并起草了在未来发生战争的情况下国际行为的准则。

远比欧洲协同行动、泛美会议和海牙会议更进一步的，是1920年第一次世界大战结束之后成立的国际联盟，它的成立主要是通过伍德罗·威尔逊的手段。国际联盟如今囊括了世界上几乎所有民族国家，作为一个精密复杂的有机体，直接而持续地采取行动，在日内瓦有一个永久性的总部和秘书处，有一个很小的经常开会的理事会，有每年一次的年度大

314

会，有一个永久性的国际法庭，有一个国际劳工署，有大量的国际委员会。国际联盟并没有实现其最乐观的支持者的所有希望；它没有裁减国家军备、确立共同安全，也没有终结战争或战争威胁。但它已经做了大量的工作，协调许许多多的国际机构，培训官员团队从国际的立场、而不是从民族主义的立场看待问题，使各国代表习惯于定期聚在一起开会，自由地表达他们的观点，听取别人的意见，频繁地展开合作；一言以蔽之，国际联盟促进了国际合作的精神。一旦雷雨云和黑暗笼罩了地平线，制止战争的大洪水对国际联盟来说或许是一项不可能的任务，但它通过增强国际意识和国际良心，通过为国际主义的大众教育提供明确的手段和机会，从而完成了一项更伟大、更实际——尽管不那么惹人注目——的工作。

近来，在政府行动的直接领域之外，一系列群众性的国际运动提供了弱化极端民族主义的手段和机会。全世界工人阶级的问题和利益的国际特征得到了强调，不仅被国际社会主义者大会所强调，而且还被一些国际组织所强调：各合作协会、工会和互助会。类似地，一些热忱认真的民主鼓吹者成立了各国议会联盟，并安排了它的定期会议；妇女投票权和女性主义的煽动者举行了国际妇女大会。宗教感觉到了普遍的推动：上百个互有分歧的教派和抱持上千种个人观点的新教基督徒在世界大会上济济一堂，达成了在他们各个地方团体和全国性团体之间分割异教徒地区以利于传教的友好协议；天主教基督徒从未忘记其信仰的普世传统，在罗马及别的地方，为了五花八门的目的，举行了数不清的国际会议，而且，自1881年之后，他们举办了一连串的圣体大会，吸引了大量来自四面八方的神职人员和世俗信徒，一会儿到巴黎，一会儿到伦敦，一会儿到耶路撒冷，一会儿到蒙特利尔，一会儿到阿姆斯特丹，一会儿到芝加哥；甚至计划并实际召开了一次世界宗教会议。

为了学术的进步，不顾语言、传统和政治主权的国界，人们计划和讨论并且做成了很多事情。有一些定期举行的著名物理学家、化学家、生物学家、历史学家、经济学家、医生和法学家们的国际会议。有不同国家的大学和中小学之间的教授和学者在交换。全球范围内有一个稳定发展的有意识的知识兴趣共同体，其产物被幸运地描述为"国际思维"⁽¹¹⁾。

随着人民大众有了一定的国际思维，有可能在政治上把各个民族群体联合起来——即使这样联合起来的民族群体有相当的民族意识，拥有一定程度的民族主义。这种事情在最近一百年的国际结盟中得到了证明——法国和意大利的同盟，意大利和德国的同盟，英国和日本的同盟；最引人注目的，或许是最近法国与比利时和波兰的同盟，以及当代捷克斯洛伐克、罗马尼亚和南斯拉夫的"小协约国"。不过，这些同盟和协约国终究在持续时间上很有限，并局限于非常具体的目标。它们建立在临时性的特殊利益共同体的基础之上，缔结条约的都是一些有可能废除条约的主权国家。现代联邦制提供了更紧密、更有效的政治国际主义的例证。

美国根据 1787 年的宪法组成了一个紧密的联盟，根据 1871 年和 1919 年的宪法组成的德意志帝国同样也是如此。在这两个实例中，每个组成邦在保留了很多权力和相当威望的同时，在继续要求其居民特定的爱国主义的同时，也把很大的权力、主要的威望及其居民最高的爱国主义交给了联邦政府。有人可能反对：这两个实例未免离题万里，因为它们都是共同民族群体组成的国家，通过组成一个联邦制国家，它们的人民不过是创造了一个民族主义的国家。但对政治联邦主义的另外某些实例，就不可能提出这样的反对了。

瑞士是一个引人注目的实例，由三个民族群体组成了一个成功的政治联邦；各州在民族上是同质的，日耳曼人、法兰西人或意大利人；各州都有自己的民族语言、民族传统和民族爱国主义；各州都有地方自治的自由法案；但是所有这些州都结合在瑞士宪法之下，把它们捆绑在一起的联系纽带不仅有助于促进它们的共同利益，而且还有助于通过所有州的国际主义，弱化它们各自的民族主义；有一种瑞士爱国主义，它是日耳曼民族主义、法兰西民族主义和意大利民族主义的一剂镇静药。加拿大是同样性质的紧密国际联邦的另一个明显实例；加拿大大多数行省就民族性而言是英国人占绝大多数，不过有一个大省是法国人；但是，与魁北克的法兰西民族主义和——比方说——安大略的英格兰民族主义和谐并存的是共同的加拿大爱国主义。南非联邦也是由两个民族——英国人与荷兰人——组成的联邦，各有一部民族自治法案，甚至有一定程度的民族主义，但有共同的南非爱国主义。事实上，整个大英帝国，就其相关的自治领而言，就是一个由不同的民族群体和民族国家组成的联邦；在这个联邦中，有分歧的地方差异和民族差异与统一的爱国主义要求并不完全相容。

我们能不能从这里得到国际联盟未来发展的一个线索呢？我们能不能从这里得到把现有政治制度与世界的经济和精神需要协调起来的最切实可行的手段呢？我们能不能从这里得到用国际主义取代民族主义、并因此弱化民族主义最有希望的手段呢？

5

一定不要把上一代民众和政府的"国际主义"与"普世主义"混为一谈。古代哲学家和18世纪理性主义者所理解的普世主义，带有谴责地方和民族差别及爱国主义的意思；其理想的世界国家的组成单位是个人或社会阶层，而不是民族群体或民族国家。另一方面，国际主义预设了下面这样的先决条件：个人主要忠诚于他的民族国家，珍视他的民族语言和民族传统，内心怀有热烈的爱国主义；国际主义者的目标是用民族的板块建造他的世界国家。而且，不管对于普世主义和国际主义各自的理想价值有着怎样的学术思考，作为民族主义的可能的和可欲的解毒药，吸引当前这一代务实的现实主义者的，正是后者，而不是前者。从民族主义到普世主义，就是从一条熟路出发，沿着相反的方向，走向一条陌生的、布满荆棘的路。从民族主义到国际主义，不过是在现代世界正在走的那条路上转一个明显的弯而已。

所以，让我们继续做我们各自民族国家的爱国公民。让我们珍视我们的民族语言、民族传统和民族理想。只是，让我们清楚地认识并坦率地承认，当代民族主义存在缺陷，让我们真诚地努力，通过结合民族主义与国际主义，通过对所有其他民族真诚而理性的尊重让我们的民族忠诚变得温和，来补救这些缺陷。正如深受尊敬的约翰·华生教授引人注目地表述的那样："忠诚的感情必须升华为这样一种形式的爱国主义：它把对国家最强烈的爱与公正对待其他国家的渴望结合了起来。人们有足够多的事要做，而不必把感情浪费在对外国公民的敌意上；那些献身于人类并因此对本国切身问题漠不关心的人，不要指望他们过上真正有活力的生活。把对国家的热爱与对人类事业的奉献结合起来，才是真正的理想；自私的爱国主义和不具体的博爱主义都只能导致对切身职责的疏忽。"(12)

借助有益的国际主义弱化无知、自夸和不宽容的民族主义，不会受到我们的自我意识之外的力量的影响。国际思维不是从天而降的雨露，温柔而平等地落在公正者和不公正者的身上。只有通过各民族和民族国家内部的逐步教育才能获得它。正如19世纪的大众教育往往会服务于民族主义一样，只要我们愿意，也可以让20世纪的大众教育服务于国际主义的目的。我们在学校里、媒体上和讲坛上接受的教育当然是越多越好，但它的目标必须是旨在战胜排外，并且教导互相理解和共同合作——这样一种教育争取克服顺从，培养批评精神，鼓励独立判断。每个才智之士都应召集起来，成为这种更新的理想教育的旗手。

我们首先必须认识什么是民族主义，什么是国际主义。接下来，我们必须获取大量可靠的信息，不仅有关于我们自己国家的信息，而且还有关于其他国家和其他民族的信息。在了解之后，我们必须学会理解、同情、尊重和宽容。尤其是，我们必须警惕，不要无意中促成削弱有利于国际主义的任何力量、因素或手段——不管它是世界性宗教，是国际劳工运动，还是人员、商品和观念的普遍交流。当我们自己获得了这样的知识素养和这样的思维习惯时，接下来，我希望，我们应当乐意并热情地向我们的同胞宣讲这些，尽个人和集体的一份责任，使之成为我们国民教育体系的重要组成部分。

归根到底，几乎一切都有赖于我们的国立学校，尤其是国立学校内的社会科学教育。因为在我们的民族性之上，在一切民族性之上，还有人性——尽管在我们这个时代，有很多人忘记了这一点；而人性正是社会科学的材料。地理学描述了人的栖息地。心理学处理的是人的精神过程和人的行为。经济学关注人的谋生方式。公民学处理人的政治制度，社会学处理人的社会制度。历史学讲述人类曾经思考、言说和做过什么。所有这些社会科学，与之密切相关的基本上都不是法国人、英国人或美国人，而是人，是人类的个体成员。科学、宗教、艺术和学问，以及一切观念，都是人类的共同遗产，而社会科学的教师，如果他们的信息和他们的兴趣仅仅局限于只和狭隘民族主义相容的问题和解释，那么，他们就是最优秀人类遗产的不肖弟子。在民族主义与人类之间的任何斗争中，那些真正进步主义的教师，那些对民族主义大获全胜的可怕命运有所洞察的教师，必定会站在人类的一边，必定会得到而且应该得到那些有智慧、有见识和有善意的公民同胞的鼓励和积极帮助。

我们应该敏锐地感觉到民族主义已经给人类造成的破坏，并清楚地预见到不受控制的民族主义最终所带来的可怕后果，以至于如果我们想到，学校的课程，尤其是社会科学，将被用来进一步强化和促进民族主义的话，我们就该极力主张把一切社会科学从学校教育中驱逐出去。作为一个绝望的忠告，我们应该会希望更进一步：彻底关闭学校。一个民族，与其教会它仇恨和消灭其他民族，倒不如让它目不识丁为好。

但是，我们尚未走到绝境——不得不做出这样一个悲哀的选择。希望依然存在；我要再说一遍，最大的希望在于教育。事实上，即便是现在，民族主义的力量与人性的力量之间就已经开始一场伟大的赛跑；这场赛跑将会持续接下来的一两代人，双方奔向各自的目标：毁灭与拯救。在这场赛跑中，学校扮演了一个至高无上的角色，因为赛跑者们正是在学校里接受训练。有了经济国际主义和知识互相依赖的帮助，有了对工业革命在世界地理学、世界经济学、世界公民学和世界历史学等领域的影响的恰当关注，有了对在相同方向上发挥作用的一切宗教、社会和政治机构的合理宽容，尤其是，有了明智正直的公民严肃认真、始终如一的支持，我相信，社会科学的教师们应当能够履行他们的英勇职责，为这场赛跑培养代表人类、奔向拯救的参赛者。这将是一场艰难的赛跑；鹿死谁手，胜负难料。但正是对其结果的怀疑，可能点燃我们的想象力——要想赢得这场赛跑，必须诉诸我们的理性。

6

敦促弱化民族主义、传播国际主义，并不是反对爱国主义。相反，它是净化和提升真正的爱国主义。因为我们应当永远记住，正是公共政策的批评者，而不是盲目的信徒，才可能被对故国家园真正的热爱所激励，被真正的爱国主义所激励。爱国主义是对一个人的国家的热爱；而且，正如我们早先已经指出的那样，对一个人的国家的热爱是人类原始忠诚感的一种特别自然而崇高的表达。

民族主义部分程度上是对国家的热爱，但主要是别的东西。民族主义是一种关于本民族的自豪和自夸的思维习惯，伴随着对其他民族的傲慢或敌意；民族主义承认，一个国家的个体公民可能犯错，但它坚持认为，一个人的民族群体或民族国家始终是对的。民族主义要么无知而有偏见，要么残忍而猜忌；无论在哪种情况下，它都是某种形式的躁狂症，是一种延伸了的和夸大了的自我中心主义，很容易辨认出它自私自利、不宽容和沙文主义的症状，很容易看出它所患上的夸大妄想。民族主义是不自然的，远不是崇高的；一言以蔽之，它是势利的爱国主义。

另一方面，真正的爱国主义涉及谦让。如果我们真正热爱我们的国家，我们就应当在国家面前俯首自谦，为国家效劳，以谦卑的方式尽心竭力，给国家带来人类所有的福祉和希望，促进本国一切公民的快乐和幸福。我们应当致力于在精神上、智性上和物质上改进我们的国家，致力于让它成为本国同胞适宜居住的家园，以至于我们既没有时间，也没有意愿在思想、言辞或行为上去攻击其他国家。如果我们在足够程度上拥有谦虚的美德，我们就应当最终学会这样一个伟大而神圣的秘密：我们配不上我们的国家，没有人配得上他所热爱的东西。当那个时代到来时，我们将真正理解持久和平的基础；接下来我们将有真正的同情，不仅同情我们的本族同胞，而且一视同仁地同情远方的外国人和我们门内的陌生人。民族主义，当它成为最纯洁的爱国主义的同义词时，它将被证明是独一无二的人类之福和世界之福。

【注释】

（1）A.范亨讷普：《民族群体的比较研究》，第一卷（1922），第12~13章。此处并非逐字翻译，已根据我们目前的目的做了改编，但我们确信没有损害作者原意。

（2）《种族与民族》（*Race and Nationality*, 1919），第116页。

（3）A.E.齐默恩：《民族与政府》（1919），第53~54页。

（4）A.E.齐默恩："真假民族主义"，同上引书，第77~78页。他在文中给出的引文来自霍勒斯·M.卡伦的文章"民主对大熔炉"，载纽约《民族》（*Nation*）杂志，卷c，第220页（1915年2月25日）。后来，莫里斯·巴雷斯在他的作品中充分发展了相同的主题，而且是以法语散文特有的清晰和优美。特别可参看《无根之人》（*Les Déracinés*, 1897）、《民族主义的现场与学说》（*Scènes et Doctrines du Nationalisme*, 1902）、《法国人的友谊》（*Les Amitiés Françaises*, 1903）、《科莱特·博伊多施》（*Colette Baudoche*, 1909）、《莱茵河的妖怪》（*Le Génie du Rhin*, 1921）。

（5）齐默恩：同前引书，第85页。

（6）"普世和平之梦"，载《哈珀月刊》（*Harper's Monthly Magazine*），第133卷，第862~869页（1916年11月）。就这个问题而言，还可参看约翰·奥克史密斯:《种族与民族》（1999），第261~269页；J.M.罗伯逊:《爱国主义与帝国》（*Patriotism and Empire*，1899）和《国家的进化》（*Evolution of States*，1912）；诺曼·安吉尔:《大幻想》（*The Great Illusion*，1914）；托斯丹·凡勃伦:《和平的性质及持久和平的条件研究》（1916）；J.A.霍布森："敞开的门"，载C.R.巴克斯顿编《迈向持久的和解》（1916）；A.E.齐默恩:《民族与政府》（1919）；J.L.斯托克斯:《爱国主义与超级大国》（*Patriotism and the Super-State*，1920），第62~69页；GL狄金森:"持久和平的基础"，载C.R.巴克斯顿编《迈向持久的和解》（1916）。

（7）同上引书，第269页。

（8）《国际政治》（*La Politique Interationale*，1886），第25页。

（9）《现代史中的民族主义》（1916），第十篇讲稿，尤其是第200~202页。

（10）这句话出自沙皇尼古拉二世为召集第一次海牙会议而颁发的敕令。

（11）N.M.巴特勒:《国际思维》（*The International Mind*，1912）。

（12）《和平与战争中的国家》（*The State in Peace and War*，1919），第261页。

人名译名对照表

Barrère 巴雷尔

Barrès, Maurice 莫里斯·巴雷斯

Barrés 巴雷斯

Barton, Clara 克拉拉·巴顿

Bayet

Berger 贝格尔

Bernhardi 伯恩哈迪

Bismarck, Otto von 奥托·冯·俾斯麦

Blaine, James G. 詹姆斯·G. 布莱恩

Blok 布洛克

Bluntschli 布伦奇利

Boas 博厄斯

Bodley 博德利

Bolivar 玻利瓦尔

Bonaparte, Napoleon 拿破仑·波拿巴

Borah 博拉

Botta 博塔

Brooks, Sydney 西德尼·布鲁克斯

Buckle 巴克尔

Buisson 比松

Burke 伯克

Butler, Samuel 塞缪尔·巴特勒

Buxton, Charles Roden 查尔斯·罗登·巴克斯顿

Byron 拜伦

C

Camoens 卡蒙斯

Camus 加缪

Canning 坎宁

Carnot, Lazare 拉扎尔·卡诺

Carvalho 卡瓦略

Cato 加图

Cavell, Edith 伊迪斯·卡维尔

Cavour 加富尔

Cervantes 塞万提斯

Chamberlain, Joseph 约瑟夫·张伯伦

Chamberlain, Stewart Houston 斯图尔特·休斯顿·张伯伦

Charavay, Étienne 埃蒂耶纳·沙拉韦

Chateaubriand 夏多布里昂

Chaucer 乔叟

Chenier, Marie-Joseph 玛丽·约瑟夫·谢尼埃

Cicero 西塞罗

Clemenceau 克列孟梭

Combes 康比斯

Coulanges, Fustel de 菲斯泰尔·德·古朗士

Cramb 克拉姆

Crispi 克里斯皮

D

d'Ablancourt, Perrot 佩罗·德·阿伯兰库

d'Aguesseau 德·阿居瑟

D'Annunzio 邓南遮

Dante 但丁

Danton 丹东

Delcassé 德尔卡塞

Desjardins 德雅尔丹

Desmoulins，Camille 卡米尔·德穆兰

Destrée, Jules 朱尔斯·德西雷

Dickinson, Lowes 洛斯·狄金森

Dimnet 丹内

Disraeli 迪斯雷利

Dixon, Roland B. 罗兰·B.狄克逊

Dreyfus 德雷福斯

Droysen 德罗伊森

Drumont, Édouard 爱德华·德尔蒙特

Dumur, Louis 路易·杜木尔

Dushan, Stephen 斯特凡·杜尚

Duvergier 迪韦吉耶

E

Erasmus 伊拉斯谟

Ericson, Leif 莱夫·埃里克松

Erzberger 埃茨贝格尔

F

Ferry 费里

Fichte 费希特

Fischel, Alfred 阿尔弗雷德·费舍尔

Fiske 菲斯克

Ford, Henry 亨利·福特

Freeman 弗里曼

Froude 弗鲁德

G

Gambetta 甘必大

Garibaldi 加里波第

Gennep, Arnold van 阿诺德·范亨讷普

Giesebrecht 吉泽布雷希特

Gliddon 格利登

Gobineau 戈宾诺

Goldenweiser 戈登卫塞

Goldsmith 戈德史密斯

Grant, Madison 麦迪逊·格兰特

Green 格林

Greer, David H. 戴维·H. 格里尔

Gregoire 格莱戈瓦

Grillparzer, Franz 弗朗茨·格里帕泽

Grimm, Jakob 雅各布·格林

Guizot 基佐

Guthrie, William Norman 威廉·诺曼·格思里

H

Hale, Nathan 内森·黑尔

Hamilton, Alexander 亚历山大·汉密尔顿

Hanotaux 阿诺托

Häusser 豪塞尔

Hegel 黑格尔

Henry, Patrick 帕特里克·亨利

Herder 赫尔德

Herzl, Theodore 西奥多·赫茨尔

Hindenburg 兴登堡

Hobson 霍布森

Hus, Jan 扬·胡斯

J

James, William 威廉·詹姆斯

Jaurès 饶勒斯

Jefferson 杰斐逊

Jones, William 威廉·琼斯

Jonson, Ben 本·琼森

Josey 约西

Jungmann 荣格曼

K

Kallen, Horace M. 霍勒斯·M. 卡伦

Karageorge 卡拉乔尔杰

Kemal, Mustapha 穆斯塔法·凯末尔

Kipling, Rudyard 鲁德亚德·吉卜林

Kitchener 基奇纳

Kollár, Jan 杨·科拉尔

Korais 科拉伊斯

Körner 科内尔

Kroeber 克鲁伯

L

Lafuente 拉夫恩特

Laprade, William T. 威廉·T. 拉普拉德

Laveleye, Émile 埃米尔·拉弗莱

Lawrence, William 威廉·劳伦斯

Lea, Homer 荷马·李

Lecky 莱基

Lessing 莱辛

Lieber, Francis 弗朗西斯·利伯

Lincoln, Abraham 亚伯拉罕·林肯

Linde 林德

Lippmann, Walter 沃尔特·李普曼

List, Friedrich 弗里德里希·李斯特

Locke 洛克

Loisy 卢瓦西

Lomonosov 罗蒙诺索夫

Lowie 罗伊

Lucan 卢坎

Ludendorff 鲁登道夫

Luger 鲁格尔

Luther, Martin 马丁·路德

M

Macaulay 麦考利

Machiavelli 马基雅维利

Mahan 马汉

Martin 马丁

Masaryk, Thomas 托马斯·马萨里克

Mather, Cotton 科顿·马瑟

Mathiez 马蒂厄

Maurras 莫拉斯

Mazzini 马志尼

McKinley 麦金利

Mecklin 梅克林

Michelet 米什莱

Mill, John Stuarlt 约翰·斯图亚特·穆勒

Morley 莫莱

Motley 莫特利

Müller, Max 马克斯·缪勒

Münsterberg, Hugo 雨果·闵斯特伯格

Muzzey, David S. 戴维·S. 马齐

Myres 迈尔斯

Poincaré 庞加莱

Prescott 普雷斯科特

Proudhon 普鲁东

R

Rashdall, Hastings 黑斯廷斯·拉什道尔

Rathenau 拉特瑙

Raynal 雷纳尔

Renan, Ernest 欧内斯特·勒南

Rhodes, Cecil 塞西尔·罗兹

Robertson 罗伯逊

Robespierre 罗伯斯庇尔

Robinson 罗宾逊

Roland 罗兰

Roosevelt, Theodore 西奥多·罗斯福

Rose, Holland 霍兰·罗斯

Rosebery 罗斯伯里

Rousseau 卢梭

Russell, Bertrand 伯特兰·罗素

S

Salisbury 索尔兹伯里

Salmon, Lucy M. 露西·M.萨蒙

Sancroft, William 威廉·桑克罗夫特

Savigny 萨维尼

Schlegel, Friedrich 弗里德里希·施勒格尔

Schleiermacher 施莱尔马赫

Schlözer 施勒策

Scott, Walter 沃尔特·司各特

Seeley 希利

Shakespeare 莎士比亚

Shipstead 希普斯特德

Sonnino 松尼诺

Spenser, Edmund 埃德蒙·斯宾塞

Stephens, Morse 莫尔斯·史蒂芬斯

Stewart 斯图尔特

Stöcker 施特克尔

Stocks 斯托克斯

Stoddard, Lothrop 洛斯罗普·斯托达德

Stubbs 斯塔布斯

Sybel 西贝尔

Sykes, Mark 马克·赛克斯

T

Tacitus 塔西陀

Taine 泰纳

Thierry 蒂埃里

Thiers 蒂耶尔

Torquemada 托尔克马达

Treitschke 特赖奇克

Tyson, Stuart L. 斯图亚特·L. 泰森

V

Veblen, Thorstein 托斯丹·凡勃伦

Vergniaud 韦尼奥

Virey, Jules Joseph 朱尔斯·约瑟夫·维瑞

Viviani 维维亚尼

W

Wallas, Graham 格雷厄姆·沃拉斯

Washington, George 乔治·华盛顿

Watson, John 约翰·华生

Westcott, Allan 艾伦·韦斯科特

Wellington 威灵顿

Wells 威尔斯

Wilson, Woodrow 伍德罗·威尔逊

Wissler, Clark 克拉克·威斯勒

X

Xenopol 克塞诺波尔

Z

Zangwill, Israel 伊斯雷尔·赞格威尔

Zimmern, Alfred 阿尔弗雷德·齐默恩